수리

방정식

날짜 · 요일 · 시계

(1) 날짜 · 요일

① 정의 : 일정 시간 또는 일수 후에 무슨 요일인지 구하는 유형으로 출제

② 계산 :

- 1일=24시간=1,440(24×60)분=86,400(1,440×60)초
- 월별 일수 : 1, 3, 5, 7, 8, 10, 12월은 31일/4, 6, 9, 11월은 30일/2월은 28일(또는 29일)
- 윤년(2월이 29일)은 4년에 1번 돌아온다.
- x월 y일이 z요일일 때, n일 후 요일은 n을 7로 나눈 나머지를 z요일에 가산하여 구한다(단, x, y, n은 자연수이고, z는 월, 화, 수, 목, 금, 토, 일 중에 하나이다).

(2) 시계

① 정의 : 시침과 분침이 이루는 각도를 구하는 유형으로 출제

② 계산 :

- 시침이 1시간 동안 이동하는 각도 : $\frac{360^\circ}{12}=30^\circ$
- 시침이 1분 동안 이동하는 각도 : $\frac{30^\circ}{60}=0.5^\circ$
- 분침이 1분 동안 이동하는 각도 : $\frac{360^\circ}{60}=6^\circ$

핵심예제

Q 시계가 4시 20분을 가리킬 때, 시침과 분침이 이루는 작은 각의 각도는?

A
- 시침 : $30\times4+0.5\times20=120+10=130^\circ$
- 분침 : $6\times20=120^\circ$

$\therefore 130-120=10^\circ$

시간 · 거리 · 속력

(1) 시간

① 정의 : 어떤 거리를 일정한 속력으로 가는 데 걸리는 시간

② 계산 : $(\text{시간})=\frac{(\text{거리})}{(\text{속력})}$

(2) 거리

① 정의 : 일정한 속력으로 일정 시간 동안 이동한 거리

(5) 건너뛰기 수열 ⋯› a_n : 수열 $\{a_n\}$의 n번째 항, b_m : 수열 $\{b_m\}$의 m번째 항

a_1 b_1 a_2 b_2 a_3 b_3

① 정의 : 두 개 이상의 수열 혹은 규칙이 일정한 간격을 두고 번갈아가며 나타나는(적용되는) 수열

② 계산 :

- 홀수 항 : 수열 $\{a_n\}$의 규칙에 따라 계산
- 짝수 항 : 수열 $\{b_m\}$의 규칙에 따라 계산

(6) 군수열 ⋯› a_n : 수열 $\{a_n\}$의 n번째 항

a_1 a_2 a_3 a_4 a_5 a_6 a_7 a_8 a_9 a_{10}

① 정의 : 일정한 규칙을 갖고 몇 항씩 끊어서 규칙을 이루는 수열

② 계산 : $\underline{a_1}$ $\underline{a_2 \quad a_3}$ $\underline{a_4 \quad a_5 \quad a_6}$ $\underline{a_7 \quad a_8 \quad a_9 \quad a_{10}}$

2 문자추리

(1) 알파벳, 자음, 한자, 로마자

1	2	3	4	5	6	7	8	9	10	11	12	13	14	15	16	17	18	19	20	21	22	23	24	25	26
A	B	C	D	E	F	G	H	I	J	K	L	M	N	O	P	Q	R	S	T	U	V	W	X	Y	Z
ㄱ	ㄴ	ㄷ	ㄹ	ㅁ	ㅂ	ㅅ	ㅇ	ㅈ	ㅊ	ㅋ	ㅌ	ㅍ	ㅎ												
一	二	三	四	五	六	七	八	九	十																
i	ii	iii	iv	v	vi	vii	viii	ix	x																

(2) 일반모음

1	2	3	4	5	6	7	8	9	10
ㅏ	ㅑ	ㅓ	ㅕ	ㅗ	ㅛ	ㅜ	ㅠ	ㅡ	ㅣ

(3) 일반모음+이중모음(사전 등재 순서)

1	2	3	4	5	6	7	8	9	10	11	12	13	14	15	16	17	18	19	20	21
ㅏ	ㅐ	ㅑ	ㅒ	ㅓ	ㅔ	ㅕ	ㅖ	ㅗ	ㅘ	ㅙ	ㅚ	ㅛ	ㅜ	ㅝ	ㅞ	ㅟ	ㅠ	ㅡ	ㅢ	ㅣ

구조형

① 정의 : 표, 도형 등 구조화된 형태에서 몇 개의 수/문자 묶음 또는 수/문자 집합에 규칙이 존재하는 수열

② 계산 : 숫자가 묶인 형태를 주목하여 적용된 규칙을 추론

부등식

① 정의 : 두 수 또는 두 식의 관계를 부등호로 나타낸 식

② 계산 : 문제에 '이상', '이하', '최대', '최소' 등이 들어간 경우로 방정식과 풀이 방법이 비슷하다. 구하고자 하는 것을 미지수(x)로 놓고 세운 부등식을 다음과 같은 부등식의 성질을 이용하여 풀이한다.

③ 성질 :

• 부등식의 양변에 같은 수를 더하거나 양변에 같은 수를 빼도 부등호의 방향은 바뀌지 않는다.

$a<b$이면 $a+c<b+c$, $a-c<b-c$

• 부등식의 양변에 같은 양수를 곱하거나 양변을 같은 양수로 나누어도 부등호의 방향은 바뀌지 않는다.

$a<b$, $c>0$이면 $a\times c<b\times c$, $\frac{a}{c}<\frac{b}{c}$

• 부등식의 양변에 같은 음수를 곱하거나 양변을 같은 음수로 나누면 부등호의 방향은 바뀐다.

$a<b$, $c<0$이면 $a\times c>b\times c$, $\frac{a}{c}>\frac{b}{c}$

경우의 수

① 정의 : 어떤 사건이 일어날 수 있는 모든 가짓수

② 성질 :

사건 A가 일어나는 경우의 수를 m, 사건 B가 일어나는 경우의 수를 n이라 하면

• 합의 법칙

두 사건 A, B가 동시에 일어나지 않을 때, 사건 A 또는 사건 B가 일어나는 경우의 수는 $(m+n)$가지. '또는, ~이거나'라는 말이 나오면 합의 법칙을 사용

• 곱의 법칙

사건 A와 사건 B가 동시에 일어나는 경우의 수는 $(m\times n)$가지. '그리고, 동시에'라는 말이 나오면 곱의 법칙을 사용

핵심예제

Q A, B주사위 2개를 동시에 던졌을 때, A에서는 짝수의 눈이 나오고, B에서는 3 또는 5의 눈이 나오는 경우의 수는?

A • A에서 짝수의 눈이 나오는 경우의 수 : 2, 4, 6 → 3가지

• B에서 3 또는 5의 눈이 나오는 경우의 수 : 3, 5 → 2가지

$\therefore 3\times 2=6$가지

(1) 순열

① 정의 : 서로 다른 n개에서 순서를 고려하여 서로 다른 r개를 선택하는 가짓수(단, $0\le r\le n$)

② 계산 : ${}_{n}P_{r}=n\times(n-1)\times(n-2)\times\cdots\times(n-r+1)=\frac{n!}{(n-r)!}$

③ 성질 :

• ${}_{n}P_{n}=n!=n\times(n-1)\times(n-2)\times\cdots\times 2\times 1$

• $0!=1$, ${}_{n}P_{0}=1$

(2) 조합

① 정의 : 서로 다른 n개에서 순서를 고려하지 않고 서로 다른 r개를 선택하는 가짓수(단, $0\le r\le n$)

② 계산 : ${}_{n}C_{r}=\frac{{}_{n}P_{r}}{r!}=\frac{n!}{r!\times(n-r)!}$

③ 성질 : ${}_{n}C_{r}={}_{n}C_{n-r}$, ${}_{n}C_{0}={}_{n}C_{n}=1$

농도

① 정의 : 용액을 구성하는 용질의 양의 정도

② 계산 :

- (용액)=(용매)+(용질)
- $(\text{용액의 농도})=\frac{(\text{용질의 양})}{(\text{용액의 양})}\times 100=\frac{(\text{용질의 양})}{(\text{용질의 양})+(\text{용매의 양})}\times 100$
- $(\text{용질의 양})=\frac{(\text{용액의 농도})}{100}\times(\text{용액의 양})$

핵심예제

Q 농도 30%인 소금물 150g과 농도 12%인 소금물 200g을 합쳤을 때, 소금의 양은?

A $150\times\frac{30}{100}+200\times\frac{12}{100}=45+24=69\text{g}$

수

① 정의 : 주로 자연수(양의 정수)에 대하여 연속하는 세 자연수나 홀수 · 짝수, 자릿수를 구하는 유형이 출제

② 계산 :

- 연속하는 세 자연수 : $x-1$, x, $x+1$
- 연속하는 세 짝수(홀수) : $x-2$, x, $x+2$
- 십의 자릿수가 x, 일의 자릿수가 y인 두 자리 자연수 : $10x+y$
  이 수에 대해, 십의 자리와 일의 자리를 바꾼 수 : $10y+x$
- 백의 자릿수가 x, 십의 자릿수가 y, 일의 자릿수가 z인 세 자리 자연수 : $100x+10y+z$

단리법 · 복리법

원금을 a, 이율을 r, 기간을 n, 원리금 합계를 S라고 할 때
또는 현재가치를 PV, 이율을 r, 기간을 n, 미래가치를 FV라고 할 때
(단, 이율과 기간은 연단위로 한다)

(1) 단리법

① 정의 : 원금에 대해서만 약정된 이자율과 기간을 곱해서 이자를 계산하는 방법

② 계산 :

- $S=a\times(1+r\times n)$
- $FV=PV\times(1+r\times n)$

(2) 복리법

① 정의 : 원금에 대한 이자를 가산시킨 후 이 합계액을 새로운 원금으로 계산하는 방법

② 계산 :

- $S=a\times(1+r)^n$
- $FV=PV\times(1+r)^n$

원가 · 정가 · 할인가(판매가)

(1) 원가

① 정의 : 이익을 붙이기 전의 가격

② 계산 : (원가)=(정가)−(이익)

(2) 정가

① 정의 : 원가에 이익을 가산한 가격

② 계산 : (정가)=(원가)+(이익)

(3) 할인가(판매가)

① 정의 : 정가에서 할인율을 적용하여 실제로 판매하는 가격

② 계산 : (할인가)=(정가)$\times\left[1-\frac{(\text{할인율})}{100}\right]$

- (a원에서 b% 할인한 가격)=$a\times\left(1-\frac{b}{100}\right)$
- (a원에서 b원을 할인했을 때 할인율)=$\frac{b}{a}\times 100$

핵심예제

Q 원가에 30%의 이익을 붙여 정가를 정한 상품이 팔리지 않아서 정가에서 300원을 할인하여 1개를 팔았더니 600원의 이익이 발생했다. 이 상품의 원가는?

A 원가를 x원이라고 하자.

$1.3x-300-x=600$

$\therefore x=3,000$원

일률 · 톱니바퀴

(1) 일률

① 정의 : 단위시간 동안 처리할 수 있는 작업량

② 계산 : 전체 작업량을 1로 놓고, 분 · 시간 등의 단위 시간 동안 한 일의 양을 기준으로 식을 세운다.

- (일률)=$\frac{(\text{작업량})}{(\text{작업시간})}$
- (작업시간)=$\frac{(\text{작업량})}{(\text{일률})}$
- (작업량)=(일률)×(작업시간)

(2) 톱니바퀴

① 정의 : 톱니의 맞물리는 힘으로 동력을 전달하는 장치. 주로 두 개 이상의 톱니바퀴가 맞물려 돌아갈 때, 회전수 또는 톱니 수를 묻는 문제가 출제

② 계산 : (톱니 수)×(회전수)=(총 톱니 수)임을 이용한다. 즉, 맞물려 돌아가는 A, B 두 톱니에 대하여, (A의 톱니 수)×(A의 회전수)=(B의 톱니 수)×(B의 회전수)가 성립한다.

(3) 여러 가지 경우의 수

① 동전 n개를 던졌을 때, 경우의 수 : 2^n
② 주사위 n개를 던졌을 때, 경우의 수 : 6^n
③ 동전 n개와 주사위 m개를 던졌을 때, 경우의 수 : $2^n \times 6^m$
④ n명을 한 줄로 세우는 경우의 수 : $n! = n \times (n-1) \times (n-2) \times \cdots \times 2 \times 1$
⑤ n명 중, m명을 뽑아 한 줄로 세우는 경우의 수 : ${}_n\mathrm{P}_m = n \times (n-1) \times \cdots \times (n-m+1)$
⑥ n명을 한 줄로 세울 때, m명을 이웃하여 세우는 경우의 수 : $(n-m+1)! \times m!$
⑦ 0이 아닌 서로 다른 한 자리 숫자가 적힌 n장의 카드에서, m장을 뽑아 만들 수 있는 m자리 정수의 개수 : ${}_n\mathrm{P}_m$
⑧ 0을 포함한 서로 다른 한 자리 숫자가 적힌 n장의 카드에서, m장을 뽑아 만들 수 있는 m자리 정수의 개수 : $(n-1) \times {}_{n-1}\mathrm{P}_{m-1}$
⑨ n명 중, 자격이 다른 m명을 뽑는 경우의 수 : ${}_n\mathrm{P}_m$
⑩ n명 중, 자격이 같은 m명을 뽑는 경우의 수 : ${}_n\mathrm{C}_m = \dfrac{{}_n\mathrm{P}_m}{m!}$
⑪ 원형 모양의 탁자에 n명을 앉히는 경우의 수 : $(n-1)!$

확률

① 정의 : 발생할 수 있는 모든 사건의 가짓수 중 특정 사건이 발생할 수 있는 가짓수의 비율
② 성질 :
- 모든 사건 A에 대해서 $0 \leq \mathrm{P}(A) \leq 1$이 성립한다.
- 절대로 일어날 수 없는 사건의 확률 $\mathrm{P}(\varnothing) = 0$이다.
- 반드시 일어나는 사건의 확률은 1이다.
- 사건 A가 일어날 확률을 p(단, $0 \leq p \leq 1$), 사건 B가 일어날 확률을 q(단, $0 \leq q \leq 1$)라고 하면

···› 확률의 덧셈
두 사건 A, B가 동시에 일어나지 않을 때, 즉 배반사건의 경우 사건 A 또는 사건 B가 일어날 확률은 합으로 계산
$\mathrm{P}(A \cup B) = \mathrm{P}(A) + \mathrm{P}(B) = p + q$

···› 확률의 곱셈
사건 A와 B가 서로 무관하게 일어날 때, 즉 독립사건의 경우 사건 A와 사건 B가 동시에 일어날 확률은 곱으로 계산
$\mathrm{P}(A \cap B) = \mathrm{P}(A) \times \mathrm{P}(B) = p \times q$

(1) 수학적 확률

① 정의 : 표본공간 S에 속하는 근원사건의 수를 $n(S)$, 사건 A에 속하는 근원사건의 수를 $n(A)$라 할 때 사건 A가 일어날 확률
② 계산 : (사건 A가 발생할 확률)$= \mathrm{P}(A) = \dfrac{n(A)}{n(S)} = \dfrac{(\text{사건 A가 발생하는 경우의 수})}{(\text{모든 사건이 발생하는 경우의 수})}$ (단, $0 \leq p \leq 1$)

(2) 여사건의 확률

① 정의 : 사건 A에 대하여 사건 A가 일어나지 않을 사건을 A의 여사건이라고 함. 주로 '적어도'라는 말이 나오면 사용
② 계산 : $\mathrm{P}(A^c) = 1 - \mathrm{P}(A)$

(3) 조건부 확률

① 정의 : 표본공간 S에서 두 사건 A와 B에 대하여 $\mathrm{P}(B) > 0$일 때, 사건 B가 일어난 조건 하에서 사건 A가 일어날 확률
② 계산 : $\mathrm{P}(A|B) = \dfrac{\mathrm{P}(A \cap B)}{\mathrm{P}(B)}$

(4) 여러 가지 확률

① 연속하여 뽑을 때, 꺼낸 것을 다시 넣고 뽑는 경우 : 처음과 나중의 모든 경우의 수는 같다.

② 연속하여 뽑을 때, 꺼낸 것을 다시 넣지 않고 뽑는 경우 : 나중의 모든 사건이 발생하는 경우의 수는 처음의 모든 사건이 발생하는 경우의 수보다 1만큼 작다.

③ 도형에서의 확률 : $\frac{(\text{해당하는 부분의 넓이})}{(\text{전체 넓이})}$

핵심예제

Q A~F 6명을 한 줄로 세울 때, A와 B가 나란히 서 있을 확률은?

A
- 전체 경우의 수 : 6!
- A와 B가 나란히 서 있는 경우의 수 : 5!×2(∵ A와 B의 위치를 바꾸는 경우)

∴ A와 B가 나란히 서 있는 확률 : $\frac{5!\times 2}{6!}=\frac{1}{3}$

수열추리

나열형

1 수추리

(1) 등차수열 ··· a : 첫째 항, d : 공차, a_n : 수열 $\{a_n\}$의 n번째 항

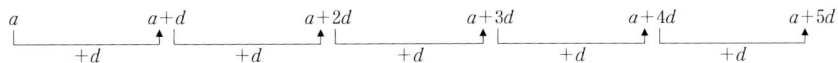

$a \xrightarrow{+d} a+d \xrightarrow{+d} a+2d \xrightarrow{+d} a+3d \xrightarrow{+d} a+4d \xrightarrow{+d} a+5d$

① 정의 : 차이가 일정한 수열

② 계산 : $a_{n+1}-a_n=d$

(2) 등비수열 ··· a : 첫째 항, r : 공비, a_n : 수열 $\{a_n\}$의 n번째 항

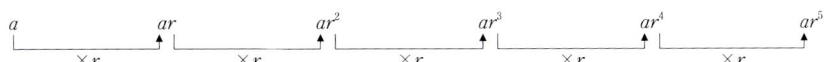

$a \xrightarrow{\times r} ar \xrightarrow{\times r} ar^2 \xrightarrow{\times r} ar^3 \xrightarrow{\times r} ar^4 \xrightarrow{\times r} ar^5$

① 정의 : 비율이 일정한 수열

② 계산 : $\frac{a_{n+1}}{a_n}=r$

(3) 계차수열 ··· a_n : 수열 $\{a_n\}$의 n번째 항, b_m : 수열 $\{b_m\}$의 m번째 항

$a_1 \xrightarrow{b_1} a_2 \xrightarrow{b_2} a_3 \xrightarrow{b_3} a_4 \xrightarrow{b_4} a_5 \xrightarrow{b_5} a_6$

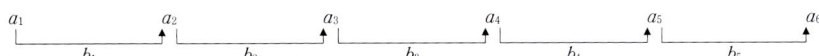

① 정의 : 수열 $\{a_n\}$의 차 $\{b_m\}$이 또다시 수열을 이룰 때, 수열 $\{b_m\}$은 수열 $\{a_n\}$의 계차수열

② 계산 : $a_{n+1}-a_n=b_n$ (단, n은 자연수)

(4) 피보나치수열 ··· a_n : 수열 $\{a_n\}$의 n번째 항

$a_1 \quad a_2 \quad \underset{a_1+a_2}{a_3} \quad \underset{a_2+a_3}{a_4} \quad \underset{a_3+a_4}{a_5} \quad \underset{a_4+a_5}{a_6}$

① 정의 : 앞의 두 항의 합이 그 다음 항의 수가 되는 수열

② 계산 : $a_{n-1}+a_n=a_{n+1}$ $(n\geq 2)$

② 계산 : (거리)=(속력)×(시간)

- 기차가 터널을 통과하거나 다리를 지나가는 경우
  (기차가 움직인 거리)=(기차의 길이)+(터널 또는 다리의 길이)
- 두 사람이 반대 방향 또는 같은 방향으로 움직이는 경우
  (두 사람 사이의 거리)=(두 사람이 움직인 거리의 합 또는 차)

(3) 속력

① 정의 : 단위 시간 동안 이동한 거리

② 계산 : $(\text{속력})=\frac{(\text{거리})}{(\text{시간})}$

- 흐르는 물에서 배를 타는 경우
  - (하류로 내려갈 때의 속력)=(배 자체의 속력)+(물의 속력)
  - (상류로 올라갈 때의 속력)=(배 자체의 속력)−(물의 속력)

핵심예제

Q 집과 놀이공원 사이의 거리는 12km이다. 일정한 속력으로 놀이공원을 가는 데 3시간이 걸렸다면, 속력은 얼마인가?

A $(\text{속력})=\frac{(\text{거리})}{(\text{시간})}=\frac{12}{3}=4\text{km/h}$

나이 · 인원 · 개수

(1) 나이

① 정의 : 여러 명의 나이를 상대적으로 비교하였을 때, 특정 사람의 나이를 구하는 유형으로 출제

② 계산 :

- 구하고자 하는 것을 미지수(x)로 놓는다.
- 미지수의 개수를 최소로 사용하여 방정식을 세운다.
- 현재의 나이와 과거 또는 미래의 나이를 묻는 경우, 시점을 헷갈리지 않도록 묻는 내용에 유의한다.

(2) 인원 · 개수

① 정의 : 인원이나 개수를 구하는 문제로 주로 증가 · 감소 개념과 함께 출제

② 계산 :

- x가 a% 증가하면, $\left(1+\frac{a}{100}\right)x$
- x가 a% 감소하면, $\left(1-\frac{a}{100}\right)x$

핵심예제

Q 서울시 공무원 1,250명 중 64%는 4년제 대학교를 졸업했고, 30%는 전문대학을 졸업했으며, 6%는 고등학교를 졸업했다. 4년제 대학교 졸업생과 전문대학 졸업생의 인원 차는?

A
- 4년제 대학교 졸업생 : $1,250\times0.64=800$명
- 전문대학 졸업생 : $1,250\times0.3=375$명

$\therefore 800-375=425$명

유튜브로 쉽게 끝내는

인적성검사

수리 완성

시대에듀

시대에듀 유튜브로 쉽게 끝내는 인적성검사 수리 완성

Always **with you**

사람의 인연은 길에서 우연하게 만나거나 함께 살아가는 것만을 의미하지는 않습니다.
책을 펴내는 출판사와 그 책을 읽는 독자의 만남도 소중한 인연입니다.
시대에듀는 항상 독자의 마음을 헤아리기 위해 노력하고 있습니다. 늘 독자와 함께하겠습니다.

머리말 PREFACE

취업을 준비하는 과정에서 인적성검사는 빠질 수 없는 요소이며, 그중 수리 영역은 인적성검사를 진행하는 대부분의 기업에서 다루고 있다. 난도가 높고 실력을 빠르게 올리는 것이 어려운 영역이기에 수험생들에게 힘든 관문으로 여겨진다. 특히 응용수리와 자료해석 등 여러 가지 유형을 익혀야 하므로 수험생들의 고충이 커질 수밖에 없다. 따라서 무작정 공식을 암기하기보다는 자신에게 맞는 방법을 찾아 학습하는 자세가 필요하다. 더 쉽고 빠르게 이론 학습과 문제 풀이 모두를 아우를 수 있어야 한다.

이에 시대에듀에서는 인적성검사를 준비하는 수험생들이 시험에 효과적으로 대비할 수 있도록 다음과 같은 특징의 본서를 출간하게 되었다.

도서의 특징

❶ 주요기업 2개년 기출복원문제를 수록하여 최근 출제경향을 한눈에 파악할 수 있도록 하였다.

❷ 수리 영역 핵심이론과 대표예제를 수록하여 개념 정리가 가능하도록 하였다.

❸ 유형풀이를 수록하여 기본 실력을 키울 수 있도록 하였다.

❹ 영역별 실전문제를 수록하여 충분히 연습할 수 있도록 하였다.

❺ 실전모의고사 2회를 수록하여 자신의 능력을 스스로 점검할 수 있도록 하였다.

끝으로 본서를 통해 인적성검사를 준비하는 수험생 여러분 모두에게 합격의 기쁨이 있기를 진심으로 기원한다.

SDC(Sidae Data Center) 씀

도서 200% 활용하기 STRUCTURES

핵심이론 및 대표예제로 기초 다지기!

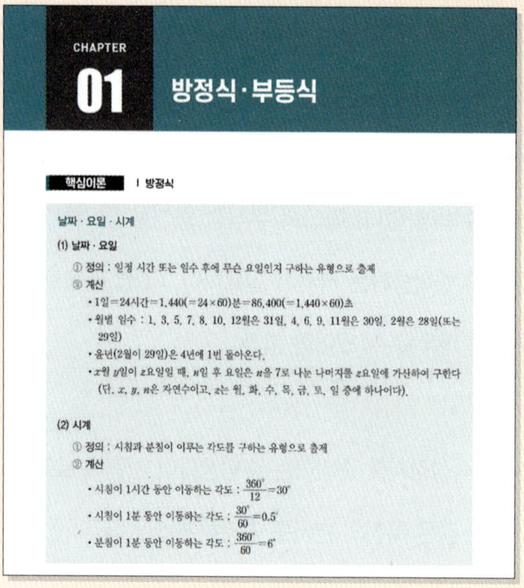
CHAPTER 01 방정식·부등식

핵심이론 | 방정식

날짜·요일·시계

(1) 날짜·요일

① 정의 : 일정 시간 또는 일수 후에 무슨 요일인지 구하는 유형으로 출제

② 계산

- 1일=24시간=1,440(=24×60)분=86,400(=1,440×60)초
- 월별 일수 : 1, 3, 5, 7, 8, 10, 12월은 31일, 4, 6, 9, 11월은 30일, 2월은 28일(또는 29일)
- 윤년(2월이 29일)은 4년에 1번 돌아온다.
- x월 y일이 z요일일 때, n일 후 요일은 n을 7로 나눈 나머지를 z요일에 가산하여 구한다(단, x, y, n은 자연수이고, z는 월, 화, 수, 목, 금, 토, 일 중에 하나이다).

(2) 시계

① 정의 : 시침과 분침이 이루는 각도를 구하는 유형으로 출제

② 계산

- 시침이 1시간 동안 이동하는 각도 : $\frac{360°}{12}=30°$
- 시침이 1분 동안 이동하는 각도 : $\frac{30°}{60}=0.5°$
- 분침이 1분 동안 이동하는 각도 : $\frac{360°}{60}=6°$

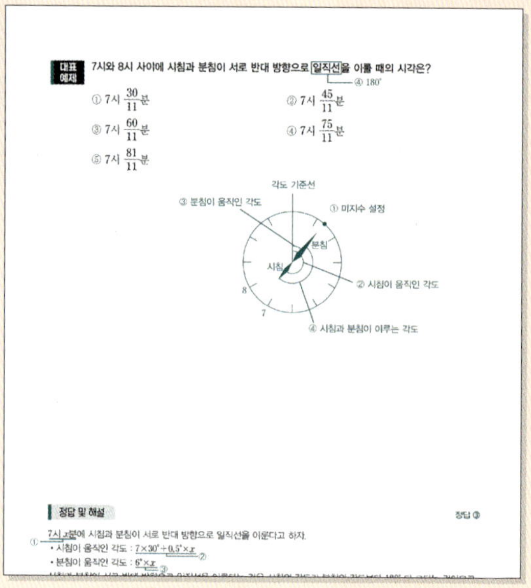
대표예제 7시와 8시 사이에 시침과 분침이 서로 반대 방향으로 일직선을 이룰 때의 시각은?

① 7시 $\frac{30}{11}$분 ② 7시 $\frac{45}{11}$분 ③ 7시 $\frac{60}{11}$분 ④ 7시 $\frac{75}{11}$분 ⑤ 7시 $\frac{81}{11}$분

정답 및 해설 정답 ③

7시 x분에 시침과 분침이 서로 반대 방향으로 일직선을 이룬다고 하자.

- 시침이 움직인 각도 : $7\times30°+0.5°\times x$
- 분침이 움직인 각도 : $6°\times x$

▸ 수리 영역에서 출제되는 문제를 풀기 위해 필요한 모든 이론 정리

▸ 이론별 대표예제와 상세한 풀이 과정으로 앞서 배운 개념을 강화

유형풀이로 기본 실력 키우기!

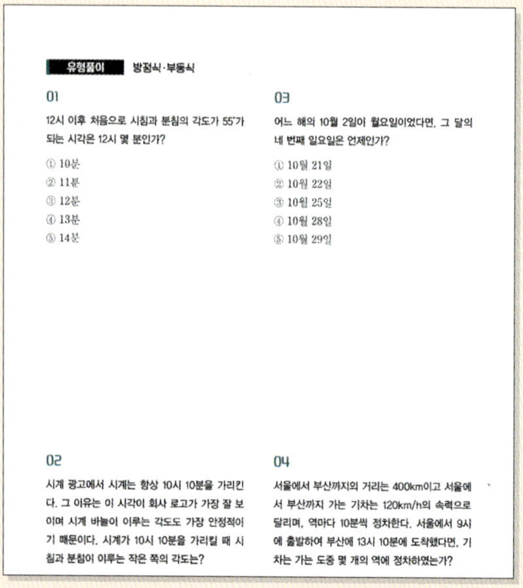
유형풀이 방정식·부등식

01 12시 이후 처음으로 시침과 분침의 각도가 55°가 되는 시각은 12시 몇 분인가?

① 10분 ② 11분 ③ 12분 ④ 13분 ⑤ 14분

03 어느 해의 10월 2일이 월요일이었다면, 그 달의 네 번째 일요일은 언제인가?

① 10월 21일 ② 10월 22일 ③ 10월 25일 ④ 10월 28일 ⑤ 10월 29일

02 시계 광고에서 시계는 항상 10시 10분을 가리킨다. 그 이유는 이 시각이 회사 로고가 가장 잘 보이며 시계 바늘이 이루는 각도도 가장 안정적이기 때문이다. 시계가 10시 10분을 가리킬 때 시침과 분침이 이루는 작은 쪽의 각도는?

04 서울에서 부산까지의 거리는 400km이고 서울에서 부산까지 가는 기차는 120km/h의 속력으로 달리며, 역마다 10분씩 정차한다. 서울에서 9시에 출발하여 부산에 13시 10분에 도착했다면, 기차는 가는 도중 몇 개의 역에 정차하였는가?

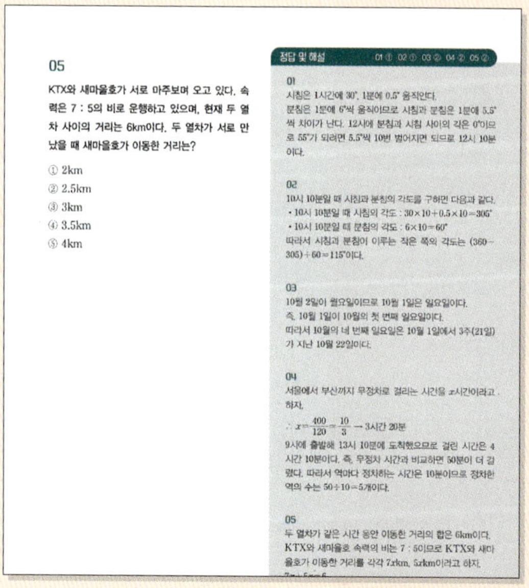
05 KTX와 새마을호가 서로 마주보며 오고 있다. 속력은 7 : 5의 비로 운행하고 있으며, 현재 두 열차 사이의 거리는 6km이다. 두 열차가 서로 만났을 때 새마을호가 이동한 거리는?

① 2km ② 2.5km ③ 3km ④ 3.5km ⑤ 4km

정답 및 해설 01 ① 02 ① 03 ② 04 ② 05 ②

01 시침은 1시간에 30°, 1분에 0.5° 움직인다. 분침은 1분에 6°씩 움직이므로 시침과 분침은 1분에 5.5°씩 차이가 난다. 12시에 분침과 시침 사이의 각은 0°이므로 55°가 되려면 5.5°씩 10번 벌어지면 되므로 12시 10분이다.

02 10시 10분일 때 시침과 분침의 각도를 구하면 다음과 같다.

- 10시 10분일 때 시침의 각도 : 30×10+0.5×10=305°
- 10시 10분일 때 분침의 각도 : 6×10=60°

따라서 시침과 분침이 이루는 작은 쪽의 각도는 (360−305)+60=115°이다.

03 10월 2일이 월요일이므로 10월 1일은 일요일이다. 즉, 10월 1일이 10월의 첫 번째 일요일이다. 따라서 10월의 네 번째 일요일은 10월 1일에서 3주(21일)가 지난 10월 22일이다.

04 서울에서 부산까지 무정차로 걸리는 시간을 x시간이라고 하자.

$\therefore x=\frac{400}{120}=\frac{10}{3}$ → 3시간 20분

9시에 출발해 13시 10분에 도착했으므로 걸린 시간은 4시간 10분이다. 즉, 무정차 시간과 비교하면 50분이 더 걸렸다. 따라서 역마다 정차하는 시간은 10분이므로 정차한 역의 수는 50÷10=5개이다.

05 두 열차가 같은 시간 동안 이동한 거리의 합은 6km이다. KTX와 새마을호 속력의 비는 7 : 5이므로 KTX와 새마을호가 이동한 거리를 각각 $7x$km, $5x$km이라고 하자.

▸ 이론을 익힐 수 있는 기초적인 문제로 구성한 기본 문제 모음

▸ 문제와 정답 및 해설을 함께 수록하여 빠르게 유형 파악 가능

실전문제로 수리 능력 끌어올리기!

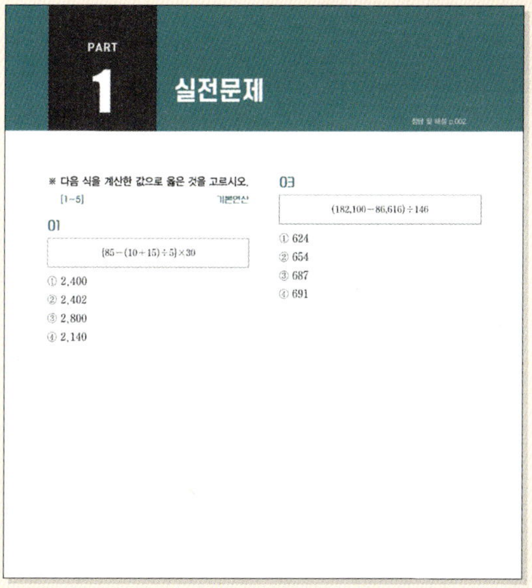

PART 1 실전문제

정답 및 해설 p.002

※ 다음 식을 계산한 값으로 옳은 것을 고르시오. [1~5]

기본연산

01

{85－(10＋15)÷5}×30

① 2,400
② 2,402
③ 2,800
④ 2,140

03

(182,100－86,616)÷146

① 624
② 654
③ 687
④ 691

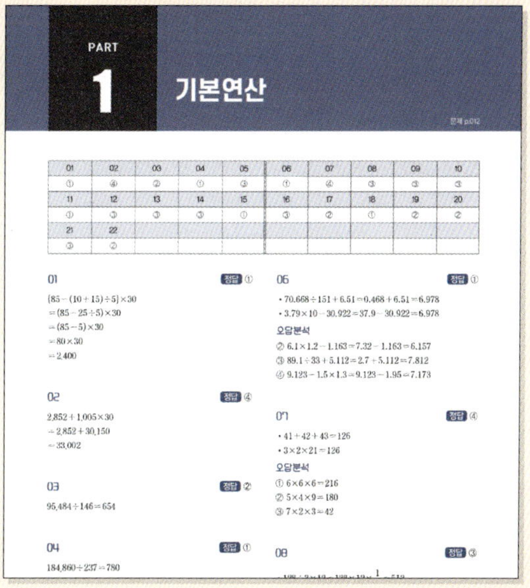

PART 1 기본연산

문제 p.012

01	02	03	04	05	06	07	08	09	10
①	④	②	①	③	①	④	③	③	③
11	12	13	14	15	16	17	18	19	20
①	③	③	③	①	③	②	①	②	②
21	22								
③	②								

01 정답 ①

{85－(10＋15)÷5}×30
＝(85－25÷5)×30
＝(85－5)×30
＝80×30
＝2,400

02 정답 ④

2,852＋1,005×30
＝2,852＋30,150
＝33,002

03 정답 ②

95,484÷146＝654

04 정답 ①

184,860÷237＝780

06 정답 ①

• 70.668÷151＋6.51＝0.468＋6.51＝6.978
• 3.79×10－30.922＝37.9－30.922＝6.978

오답분석

② 6.1×1.2－1.163＝7.32－1.163＝6.157
③ 89.1÷33＋5.112＝2.7＋5.112＝7.812
④ 9.123－1.5×1.3＝9.123－1.95＝7.173

07 정답 ④

• 41＋42＋43＝126
• 3×2×21＝126

오답분석

① 6×6×6＝216
② 5×4×9＝180
③ 7×2×3＝42

08 정답 ③

- ▸ 문제 풀이에 집중할 수 있도록 구성한 실전문제로 실력 확인
- ▸ 상세한 해설 및 오답분석으로 풀이까지 완벽 마무리

실전모의고사로 수리 능력 최종 점검하기!

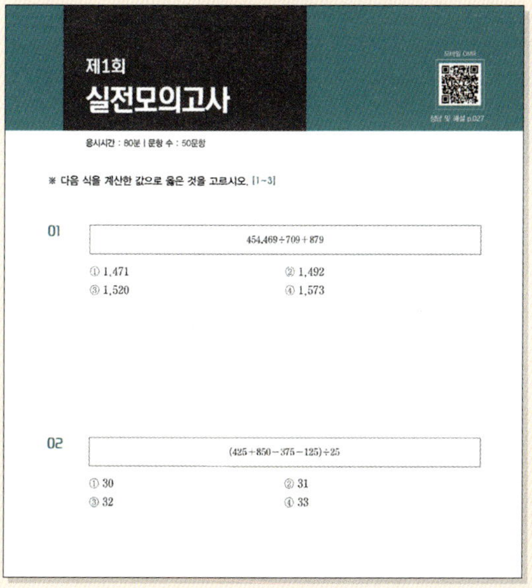

제1회 실전모의고사

모바일 OMR

정답 및 해설 p.027

응시시간 : 80분 | 문항 수 : 50문항

※ 다음 식을 계산한 값으로 옳은 것을 고르시오. [1~3]

01

454,469÷709＋879

① 1,471 ② 1,492
③ 1,520 ④ 1,573

02

(425＋850－375－125)÷25

① 30 ② 31
③ 32 ④ 33

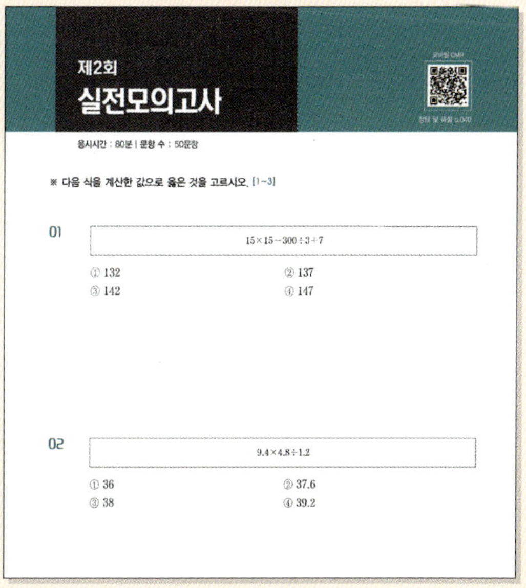

제2회 실전모의고사

모바일 OMR

정답 및 해설 p.040

응시시간 : 80분 | 문항 수 : 50문항

※ 다음 식을 계산한 값으로 옳은 것을 고르시오. [1~3]

01

15×15－300÷3＋7

① 132 ② 137
③ 142 ④ 147

02

9.4×4.8÷1.2

① 36 ② 37.6
③ 38 ④ 39.2

- ▸ 수리 능력을 최종 점검할 수 있는 실전모의고사 2회 수록
- ▸ 모바일 OMR 답안채점/성적분석 서비스 제공

학습방법 STUDY PLAN

1 목표 기업의 인적성검사 출제영역 확인(2024년 기준)

구분	기본연산	응용수리	수열추리	자료해석
삼성		○	○	○
LG		○	○	○
SK		○	○	○
이랜드				○
KT		○	○	○
롯데		○	○	○
포스코			○	○
두산		○	○	○
GS				○
S-OIL		○		○
효성		○	○	
샘표		○		○
CJ		○	○	○
삼양				○

2 자신의 실력과 성향에 따라 학습 방법 선택

- 인적성검사에 출제되는 수리 영역의 유형을 모르며, 수리 실력이 부족함 ⋯→ A코스
- 인적성검사에 출제되는 수리 영역의 유형을 잘 알고 있으며, 수리 실력이 부족하지 않음 ⋯→ B코스
- 인적성검사에 출제되는 수리 영역의 유형을 잘 알고 있으며, 수리 실력이 뛰어나 문제 풀이에 집중하고자 함 ⋯→ C코스

	STEP 1	STEP 2	STEP 3	STEP 4
A코스	핵심이론	대표예제	유형풀이	실전문제
B코스	유형풀이	핵심이론	대표예제	실전문제
C코스	대표예제	유형풀이	실전문제	

3 집중적으로 공부할 영역의 체계적인 학습을 위한 PLANNER 작성

MONTHLY PLANNER

일	월	화	수	목	금	토
__월 __일 ☑ • 기본연산 대표예제 학습	☐	☐	☐	☐	☐	☐
☐	☐	☐	☐	☐	☐	☐
☐	☐	☐	☐	☐	☐	☐
☐	☐	☐	☐	☐	☐	☐
☐	☐	☐	☐	☐	☐	☐

D-DAY PLANNER

일	월	화	수	목	금	토
D-13 ☐	D-12 ☐	D-11 ☐	D-10 ☐	D-9 ☐	D-8 ☐	D-7 ☐
D-6 ☐	D-5 ☐	D-4 ☐	D-3 ☐	D-2 ☐	D-1 ☐	D-DAY ☐ • 수리 완성 공략집 복습 • 수리 만점

이 책의 차례 CONTENTS

Add+

주요기업 2개년 기출복원문제

(삼성 / LG / SK / 포스코 / KT)

Add+ 주요기업 2개년 기출복원문제

※ 2025～2024년에 시행된 주요기업 2개년 기출복원문제를 수록하였습니다.
※ 정답 및 해설은 기출복원문제 바로 뒤 p.25에 있습니다.

삼성

01 S사는 작년에 A제품과 B제품을 합쳐 총 3,200개를 생산하였다. 올해는 작년 대비 A제품의 생산량을 25%, B제품의 생산량을 35% 증가시켜 총 4,200개를 생산한다고 할 때, 올해 A, B제품의 생산량 차이는?

① 900개
② 1,000개
③ 1,100개
④ 1,200개
⑤ 1,300개

02 S전자에서는 냉장고 3대, 세탁기 4대, 청소기 2대 중 3대를 신제품 행사에 전시하려고 한다. 이때 적어도 1대는 냉장고를 전시할 확률은?(단, 모든 가전제품은 서로 다른 모델이다)

① $\frac{12}{21}$
② $\frac{13}{21}$
③ $\frac{14}{21}$
④ $\frac{5}{7}$
⑤ $\frac{16}{21}$

03

다음은 A～D사의 연간 매출액에 대한 자료이다. 연간 매출액이 일정한 증감률을 보인다고 할 때, 빈칸에 들어갈 수는?

〈A～D사의 연간 매출액〉

(단위 : 백억 원)

구분		2019년	2020년	2021년	2022년	2023년	2024년
A사	매출액	300	350	400	450	500	550
	순이익	9	10.5	12	13.5	15	16.5
B사	매출액	200	250	200	250	200	250
	순이익	4	7.5	4	7.5	4	7.5
C사	매출액	250	350	300	400	350	450
	순이익	5	10.5	12	20		31.5
D사	매출액	350	300	250	200	150	100
	순이익	7	6	5	4	3	2

※ (순이익)=(매출액)×(이익률)

① 21
② 23
③ 25
④ 27
⑤ 29

04

S베이커리에서 제조되는 초콜릿의 개수가 다음과 같은 규칙을 보일 때, 2023년 11월에 제조될 초콜릿의 개수는?

〈S베이커리에서 제조되는 초콜릿의 개수〉

(단위 : 개)

구분	2023년 1월	2023년 2월	2023년 3월	2023년 4월	2023년 5월	2023년 6월
초콜릿 개수	10	20	30	50	80	130

① 210개
② 340개
③ 550개
④ 890개
⑤ 1,440개

05 다음은 수도권에서의 배, 귤, 사과 판매량에 대한 자료이다. 수도권 중 서울에서 판매된 배의 비율을 a, 경기도에서 판매된 귤의 비율을 b, 인천에서 판매된 사과의 비율을 c라고 할 때, $a+b+c$의 값은?(단, 수도권은 서울, 경기, 인천이다)

〈수도권의 배, 귤, 사과 판매량〉

(단위 : 개)

구분	서울	경기	인천
배	800,000	1,500,000	200,000
귤	7,500,000	3,000,000	4,500,000
사과	300,000	450,000	750,000

① 0.9
② 0.94
③ 0.98
④ 1.02
⑤ 1.06

06 다음은 국내 기업의 집중도 현황에 관한 자료이다. 이에 대한 설명으로 옳지 않은 것은?

〈기업 집중도 현황〉

구분	2021년	2022년	2023년	전년 대비
상위 10대 기업	25.0%	26.9%	25.6%	▽ 1.3%p
상위 50대 기업	42.2%	44.7%	44.7%	–
상위 100대 기업	48.7%	51.2%	51.0%	▽ 0.2%p
상위 200대 기업	54.5%	56.9%	56.7%	▽ 0.2%p

① 2023년 상위 10대 기업의 점유율은 전년에 비해 낮아졌다.
② 2021년 상위 101～200대 기업이 차지하고 있는 비율은 5% 미만이다.
③ 전년 대비 2023년에는 상위 50대 기업을 제외하고 모두 점유율이 감소했다.
④ 전년 대비 2023년의 상위 100대 기업이 차지하고 있는 점유율은 약간 하락했다.
⑤ 2022～2023년까지 상위 10대 기업의 등락률과 상위 200대 기업의 등락률은 같은 방향을 보인다.

07 다음은 A～D사의 2020년부터 2023년까지의 DRAM 판매 수익에 대한 자료이다. 이에 대한 설명으로 옳지 않은 것은?

〈2020 ～ 2023년 DRAM 판매 수익〉

(단위 : 조 원)

구분	2020년	2021년	2022년	2023년
A사	20	18	9	22
B사	10	6	−2	8
C사	10	7	−6	−2
D사	−2	−5	−8	−4

※ 그해의 판매 수익이 음수라면 적자를 기록한 것임

① 2021～2023년 A～D사의 전년 대비 판매 수익 증감 추이는 모두 같다.
② A～D사의 2022년 전체 판매 수익은 적자를 기록하였다.
③ 2022년 A～D사의 전년 대비 판매 수익 감소율은 모두 50% 이하이다.
④ B사와 D사의 2020년 대비 2023년의 판매 수익이 감소한 금액은 같다.
⑤ 2020년 대비 2023년의 판매 수익이 가장 크게 증가한 곳은 A사이다.

08 다음은 남성과 여성의 희망 자녀 수에 대한 자료이다. 이에 대한 설명으로 옳은 것은?

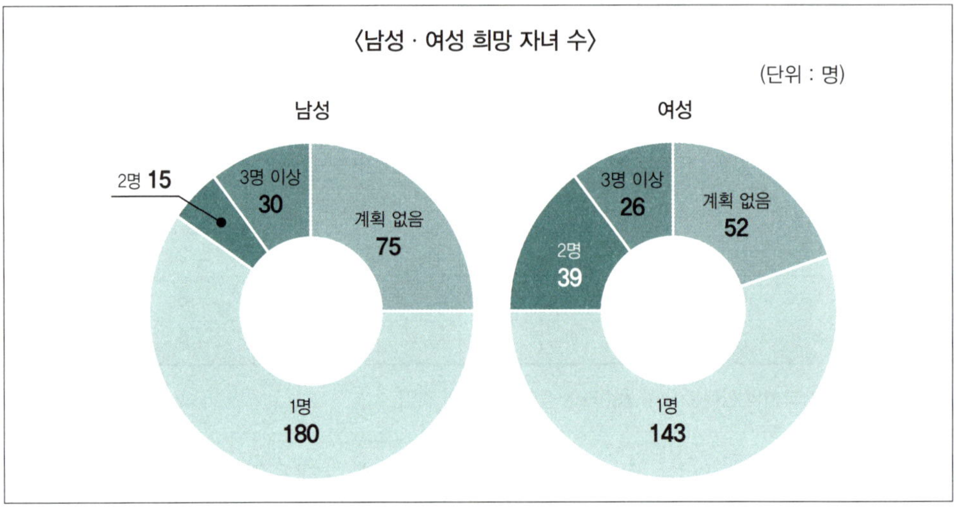

① 남성과 여성의 전체 조사 인원은 600명 이상이다.

② 희망 자녀 수가 1명인 여성 인원은 전체 여성 인원의 60%이다.

③ 각 성별의 각 항목을 인원수가 많은 순서대로 나열하면 모든 항목의 순위는 같다.

④ 자녀 계획이 없는 남성 인원의 전체 남성 인원에 대한 비율은 응답이 같은 여성 인원의 전체 여성 인원에 대한 비율보다 5%p 더 크다.

⑤ 희망 자녀 수가 2명인 여성 인원의 전체 여성 인원에 대한 비율은 응답이 같은 남성 인원의 전체 남성 인원에 대한 비율의 2배이다.

※ S사는 직원들의 명함을 다음의 제작 기준에 따라 제작한다. 이어지는 질문에 답하시오. [9~10]

〈명함 제작 기준〉

(단위 : 원)

구분	100장	추가 50장
국문	10,000	3,000
영문	15,000	5,000

※ 고급 종이로 제작할 경우 정가의 10% 가격이 추가됨

09 올해 신입사원이 입사해서 국문 명함을 만들었다. 명함은 1인당 150장씩 지급하며, 일반 종이로 만들어 총제작비용은 195,000원이다. 신입사원은 총 몇 명인가?

① 12명
② 13명
③ 14명
④ 15명
⑤ 16명

10 이번 신입사원 중 해외영업부서로 배치받은 사원이 있다. 해외영업부 사원들에게는 고급 종이로 영문 명함을 200장씩 만들어 주려고 한다. 총인원이 8명일 때 총제작비용은 얼마인가?

① 158,400원
② 192,500원
③ 210,000원
④ 220,000원
⑤ 247,500원

※ 일정한 규칙으로 수를 나열할 때, 빈칸에 들어갈 수로 옳은 것을 고르시오. [1~3]

01

1	3	5	7
11	15	19	23
30	35	40	45
98	( )	74	62

① 80
② 82
③ 84
④ 86
⑤ 88

02

1 −2 1 −2 4 −8 1 −2 ( )

① 8
② 9
③ 10
④ 11
⑤ 12

03

100 80 61 43 ( ) 10 −5

① 28
② 27
③ 26
④ 25
⑤ 24

04 다음은 어느 도서관에서의 도서 대여 횟수에 대한 자료이다. 이에 대한 설명으로 옳지 않은 것은?

〈도서 대여 횟수〉

(단위 : 회)

구분	비소설		소설	
	남자	여자	남자	여자
40세 미만	20	10	40	50
40세 이상	30	20	20	30

① 40세 미만보다 40세 이상의 전체 대여 횟수가 더 적다.
② 소설을 대여한 전체 횟수가 비소설을 대여한 전체 횟수보다 많다.
③ 남자가 소설을 대여한 횟수는 여자가 소설을 대여한 횟수의 70% 이하이다.
④ 40세 이상의 전체 대여 횟수에서 소설 대여 횟수가 차지하는 비율은 40% 이상이다.
⑤ 40세 미만의 전체 대여 횟수에서 비소설 대여 횟수가 차지하는 비율은 20%를 넘는다.

05 퇴직 후 네일아트를 전문적으로 하는 뷰티숍을 개점하려는 L씨는 어느 지역의 고객분포를 알기 위해 직접 설문조사를 하였다. 설문조사 결과가 다음과 같을 때, L씨가 이해한 내용으로 옳은 것은?(단, 복수응답과 무응답은 없다)

〈응답자의 연령대별 방문 횟수〉

(단위 : 명)

연령대 / 방문 횟수	20～25세	26～30세	31～35세	합계
1회	19	12	3	34
2～3회	27	32	4	63
4～5회	6	5	2	13
6회 이상	1	2	0	3
합계	53	51	9	113

〈응답자의 직업〉

(단위 : 명)

구분	응답자
학생	49
회사원	43
공무원	2
전문직	7
자영업	9
가정주부	3
합계	113

① 26～30세 응답자 중 4회 이상 방문한 응답자 비율은 10% 이상이다.
② 31～35세 응답자의 1인당 평균 방문 횟수는 2회 미만이다.
③ 전체 응답자 중 20～25세인 전문직 응답자 비율은 5% 미만이다.
④ 전체 응답자 중 20～25세 응답자가 차지하는 비율은 50% 이상이다.
⑤ 전체 응답자 중 직업이 학생 또는 공무원인 응답자 비율은 50% 이상이다.

01 A씨는 S산 입구에서 정상으로 향하는 등산로를 이용해 1.8km/h의 속력으로 등산하였고, 정상에서 30분 휴식한 뒤, 올라왔던 등산로를 통해 2.4km/h의 속력으로 하산하였다. 등산에 총 4시간이 소요되었을 때, A씨가 이용한 등산로의 거리는?(단, A씨의 등산 및 하산 속력은 각각 일정하게 유지되었다)

① 3.0km
② 3.2km
③ 3.4km
④ 3.6km
⑤ 3.8km

02 S사 전체 신입사원의 남자와 여자의 비율은 55:45이고, 여자 신입사원 중에서 안경을 착용한 사원과 착용하지 않은 사원의 비율은 55:45였다. 신입사원 1명을 고를 때 그 사원이 안경을 착용했을 확률이 30%라면, 남자 신입사원 중에서 안경을 착용한 사람의 비율은?

① $\frac{3}{110}$
② $\frac{21}{440}$
③ $\frac{7}{110}$
④ $\frac{21}{220}$
⑤ $\frac{21}{110}$

03 작년 S초등학교의 전교생 수는 480명이었다. 올해 남학생 수는 20% 증가하였고, 여학생 수는 10% 감소하여 올해 남학생 수와 여학생 수의 비율이 20:21이 되었다. 올해 전교생 수는?

① 488명
② 492명
③ 496명
④ 500명
⑤ 504명

04

S사에서 제조하는 A, B제품 각각 1개를 만드는 데 필요한 X, Y원료의 양 및 개당 이익이 다음과 같을 때, 공장에서 얻을 수 있는 최대 이익은?(단, X원료는 18kg, Y원료는 20kg까지 사용할 수 있다)

〈A, B제품 제조 시 X, Y원료의 필요량 및 개당 이익〉

구분	X원료 필요량	Y원료 필요량	개당 이익
A제품	600g	500g	6만 원
B제품	400g	500g	5만 원

① 210만 원
② 220만 원
③ 230만 원
④ 240만 원
⑤ 250만 원

05

다음과 같은 길의 A지점에서 출발하여 B지점에 도착하는 가장 짧은 경로의 경우의 수는?

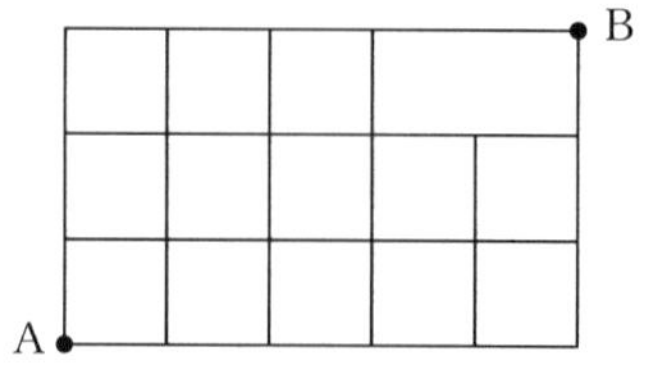

① 41가지
② 44가지
③ 47가지
④ 50가지
⑤ 53가지

06 S사는 3월 6일에 1차 전체회의를 진행하였다. 100일 후 2차 전체회의를 진행하고자 할 때, 그 날짜는?

① 5월 31일
② 6월 7일
③ 6월 14일
④ 6월 21일
⑤ 6월 28일

07 S사가 자재를 보관하고자 가로 65m, 세로 55m인 건물을 매입하였다. 건물 보안을 위해 건물의 각 외벽으로부터 5m 떨어진 곳에 울타리를 설치할 때, 설치한 울타리의 길이는?

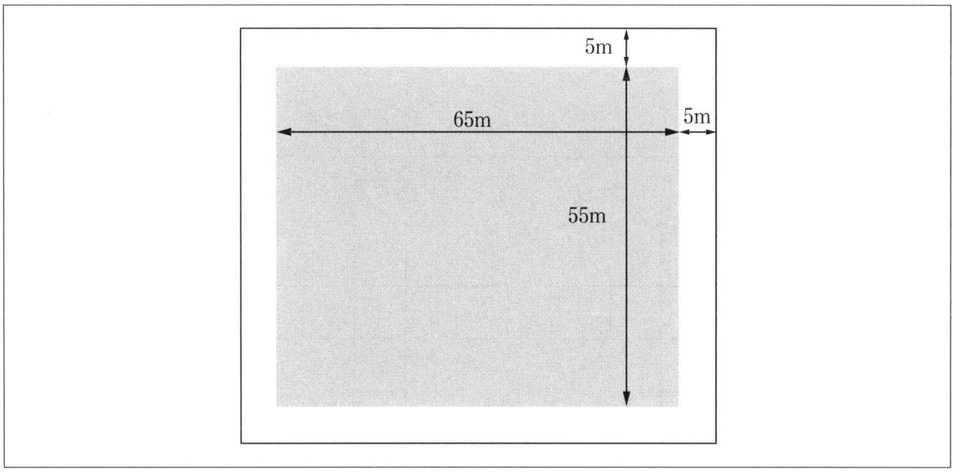

① 240m
② 250m
③ 260m
④ 270m
⑤ 280m

※ 일정한 규칙으로 수를 나열할 때, 빈칸에 들어갈 알맞은 수를 고르시오. [8~9]

08

$\frac{1,000}{33}$ $\frac{994}{33}$ $\frac{994}{35}$ $\frac{988}{35}$ $\frac{988}{37}$ $\frac{982}{37}$ $\frac{982}{39}$ $\frac{976}{39}$ $\frac{976}{41}$ ( )

① $\frac{973}{41}$
② $\frac{970}{41}$
③ $\frac{973}{43}$
④ $\frac{970}{43}$
⑤ $\frac{970}{45}$

09

		3		
		1		
2	14	96	1	5
		10		
		14		

		2		
		3		
5	3	120	8	7
		10		
		14		

		6		
		4		
5	7	( )	11	19
		11		
		25		

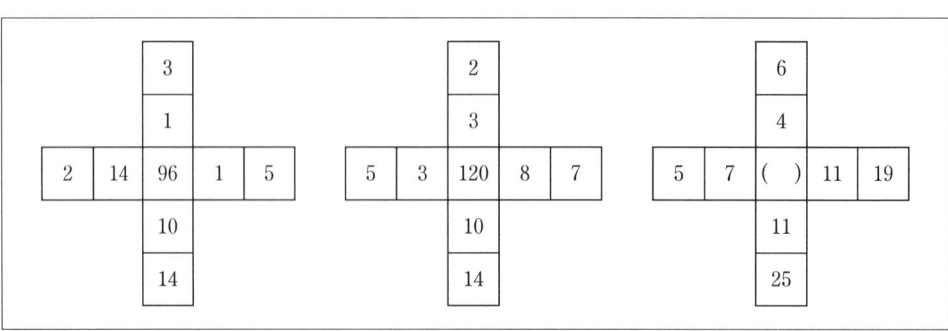

① 120
② 240
③ 360
④ 480
⑤ 600

10 다음은 상품별 판매 가격 및 권장 소비자 가격과의 괴리율에 대한 자료이다. 제시된 〈조건〉을 적용할 때 할인가 판매 시 권장 소비자 가격과의 괴리율이 가장 높은 상품은?(단, 괴리율은 소수점 이하 둘째 자리에서 버림한다)

〈상품별 판매 가격 및 권장 소비자 가격과의 괴리율〉

(단위 : 원, %)

구분	판매 가격		권장 소비자 가격과의 괴리율	
	정상가	할인가	권장 소비자 가격	정상가 판매 시 괴리율
세탁기	600,000	580,000	640,000	6.2
무선청소기	175,000	170,000	181,000	3.3
오디오세트	470,000	448,000	493,000	4.6
골프채	750,000	720,000	786,000	4.5
운동복	195,000	180,000	212,500	8.2

조건

- [권장 소비자 가격과의 괴리율(%)] $=\frac{[(\text{권장 소비자 가격})-(\text{판매 가격})]}{(\text{권장 소비자 가격})}\times 100$
- 정상가 : 할인 판매를 하지 않는 상품의 판매 가격
- 할인가 : 할인 판매를 하는 상품의 판매 가격

① 세탁기
② 무선청소기
③ 오디오세트
④ 골프채
⑤ 운동복

11 다음은 지역별 인구 및 인구밀도에 대한 자료이다. 이에 대한 〈보기〉의 설명 중 옳은 것을 모두 고르면?

〈지역별 인구 및 인구밀도〉

(단위 : 천 명, 명/km^2)

구분	2021년		2022년		2023년	
	인구	인구밀도	인구	인구밀도	인구	인구밀도
서울	10,032	16,574	10,036	16,582	10,039	16,593
부산	3,498	4,566	3,471	4,531	3,446	4,493
대구	2,457	2,779	2,444	2,764	2,431	2,750
인천	2,671	2,602	2,645	2,576	2,655	2,586

※ $(인구밀도)=\frac{(인구)}{(면적)}$

보기

㉠ 2021년에서 2022년까지 감소한 인구가 2022년 전체 인구에서 차지하는 비율은 부산보다 대구가 더 크다.
㉡ 인천의 면적은 1,000km^2보다 넓다.
㉢ 부산의 면적은 대구의 면적보다 넓다.

① ㉠
② ㉡
③ ㉠, ㉡
④ ㉡, ㉢
⑤ ㉠, ㉡, ㉢

12 다음은 전년 동월 대비 2023년 특허 심사 건수 증감 및 등록률 증감 추이에 대한 자료이다. 이에 대한 〈보기〉의 설명 중 옳지 않은 것을 모두 고르면?

〈특허 심사 건수 증감 및 등록률 증감 추이(전년 동월 대비)〉

(단위 : 건, %)

구분	2023년 1월	2023년 2월	2023년 3월	2023년 4월	2023년 5월	2023년 6월
심사 건수 증감	125	100	130	145	190	325
등록률 증감	1.3	−1.2	−0.5	1.6	3.3	4.2

보기

㉠ 2023년 3월에 전년 동월 대비 등록률이 가장 많이 낮아졌다.
㉡ 2023년 6월의 심사 건수는 325건이다.
㉢ 2023년 5월의 등록률은 3.3%이다.
㉣ 2022년 1월 심사 건수가 100건이라면, 2023년 1월 심사 건수는 225건이다.

① ㉠
② ㉠, ㉡
③ ㉠, ㉡, ㉢
④ ㉡, ㉢, ㉣
⑤ ㉠, ㉡, ㉢, ㉣

13 다음은 휴대폰 A~D의 항목별 고객평가 점수에 대한 자료이다. 이에 대한 설명으로 옳은 것을 <보기>에서 모두 고르면?

〈휴대폰 A~D의 항목별 고객평가 점수〉

(단위 : 점)

구분	A	B	C	D
디자인	8	7	4	6
가격	4	6	7	8
해상도	5	6	8	4
음량	6	4	7	5
화면크기 · 두께	7	8	3	4
내장 · 외장메모리	5	6	7	8

※ 각 항목의 최고점 : 10점

※ 기본점수 산정방법 : 각 항목에서 제일 높은 점수 순대로 5점, 4점, 3점, 2점 배점

※ 성능점수 산정방법 : 해상도, 음량, 내장 · 외장메모리 항목에서 제일 높은 점수 순대로 5점, 4점, 3점, 2점 배점

보기

㉠ 휴대폰 A~D 중 기본점수가 가장 높은 휴대폰은 C이다.

㉡ 휴대폰 A~D 중 성능점수가 가장 높은 휴대폰은 D이다.

㉢ 각 항목의 고객평가 점수를 단순 합산한 점수가 가장 높은 휴대폰은 B이다.

㉣ 성능점수 항목을 제외한 항목의 점수만을 단순 합산했을 때, 휴대폰 B의 점수는 C의 점수의 1.5배이다.

① ㉠, ㉢
② ㉡, ㉣
③ ㉠, ㉡, ㉢
④ ㉠, ㉢, ㉣
⑤ ㉡, ㉢, ㉣

포스코

※ 일정한 규칙으로 수를 나열할 때, 빈칸에 들어갈 알맞은 수를 고르시오. [1~2]

01

−2　6　10　−30　−26　( )

① 78　② −56
③ 24　④ −11

02

−1　2　−5　6　−25　10　−125　( )

① −15　② 14
③ −5　④ 20

03 다음은 2023년에 P병원을 찾은 당뇨병환자 수에 대한 자료이다. 이에 대한 설명으로 옳지 않은 것은?

〈당뇨병환자 수〉

(단위 : 명)

구분	경증		중증	
	여성	남성	여성	남성
50세 미만	8	14	9	9
50세 이상	10	18	9	23

① 남성 환자가 여성 환자보다 28명 더 많다.
② 여성 환자 중 중증 환자의 비율은 50%이다.
③ 50세 이상 환자 수는 50세 미만 환자 수의 1.5배이다.
④ 경증 환자 중 남성 환자의 비율은 중증 환자 중 남성 환자의 비율보다 높다.

04

다음은 주요 선진국과 BRICs의 고령화율에 대한 자료이다. 2040년의 고령화율이 2010년 대비 3배 이상이 되는 나라를 〈보기〉에서 모두 고르면?

〈주요 선진국과 BRICs 고령화율〉

(단위 : %)

구분	한국	미국	프랑스	영국	독일	일본	브라질	러시아	인도	중국
1990년	5	12	14	13	15	11	4	10	2	5
2000년	7	12	16	15	16	17	5	12	3	6
2010년	11	13	20	16	20	18	7	13	4	10
2020년	15	16	20	20	23	28	9	17	6	11
2030년(예상치)	24	20	25	25	28	30	16	21	10	16
2040년(예상치)	33	26	30	32	30	36	21	26	16	25

보기

㉠ 한국

㉡ 미국

㉢ 일본

㉣ 브라질

㉤ 인도

① ㉠, ㉡, ㉢

② ㉠, ㉡, ㉣

③ ㉠, ㉣, ㉤

④ ㉡, ㉢, ㉤

01 농도 8%의 설탕물 500g이 들어있는 컵을 방에 두고 자고 일어나서 보니 물이 증발하여 농도가 10%가 되었다. 증발한 물의 양은?(단, 시간당 같은 양의 물이 증발하였다)

① 100g ② 200g
③ 300g ④ 400g
⑤ 500g

02 소연이는 집에서 마트까지 6km/h의 속력으로 걸어가서 40분 동안 물건을 구매한 후 같은 길을 4km/h의 속력으로 걸어 집으로 돌아왔더니 2시간 30분이 걸렸다. 이때 집에서 마트까지의 거리는?

① 4.1km ② 4.4km
③ 4.9km ④ 5.4km
⑤ 6.3km

03 A~E 5명은 여름 휴가를 떠나기 전 원피스를 사러 백화점에 갔다. 모두 마음에 드는 원피스 하나를 발견해 각자 원하는 색깔을 고르기로 하였다. 원피스가 노란색 2벌, 파란색 2벌, 초록색 1벌이 있을 때, 5명이 각자 1벌씩 고를 수 있는 경우의 수는?

① 28가지 ② 30가지
③ 32가지 ④ 34가지
⑤ 36가지

※ 일정한 규칙으로 수를 나열할 때, 빈칸에 들어갈 수로 옳은 것을 고르시오. [4~7]

04

77 35 42 −7 49 ( ) 105 −161

① −54
② −56
③ −58
④ −60
⑤ −64

05

$\frac{3}{35}$ $\frac{15}{63}$ $\frac{35}{99}$ ( ) $\frac{99}{195}$ $\frac{143}{255}$

① $\frac{63}{143}$
② $\frac{67}{143}$
③ $\frac{63}{147}$
④ $\frac{67}{147}$
⑤ $\frac{70}{149}$

06

6 24 60 120 ( ) 336 504 720

① 198
② 210
③ 256
④ 274
⑤ 292

07

( ) 3 81	2 4 16	3 5 125

① 1
② 3
③ 4
④ 5
⑤ 7

08 다음은 2016～2024년 공연예술의 연도별 행사 추이에 대한 자료이다. 이에 대한 설명으로 옳은 것은?

〈공연예술의 연도별 행사 추이〉

(단위 : 건)

구분	2016년	2017년	2018년	2019년	2020년	2021년	2022년	2023년	2024년
양악	2,658	2,658	2,696	3,047	3,193	3,832	3,934	4,168	4,628
국악	617	1,079	1,002	1,146	1,380	1,440	1,884	1,801	2,192
무용	660	626	778	1,080	1,492	1,323	미집계	1,480	1,521
연극	610	482	593	717	1,406	1,113	1,300	1,929	1,794

① 이 기간 동안 매년 국악 공연 건수가 연극 공연 건수보다 더 많았다.
② 이 기간 동안 매년 양악 공연 건수가 국악, 무용, 연극 공연 건수의 합보다 더 많았다.
③ 2016년에 비해 2024년 공연 건수의 증가율이 가장 높은 장르는 국악이었다.
④ 연극 공연 건수가 무용 공연 건수보다 많아진 것은 2023년부터였다.
⑤ 2023년에 비해 2024년에 공연 건수가 가장 많이 증가한 장르는 국악이다.

09 다음은 제54회 전국기능경기대회 지역별 결과이다. 이에 대한 설명으로 옳은 것은?

〈제54회 전국기능경기대회 지역별 결과표〉

(단위 : 개)

지역 \ 상	금메달	은메달	동메달	최우수상	우수상	장려상
합계(점)	3,200	2,170	900	1,640	780	1,120
서울	2	5	–	10	–	–
부산	9	–	11	3	4	–
대구	2	–	–	–	–	16
인천	–	–	1	2	15	–
울산	3	–	–	–	7	18
대전	7	–	3	8	–	–
제주	–	10	–	–	–	–
경기도	13	1	–	–	–	22
경상도	4	8	–	12	–	–
충청도	–	7	–	6	–	–

※ 합계는 전체 참가지역의 각 메달 및 상의 점수합계임

① 메달 1개당 점수는 금메달 80점, 은메달 70점, 동메달 60점이다.
② 메달 및 상을 가장 많이 획득한 지역은 경상도이다.
③ 전국기능경기대회 결과표에서 메달 및 상 중 동메달의 개수가 가장 많다.
④ 울산 지역에서 획득한 메달 및 상의 총점은 800점이다.
⑤ 장려상을 획득한 지역 중 금 · 은 · 동메달의 총개수가 가장 적은 지역은 대전이다.

Add+ 주요기업 2개년 기출복원문제

삼성

01	02	03	04	05	06	07	08	09	10
④	⑤	①	⑤	④	②	③	④	④	④

01

정답 ④

작년 A제품의 생산량을 a, B제품의 생산량을 b라고 하면 다음과 같은 식이 성립한다.

$a+b=3,200$ … ㉠

올해 A제품의 생산량을 25%, B제품의 생산량을 35% 증가시켜 총 4,200개를 생산하면 다음과 같은 식이 성립한다.

$(a\times1.25)+(b\times1.35)=4,200$ … ㉡

㉠과 ㉡을 연립하여 ㉡－㉠을 정리하면 다음과 같다.

$1.25a+1.35b=4,200$ … ㉡

$1.25a+1.25b=4,000$ … ㉠$\times1.25$

$\rightarrow 0.1b=200$

$\therefore a=1,200,\ b=2,000$

작년 A제품의 생산량이 1,200개, B제품의 생산량이 2,000개이므로 올해 A제품의 생산량은 $1.25\times1,200=1,500$개, B제품의 생산량은 $1.35\times2,000=2,700$개이다.

따라서 올해 A, B제품의 생산량 차이는 $2,700-1,500=1,200$개이다.

02

정답 ⑤

- 전체 가전제품의 개수 : $3+4+2=9$대
- 전시할 3대의 가전제품이 모두 세탁기와 청소기일 확률 : $\frac{{}_6C_3}{{}_9C_3}=\frac{5}{21}$

따라서 적어도 1대의 냉장고를 전시할 확률은 $1-\frac{5}{21}=\frac{16}{21}$이다.

03

정답 ①

C사의 이익률이 2%, 3%, 4%, … 즉, 1%p씩 증가하고 있다. 따라서 빈칸에 들어갈 수는 $350\times0.06=21$이다.

04

정답 ⑤

전월에 제조되는 초콜릿의 개수와 금월에 제조되는 초콜릿의 개수의 합이 명월에 제조되는 초콜릿의 개수이다.

- 2023년 7월에 제조될 초콜릿의 개수 : $80+130=210$개
- 2023년 8월에 제조될 초콜릿의 개수 : $130+210=340$개
- 2023년 9월에 제조될 초콜릿의 개수 : $210+340=550$개

- 2023년 10월에 제조될 초콜릿의 개수 : 340+550=890개
- 2023년 11월에 제조될 초콜릿의 개수 : 550+890=1,440개

따라서 2023년 11월에는 1,440개의 초콜릿이 제조될 것이다.

05

정답 ④

수도권에서 각 과일의 판매량은 다음과 같다.

- 배 : 800,000+1,500,000+200,000=2,500,000개
- 귤 : 7,500,000+3,000,000+4,500,000=15,000,000개
- 사과 : 300,000+450,000+750,000=1,500,000개

$\therefore a=\frac{800,000}{2,500,000}=0.32,\ b=\frac{3,000,000}{15,000,000}=0.2,\ c=\frac{750,000}{1,500,000}=0.5$

따라서 $a+b+c=1.02$이다.

06

정답 ②

2021년 상위 100대 기업까지 48.7%이고, 200대 기업까지 54.5%이다. 따라서 101~200대 기업이 차지하고 있는 비율은 54.5−48.7=5.8%이다.

오답분석

① · ③ 표를 통해 확인할 수 있다.
④ 표를 통해 0.2%p 감소했음을 알 수 있다.
⑤ 각각의 등락률이 상승과 하락의 경향을 보이므로 올바른 판단이다.

07

정답 ③

2022년 전년 대비 A~D사의 판매 수익 감소율을 구하면 다음과 같다.

- A사 : $\frac{18-9}{18}\times 100=50\%$
- B사 : $\frac{6-(-2)}{6}\times 100\fallingdotseq 133\%$
- C사 : $\frac{7-(-6)}{7}\times 100\fallingdotseq 186\%$
- D사 : $\frac{-5-(-8)}{-5}\times 100=-60\%$이지만, 전년 대비 감소하였으므로 감소율은 60%이다.

따라서 2022년의 판매 수익은 A~D사 모두 전년 대비 50% 이상 감소하였다.

오답분석

① 2021~2023년의 전년 대비 판매 수익 증감 추이는 A~D사 모두 '감소 − 감소 − 증가'이다.
② 2022년 판매 수익 총합은 9+(−2)+(−6)+(−8)=−7조 원으로 적자를 기록하였다.
④ B사와 D사의 2020년 대비 2023년의 판매 수익은 각각 10−8=2조 원, −2−(−4)=2조 원으로 두 곳 모두 2조 원 감소하였다.
⑤ 2020년 대비 2023년의 판매 수익은 A사만 증가하였고, 나머지는 모두 감소하였다.

08

정답 ④

남성의 전체 인원은 $75+180+15+30=300$명이고, 여성의 전체 인원은 $52+143+39+26=260$명이다. 따라서 전체 남성 인원에 대한 자녀 계획이 없는 남성 인원의 비율은 남성이 $\frac{75}{300}\times100=25\%$, 전체 여성 인원에 대한 자녀 계획이 없는 여성 인원의 비율은 $\frac{52}{260}\times100=20\%$로 남성이 여성보다 $25-20=5\%$p 더 크다.

오답분석

① 전체 조사 인원은 $300+260=560$명으로 600명 미만이다.

② 전체 여성 인원에 대한 희망 자녀 수가 1명인 여성 인원의 비율은 $\frac{143}{260}\times100=55\%$이다.

③ 남성의 각 항목을 인원수가 많은 순서대로 나열하면 '1명 – 계획 없음 – 3명 이상 – 2명'이고, 여성의 각 항목을 인원수가 많은 순서대로 나열하면 '1명 – 계획 없음 – 2명 – 3명 이상'이므로 남성과 여성의 항목별 순위는 서로 다르다.

⑤ 전체 여성 인원에 대한 희망 자녀 수가 2명인 여성 인원의 비율은 $\frac{39}{260}\times100=15\%$, 전체 남성 인원에 대한 희망 자녀 수가 2명인 남성 인원의 비율은 $\frac{15}{300}\times100=5\%$로 여성이 남성의 3배이다.

09

정답 ④

신입사원의 수를 x명이라고 하자.
1인당 지급하는 국문 명함은 150장이므로 1인 기준 국문 명함 제작비용은 10,000($\because$ 100장)+3,000($\because$ 추가 50장) =13,000원이다.

$13{,}000x=195{,}000$

$\therefore x=15$

따라서 신입사원은 총 15명이다.

10

정답 ④

1인당 지급하는 영문 명함은 200장이므로 1인 기준 영문 명함 제작비용(일반 종이 기준)은 15,000($\because$ 100장)+10,000 ($\because$ 추가 100장)=25,000원이다.
이때 고급 종이로 영문 명함을 제작하므로 해외영업부 사원들의 1인 기준 영문 명함 제작비용은 $25{,}000\times1.1=27{,}500$원이다.
따라서 8명의 영문 명함 제작비용은 총 $27{,}500\times8=220{,}000$원이다.

LG

01	02	03	04	05					
④	③	③	③	①					

01

정답 ④

각 행의 인접한 두 수의 차이가 일정한 수열이다.

1행 : 1 → 3 → 5 → 7
(+2, +2, +2)

2행 : 11 → 15 → 19 → 23
(+4, +4, +4)

3행 : 30 → 35 → 40 → 45
(+5, +5, +5)

4행 : $62-74=-12$이므로 앞의 항에 -12를 적용하는 수열임을 알 수 있다.

98 → (86) → 74 → 62
(-12, -12, -12)

따라서 ( )$=98-12=86$이다.

02

정답 ③

$\times(-2)$와 $+$(3의 배수)를 번갈아 적용하는 수열이다.

따라서 ( )$=(-2)+12=10$이다.

03

정답 ③

앞의 항에 -20, -19, -18, -17, -16, …인 수열이다.

따라서 ( )$=43-17=26$이다.

04

정답 ③

남자가 소설을 대여한 횟수는 60회이고, 여자가 소설을 대여한 횟수는 80회이므로 $\frac{60}{80}\times100=75\%$이다.

따라서 남자가 소설을 대여한 횟수는 여자가 소설을 대여한 횟수의 70% 이상이다.

오답분석

① 40세 미만의 전체 대여 횟수는 120회, 40세 이상의 전체 대여 횟수는 100회이다.

② 소설 전체 대여 횟수는 140회, 비소설 전체 대여 횟수는 80회이다.

④ 40세 이상의 전체 대여 횟수는 100회이고, 그중 소설 대여는 50회이므로 $\frac{50}{100}\times100=50\%$이다.

⑤ 40세 미만의 전체 대여 횟수는 120회이고, 그중 비소설 대여는 30회이므로 $\frac{30}{120}\times100=25\%$이다.

05

정답 ①

26～30세 응답자는 총 51명이다. 그중 4회 이상 방문한 응답자는 5+2=7명이고, 비율은 $\frac{7}{51}\times100 \fallingdotseq 13.72\%$이다. 따라서 10% 이상이므로 ①은 옳은 설명이다.

오답분석

② 주어진 자료만으로는 31～35세 응답자의 1인당 평균 방문 횟수를 정확히 구할 수 없다. 방문 횟수를 '1회', '2～3회', '4～5회', '6회 이상' 등 구간으로 구분했기 때문이다. 다만 구간별 최솟값으로 평균을 냈을 때, 평균 방문 횟수가 2회 이상이므로 2회 미만이라는 것은 틀렸음을 알 수 있다.

1, 1, 1, 2, 2, 2, 2, 4, 4 → 평균$=\frac{19}{9}\fallingdotseq 2.11$회

③ 주어진 자료만으로 판단할 때, 전문직 응답자 7명 모두 20～25세일 수 있으므로 비율이 5% 이상이 될 수 있다.

④ 전체 응답자 수는 113명이다. 그중 20～25세 응답자는 53명이므로, 비율은 $\frac{53}{113}\times100 \fallingdotseq 46.90\%$이다.

⑤ 응답자의 직업에서 학생과 공무원 응답자의 수는 51명이다. 즉, 전체 113명의 절반에 미치지 못하므로 비율은 50% 미만이다.

SK

01	02	03	04	05	06	07	08	09	10
④	④	②	①	①	③	⑤	②	③	⑤
11	12	13							
②	③	④							

01

정답 ④

A씨는 S산 정상에서 30분간 휴식하였으므로 이동하는 데 걸린 시간은 3시간 30분(3.5시간)이다. 또한 S산 입구에서 정상까지의 등산로의 거리를 $x$km라고 하면 다음과 같은 식이 성립한다.

$3.5=\frac{x}{1.8}+\frac{x}{2.4}$

$\rightarrow 3.5=\frac{10x}{18}+\frac{10x}{24}=\frac{20x+15x}{36}=\frac{35}{36}x$

$\therefore x=3.5\times\frac{36}{35}=3.6$

따라서 등산로의 거리는 3.6km이다.

02

정답 ④

전체 신입사원을 1이라고 할 때, 남자 신입사원과 여자 신입사원 및 안경을 착용한 신입사원과 안경을 착용하지 않은 신입사원의 비율을 정리하면 다음과 같다.

구분	남자 신입사원	여자 신입사원	합계
안경 착용	0.3−0.2475=0.0525	0.45−0.2025=0.2475	0.3
안경 미착용	0.7−0.2025=0.4975	0.45×0.45=0.2025	1−0.3=0.7
합계	0.55	0.45	1

따라서 남자 신입사원 중 안경을 착용한 사원의 비율은 $\frac{0.0525}{0.55}=\frac{21}{220}$이다.

03

정답 ②

작년 남학생 수를 x명, 여학생 수를 y명이라고 하면 다음과 같은 식이 성립한다.

$x+y=480$ ⋯ ㉠

올해 남학생 수는 $x\times(1+0.2)=1.2x$명이고, 여학생 수는 $y\times(1-0.1)=0.9y$명이다.

올해 남학생 수와 여학생 수의 비율이 20 : 21이므로 다음과 같은 식이 성립한다.

$1.2x : 0.9y=20 : 21$

$\rightarrow 25.2x=18y$

$\therefore y=1.4x$ ⋯ ㉡

㉡을 ㉠에 대입하면 $x=200$, $y=280$이다.

따라서 올해 전교생 수는 $(1.2\times200)+(0.9\times280)=240+252=492$명이다.

04

정답 ①

A제품을 x개, B제품을 y개 만드는 데 필요한 X, Y원료의 양은 다음과 같은 관계이다.

$x>0$ … ㉠

$y>0$ … ㉡

$0.6x+0.4y\leq 18$ … ㉢

$0.5x+0.5y\leq 20$ … ㉣

이에 대한 영역은 다음과 같다.

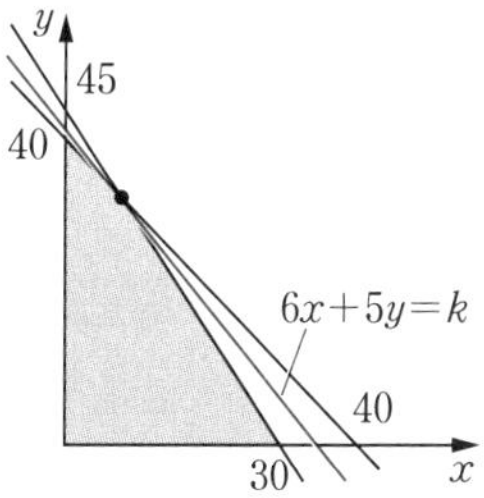

A제품 x개, B제품 y개의 총이익을 $6x+5y=k$만 원이라고 하면, k는 $0.6x+0.4y=18$, $0.5x+0.5y=20$의 교점을 지날 때 최대이다.

두 식을 연립하면 $3x+2(40-x)=90$이므로 $x=10$, $y=30$이다.

따라서 공장에서 얻을 수 있는 최대 이익은 $(6\times 10)+(5\times 30)=210$만 원이다.

05

정답 ①

다음과 같이 C−D 구간이 연결되어 있다고 가정할 때, A지점에서 출발하여 B지점에 도착하는 가장 짧은 경로의 수에서 A−C−D−B를 거치는 경로의 수를 제외한다.

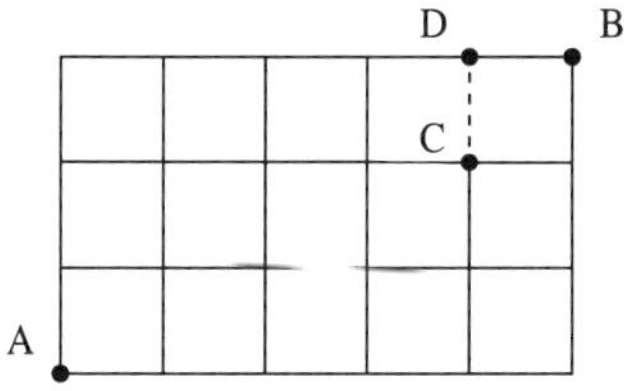

ⅰ) C−D가 연결되어 있을 때 A에서 출발하여 B까지 도착하는 모든 경우의 수 : $\frac{8!}{5!3!}=56$가지

ⅱ) A에서 출발하여 C, D를 거쳐 B까지 도착하는 경우의 수 : $\frac{6!}{4!2!}=15$가지

따라서 구하고자 하는 경우의 수는 $56-15=41$가지이다.

06

정답 ③

1차 전체회의가 열린 3월 6일부터 그달 말일인 3월 31일 사이의 일수는 25일이다.

4월과 5월의 말일은 각각 30일, 31일이므로 3월 6일부터 5월 31일까지의 일수는 $25+30+31=86$일이며, 남은 일수는 $100-86=14$일이다.

따라서 2차 전체회의는 6월 14일에 열린다.

07

정답 ⑤

울타리의 가로와 세로 길이는 건물의 외벽보다 10m씩 더 길다.
따라서 건물을 둘러싼 울타리의 길이는 $2\times\{(65+10)+(55+10)\}=280$m이다.

08

정답 ②

홀수 번째 항일 때 앞의 항의 분모에 $+2$, 짝수 번째 항일 때 앞의 항의 분자에 -6을 하는 수열이다.

따라서 ( )$=\frac{976-6}{41}=\frac{970}{41}$이다.

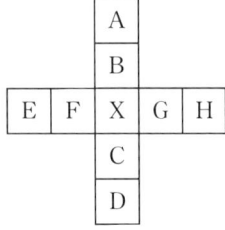

09

정답 ③

		A		
		B		
E	F	X	G	H
		C		
		D		

제시된 수열은 $(A+B)\times(C+D)=(E+F)\times(G+H)=X$이다.
따라서 ( )$=(6+4)\times(11+25)=(5+7)\times(11+19)=360$이다.

10

정답 ⑤

상품별 할인가 판매 시의 괴리율은 각각 다음과 같다.

- 세탁기 : $\frac{640{,}000-580{,}000}{640{,}000}\times100≒9.3\%$
- 무선청소기 : $\frac{181{,}000-170{,}000}{181{,}000}\times100≒6.0\%$
- 오디오세트 : $\frac{493{,}000-448{,}000}{493{,}000}\times100≒9.1\%$
- 골프채 : $\frac{786{,}000-720{,}000}{786{,}000}\times100≒8.3\%$
- 운동복 : $\frac{212{,}500-180{,}000}{212{,}500}\times100≒15.2\%$

따라서 할인가 판매 시 권장 소비자 가격과의 괴리율이 가장 높은 상품은 15.2%의 운동복이다.

11

정답 ②

㉡ 단위를 생략한 인천의 인구 수치는 인구밀도 수치보다 크다. 즉, $\frac{(\text{인구})}{(\text{인구밀도})}>1$이므로, 생략된 단위인 1,000을 곱하면 인천의 면적은 1,000km^{2}보다 넓음을 알 수 있다.

오답분석

㉠ 부산의 비율은 $\frac{27}{3,471}$이고, 대구의 비율은 $\frac{13}{2,444}$이다. 즉, 부산은 분자보다 분모가 약 130배 크고, 대구는 약 180배 크다. 따라서 부산이 더 큰 것을 알 수 있다.

㉢ $(\text{면적})=\frac{(\text{인구})}{(\text{인구밀도})}$이므로, 부산(약 0.766)보다 대구(약 0.884)가 1에 가깝다. 따라서 대구의 면적이 부산의 면적보다 넓다.

12

정답 ③

㉠ 2023년 2월에 전년 동월 대비 등록률이 가장 많이 낮아졌다.
㉡ 제시된 수치는 전년 동월, 2022년 6월보다 325건 증가했다는 뜻이므로 실제 심사 건수는 알 수 없다.
㉢ 제시된 수치는 전년 동월, 2022년 5월보다 3.3% 증가했다는 뜻이므로 실제 등록률은 알 수 없다.

오답분석

㉣ 전년 동월 대비 125건이 증가했으므로 100+125=225건이다.

13

정답 ④

㉠ 휴대폰 A～D의 항목별 기본점수를 계산하면 다음과 같다.

(단위 : 점)

구분	A	B	C	D
디자인	5	4	2	3
가격	2	3	4	5
해상도	3	4	5	2
음량	4	2	5	3
화면크기 · 두께	4	5	2	3
내장 · 외장메모리	2	3	4	5
합계	20	21	22	21

따라서 기본점수가 가장 높은 휴대폰은 22점인 C이다.

ⓒ 휴대폰 A～D의 항목별 고객평가 점수를 단순 합산하면 다음과 같다.

(단위 : 점)

구분	A	B	C	D
디자인	8	7	4	6
가격	4	6	7	8
해상도	5	6	8	4
음량	6	4	7	5
화면크기 · 두께	7	8	3	4
내장 · 외장메모리	5	6	7	8
합계	35	37	36	35

따라서 각 항목의 고객평가 점수를 단순 합산한 점수가 가장 높은 휴대폰은 37점인 B이다.

ⓔ 성능점수 항목인 해상도, 음량, 내장 · 외장메모리 항목의 점수를 제외한 디자인, 가격, 화면크기 · 두께 항목의 점수만을 단순 합산한 점수를 계산하면 다음과 같다.

(단위 : 점)

구분	A	B	C	D
디자인	8	7	4	6
가격	4	6	7	8
화면크기 · 두께	7	8	3	4
합계	19	21	14	18

따라서 B의 점수는 C의 점수의 $\frac{21}{14}=1.5$배이다.

오답분석

ⓛ 휴대폰 A～D의 성능점수를 계산하면 다음과 같다.

(단위 : 점)

구분	A	B	C	D
해상도	3	4	5	2
음량	4	2	5	3
내장 · 외장메모리	2	3	4	5
합계	9	9	14	10

따라서 성능점수가 가장 높은 휴대폰은 14점인 C이다.

포스코

01	02	03	04						
①	②	④	③						

01

정답 ①

$\times(-3)$, $+4$가 반복되는 수열이다.
따라서 ( )$=(-26)\times(-3)=78$이다.

02

정답 ②

홀수 항은 5씩 곱하고, 짝수 항은 4씩 더하는 수열이다.
따라서 ( )$=10+4=14$이다.

03

정답 ④

경증 환자와 중증 환자 중 남성 환자의 비율은 다음과 같다.

- 경증 환자 수 : $8+14+10+18=50$명
- 경증 환자 중 남성 환자 비율 : $\frac{14+18}{50}\times100=\frac{32}{50}\times100=64\%$
- 중증 환자 수 : $9+9+9+23=50$명
- 중증 환자 중 남성 환자 비율 : $\frac{9+23}{50}\times100=\frac{32}{50}\times100=64\%$

따라서 경증 환자와 중증 환자 중 남성 비율은 같다.

오답분석

① 남성 환자 수는 $14+18+9+23=64$명, 여성 환자 수는 $8+10+9+9=36$명으로 남성 환자가 $64-36=28$명 더 많다.

② 여성 환자 중 중증 환자의 비율은 $\frac{9+9}{8+10+9+9}\times100=\frac{18}{36}\times100=50\%$이다.

③ 50세 이상 환자 수는 $10+18+9+23=60$명으로 50세 미만 환자 수인 $8+14+9+9=40$명의 $\frac{60}{40}=1.5$배이다.

04

정답 ③

보기에 있는 나라의 2010년 대비 2040년 고령화율을 계산하면 다음과 같다.

㉠ 한국 : $\frac{33}{11}=3$배

㉡ 미국 : $\frac{26}{13}=2$배

㉢ 일본 : $\frac{36}{18}=2$배

㉣ 브라질 : $\frac{21}{7}=3$배

㉤ 인도 : $\frac{16}{4}=4$배

따라서 2040년의 고령화율이 2010년 대비 3배 이상이 되는 나라는 ㉠ 한국(3배), ㉣ 브라질(3배), ㉤ 인도(4배)이다.

KT

01	02	03	04	05	06	07	08	09	
①	②	②	②	①	②	③	③	①	

01

정답 ①

증발한 물의 양을 xg이라고 하면 다음과 같은 식이 성립한다.

$\frac{8}{100}\times500=\frac{10}{100}\times(500-x)$

$\rightarrow 4,000=5,000-10x$

$\therefore x=100$

따라서 증발한 물의 양은 100g이다.

02

정답 ②

(집에서 마트까지 걸은 시간)+(물건을 구매하는 시간)+(마트에서 집까지 걸은 시간)=2시간 30분이다.
집에서 마트까지의 거리를 $x$km라고 하면 다음과 같은 식이 성립한다.

$\frac{x}{4}+\frac{2}{3}+\frac{x}{6}=\frac{5}{2}$

$\rightarrow \frac{5}{12}x=\frac{11}{6}$

$\therefore x=\frac{22}{5}=4.4$

따라서 집에서 마트까지의 거리는 4.4km이다.

03

정답 ②

5명이 노란색 원피스 2벌, 파란색 원피스 2벌, 초록색 원피스 1벌 중 1벌씩 선택하는 경우의 수를 구하기 위해 먼저 5명을 2명, 2명, 1명으로 이루어진 3개의 팀으로 나누어야 한다.
이때 팀을 나누는 경우의 수는 다음과 같다.

${}_5C_2\times{}_3C_2\times{}_1C_1\times\frac{1}{2!}=\frac{5\times4}{2}\times3\times1\times\frac{1}{2}=15$가지

2벌인 원피스의 색깔은 노란색과 파란색 2가지이므로 선택할 수 있는 경우의 수는 $15\times2=30$가지이다.

04

정답 ②

(앞의 항)−(뒤의 항)=(다음 항)인 수열이다.
따라서 (　)$=-7-49=-56$이다.

05

정답 ①

n번째 항일 때 $\frac{(2n-1)(2n+1)}{(2n+3)(2n+5)}$인 수열이다.

따라서 ( )$=\frac{(2\times4-1)(2\times4+1)}{(2\times4+3)(2\times4+5)}=\frac{7\times9}{11\times13}=\frac{63}{143}$이다.

06

정답 ②

n번째 항일 때 $n(n+1)(n+2)$인 수열이다.

따라서 ( )$=5\times6\times7=210$이다.

07

정답 ③

나열된 수를 각각 A, B, C라고 하면

$\underline{A\ \ B\ \ C} \rightarrow B^A=C$이다.

따라서 ( )$=4$이다.

08

정답 ③

2016년 대비 2024년 장르별 공연 건수의 증가율은 다음과 같다.

- 양악 : $\frac{4,628-2,658}{2,658}\times100 ≒ 74\%$
- 국악 : $\frac{2,192-617}{617}\times100 ≒ 255\%$
- 무용 : $\frac{1,521-660}{660}\times100 ≒ 130\%$
- 연극 : $\frac{1,794-610}{610}\times100 ≒ 194\%$

따라서 2016년 대비 2024년 공연 건수의 증가율이 가장 높은 장르는 국악이다.

오답분석

① 2020년과 2023년에는 연극 공연 건수가 국악 공연 건수보다 더 많았다.
② 2019년까지는 양악 공연 건수가 국악, 무용, 연극 공연 건수의 합보다 더 많았지만, 2020년 이후에는 국악, 무용, 연극 공연 건수의 합보다 더 적다. 또한 2022년에는 무용 공연 건수 자료가 집계되지 않아 양악의 공연 건수가 다른 공연 건수의 합보다 많은지 적은지 판단할 수 없으므로 옳지 않은 설명이다.
④ 2022년의 무용 공연 건수가 제시되어 있지 않으므로 연극 공연 건수가 무용 공연 건수보다 많아진 것이 2023년부터인지 판단할 수 없다. 따라서 옳지 않은 설명이다.
⑤ 2023년에 비해 2024년에 공연 건수가 가장 많이 증가한 장르는 양악이다.

09

정답 ①

메달 및 상별 점수는 다음 표와 같다.

구분	금메달	은메달	동메달	최우수상	우수상	장려상
총개수(개)	40	31	15	41	26	56
개당 점수(점)	3,200÷40=80	2,170÷31=70	900÷15=60	1,640÷41=40	780÷26=30	1,120÷56=20

따라서 금메달은 80점, 은메달은 70점, 동메달은 60점임을 알 수 있다.

오답분석

② 경상도가 획득한 메달 및 상의 총개수는 4+8+12=24개이며, 가장 많은 지역은 13+1+22=36개인 경기도이다.

③ 동메달이 아닌 장려상이 16+18+22=56개로 가장 많은 것을 알 수 있다.

④ 울산에서 획득한 메달 및 상의 총점은 (3×80)+(7×30)+(18×20)=810점이다.

⑤ 장려상을 획득한 지역은 대구, 울산, 경기도이며, 세 지역 중 금·은·동메달의 총개수가 가장 적은 지역은 금메달만 2개인 대구이다.

PART 1

기본연산

PART

1 기본연산

대표 예제 다음 식을 계산할 때, (　　)에 들어갈 기호로 옳은 것은?

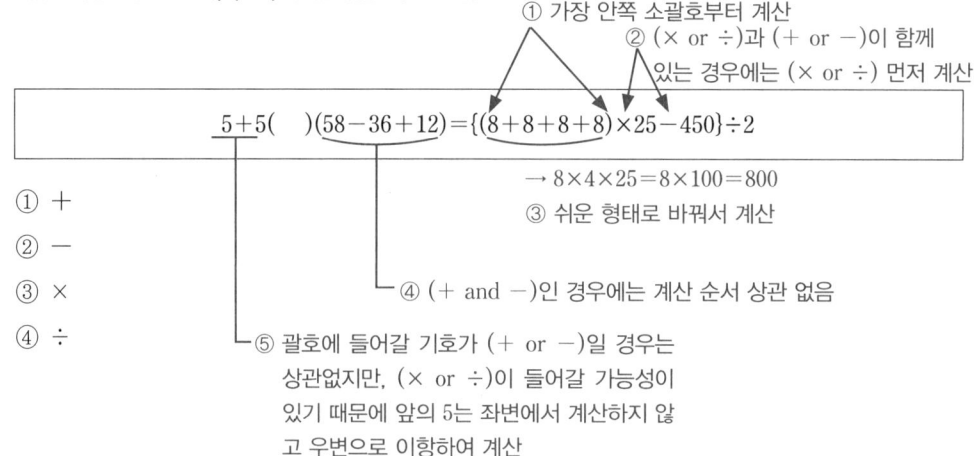

$$5+5(\quad)(58-36+12)=\{(8+8+8+8)\times25-450\}\div2$$

① 가장 안쪽 소괄호부터 계산

② (× or ÷)과 (+ or −)이 함께 있는 경우에는 (× or ÷) 먼저 계산

→ $8\times4\times25=8\times100=800$

③ 쉬운 형태로 바꿔서 계산

④ (+ and −)인 경우에는 계산 순서 상관 없음

⑤ 괄호에 들어갈 기호가 (+ or −)일 경우는 상관없지만, (× or ÷)이 들어갈 가능성이 있기 때문에 앞의 5는 좌변에서 계산하지 않고 우변으로 이항하여 계산

① +

② −

③ ×

④ ÷

기본연산 계산 Tip

1. 10의 배수 만들기
   - 10의 배수로 만들어라!
   - 10의 배수가 있거나 10의 배수로 만들었다면 사칙연산 계산 순서에 어긋나지 않는 선에서 10의 배수는 제일 마지막에 계산해라!
2. a, b, c, d가 0부터 9까지의 자연수일 때, $(a\times10+b)\times(c\times10+d)$ 이용하기

   $ab\times cd=(a\times10+b)\times(c\times10+d)=a\times c\times100+(bc+ad)\times10+b\times d$

   이때 $bc+ad=10$이라면,

   $ab\times cd=(a\times10+b)\times(c\times10+d)=a\times c\times100+10\times10+b\times d=a\times c\times100+100+b\times d$

사칙연산 계산 순서

1. 소수는 분수로, 대분수는 가분수로 바꾸고, 거듭제곱이 있다면 먼저 계산!
2. 가장 안쪽 괄호부터 먼저 계산. 소괄호( ) → 중괄호{ } → 대괄호[ ] 순서로!
3. (+, −)보다 (×, ÷)을 먼저 계산!

정답 및 해설

정답 ③

$5+5(\quad)(58-36+12)=\{(8+8+8+8)\times25-450\}\div2$

$\rightarrow 5+5(\quad)(\underline{58-24})=\{\underline{8\times4}\times25-450\}\div2$ ④ ①

$\rightarrow 5+5(\quad)34=(\underline{8\times100}-450)\div2$ ③

$\rightarrow 5+5(\quad)34=(\underline{800-450})\div2$ ②

$\rightarrow 5+5(\quad)34=350\div2$

$\rightarrow 5+5(\quad)34=175$

$\rightarrow 5(\quad)34=\underline{175-5}$ ⑤

$\rightarrow 5(\quad)34=170$

$\therefore (\quad)=\times$

※ 다음 식을 계산한 값으로 옳은 것을 고르시오. [1~6]

01

$$572 \div 4 + 33 - 8$$

① 144
② 158
③ 164
④ 168

02

$$(79+79+79+79) \times 25$$

① 781
② 7,810
③ 790
④ 7,900

03

$$1{,}462 + 1{,}305 \times 24$$

① 32,682
② 32,762
③ 32,772
④ 32,782

04

$$(14 + 4 \times 3) \div 2$$

① 11
② 12
③ 13
④ 14

05

$$\frac{5}{3}\div 5+\frac{2}{5}\times 2$$

① $\frac{17}{15}$

② $\frac{4}{5}$

③ $\frac{2}{3}$

④ $\frac{8}{15}$

06

$$12\times 8-4\div 2$$

① 82

② 94

③ 100

④ 112

정답 및 해설 01 ④ 02 ④ 03 ④ 04 ③ 05 ① 06 ②

01

$572\div 4+33-8=143+33-8=168$

02

$(79+79+79+79)\times 25$

$=79\times 4\times 25$

$=79\times 100$

$=7{,}900$

03

$1{,}462+1{,}305\times 24$

$=1{,}462+31{,}320$

$=32{,}782$

04

$(14+4\times 3)\div 2$

$=(14+12)\div 2$

$=26\div 2$

$=13$

05

$\frac{5}{3}\div 5+\frac{2}{5}\times 2$

$=\frac{5}{3}\times\frac{1}{5}+\frac{2}{5}\times 2$

$=\frac{1}{3}+\frac{4}{5}$

$=\frac{5}{15}+\frac{12}{15}$

$=\frac{17}{15}$

06

$12\times 8-4\div 2$

$=96-2$

$=94$

※ 다음 보기에서 주어진 식과 계산 결과가 같은 것을 고르시오. [7~8]

07

$$\frac{5}{6}\times\frac{3}{4}-\frac{7}{16}$$

① $\frac{8}{3}-\frac{4}{7}\times\frac{2}{5}$

② $\frac{4}{5}\times\frac{2}{3}-\left(\frac{3}{7}-\frac{1}{6}\right)$

③ $\frac{5}{6}\div\frac{5}{12}-\frac{3}{5}$

④ $\left(\frac{1}{4}-\frac{2}{9}\right)\times\frac{9}{4}+\frac{1}{8}$

08

$$21\times39+6$$

① $31\times21+174$

② $116\times4+362$

③ $5\times5\times32$

④ $19\times25+229$

※ 다음 식을 계산할 때, (　)에 들어갈 기호로 옳은 것을 고르시오. [9~12]

09

(609+24)(　)3+11=222

① +

② −

③ ×

④ ÷

10

6.7−3(　)0.9=4

① +

② −

③ ×

④ ÷

11

$0.4\times125(\quad)5+10=20$

① $+$

② $-$

③ $\times$

④ $\div$

12

$35+29(\quad)5-3=177$

① $+$

② $-$

③ $\times$

④ $\div$

정답 및 해설 07 ④ 08 ① 09 ④ 10 ③ 11 ④ 12 ③

PART 1

07

• $\frac{5}{6}\times\frac{3}{4}-\frac{7}{16}=\frac{5}{8}-\frac{7}{16}=\frac{10}{16}-\frac{7}{16}=\frac{3}{16}$

• $\left(\frac{1}{4}-\frac{2}{9}\right)\times\frac{9}{4}+\frac{1}{8}=\frac{1}{36}\times\frac{9}{4}+\frac{1}{8}=\frac{3}{16}$

오답분석

① $\frac{8}{3}-\frac{4}{7}\times\frac{2}{5}=\frac{8}{3}-\frac{8}{35}=\frac{256}{105}$

② $\frac{4}{5}\times\frac{2}{3}-\left(\frac{3}{7}-\frac{1}{6}\right)=\frac{8}{15}-\frac{11}{42}=\frac{19}{70}$

③ $\frac{5}{6}\div\frac{5}{12}-\frac{3}{5}=2-\frac{3}{5}=\frac{7}{5}$

08

• $21\times39+6=819+6=825$

• $31\times21+174=651+174=825$

오답분석

② $116\times4+362=464+362=826$

③ $5\times5\times32=5\times160=800$

④ $19\times25+229=475+229=704$

09

$(609+24)(\quad)3+11=222$

$\rightarrow 633(\quad)3=222-11$

$\rightarrow 633(\quad)3=211$

$\therefore (\quad)=\div$

10

$-3(\quad)0.9=4-6.7$

$\rightarrow -3(\quad)0.9=-2.7$

$\therefore (\quad)=\times$

11

$\frac{4}{10}\times125(\quad)5=20-10$

$\rightarrow \frac{4\times125}{10}(\quad)5=10$

$\rightarrow 50(\quad)5=10$

$\therefore (\quad)=\div$

12

$29(\quad)5=177-35+3$

$\rightarrow 29(\quad)5=145$

$\therefore (\quad)=\times$

※ 다음 빈칸에 들어갈 수로 옳은 것을 고르시오. [13~18]

13

$$74+\square-12=98$$

① 25
② 26
③ 35
④ 36

14

$$1.5\times\square\div2+1=4$$

① 2
② 3
③ 4
④ 5

15

$$\square-\frac{13}{3}+\frac{1}{5}=-\frac{23}{10}$$

① $\frac{11}{6}$
② $\frac{13}{6}$
③ $\frac{17}{3}$
④ $\frac{19}{3}$

16

$$84.719+7.839-23.079=69.\square79$$

① 2
② 3
③ 4
④ 5

17

$$7^{\square}\times 2^{10}-735=49{,}441$$

① 1
② 2
③ 3
④ 4

18

$$(912-582)\div 11\times\square 1=630$$

① 2
② 3
③ 4
④ 5

정답 및 해설

13 ④ 14 ③ 15 ① 16 ③ 17 ② 18 ①

13

$74+\square-12=98$

$\rightarrow \square=98+12-74$

$\therefore \square=36$

14

$1.5\times\square\div 2+1=4$

$\rightarrow 1.5\times\square\div 2=4-1$

$\rightarrow 1.5\times\square=(4-1)\times 2$

$\rightarrow \square=(4-1)\times 2\div 1.5$

$\therefore \square=4$

15

$\square-\frac{13}{3}+\frac{1}{5}=-\frac{23}{10}$

$\rightarrow \square-\frac{13}{3}=-\frac{23}{10}-\frac{1}{5}$

$\rightarrow \square=-\frac{23}{10}-\frac{1}{5}+\frac{13}{3}$

$\therefore \square=\frac{11}{6}$

16

$84.719+7.839-23.079=69.\square 79$

$\rightarrow 92.558-23.079=69.\square 79$

$\rightarrow 69.479=69.\square 79$

$\therefore \square=4$

17

$7^{\square}\times 2^{10}-735=49{,}441$

$\rightarrow 7^{\square}\times 1{,}024=49{,}441+735$

$\rightarrow 7^{\square}\times 1{,}024=50{,}176$

$\rightarrow 7^{\square}=50{,}176\div 1{,}024$

$\rightarrow 7^{\square}=49$

$\therefore \square=2$

18

$(912-582)\div 11\times\square 1=630$

$\rightarrow 330\div 11\times\square 1=630$

$\rightarrow 30\times\square 1=630$

$\rightarrow \square 1=630\div 30$

$\rightarrow \square 1=21$

$\therefore \square=2$

PART 1

실전문제

정답 및 해설 p.002

※ 다음 식을 계산한 값으로 옳은 것을 고르시오. [1~5]

기본연산

01

$\{85-(10+15)\div 5\}\times 30$

① 2,400
② 2,402
③ 2,800
④ 2,140

02

$2,852+1,005\times 30$

① 32,002
② 33,580
③ 33,460
④ 33,002

03

$(182,100-86,616)\div 146$

① 624
② 654
③ 687
④ 691

04

$(200,000-15,140)\div 237$

① 780
② 830
③ 880
④ 910

05

$$(16+4\times5)\div4$$

① 7
② 8
③ 9
④ 10

07

$$41+42+43$$

① $6\times6\times6$
② $5\times4\times9$
③ $7\times2\times3$
④ $3\times2\times21$

※ 다음 보기 중 계산 결과가 주어진 식과 같은 것을 고르시오. [6~8] 기본연산

06

$$70.668\div151+6.51$$

① $3.79\times10-30.922$
② $6.1\times1.2-1.163$
③ $89.1\div33+5.112$
④ $9.123-1.5\times1.3$

08

$$128\div3\times12$$

① $3\times15\times4$
② $2\times16\times2$
③ $4\times8\times16$
④ $5\times4\times12$

※ 다음 식을 계산할 때, (　)에 들어갈 기호로 옳은 것을 고르시오. [9~13]　기본연산

09

3(　)15+4×13=97

① +
② −
③ ×
④ ÷

10

114+95−27(　)2=155

① +
② −
③ ×
④ ÷

11

41−12(　)5×2=39

① +
② −
③ ×
④ ÷

12

9(　)3+14÷2=34

① +
② −
③ ×
④ ÷

13

$$81(\quad)2\div 9+3=21$$

① $+$
② $-$
③ $\times$
④ $\div$

15

$$66-\square\div 6+16=78$$

① 24
② 30
③ 36
④ 42

PART 1

※ 다음 빈칸에 들어갈 수로 옳은 것을 고르시오. [14~20] 기본연산

14

$$76\square\div 24\times\frac{57}{2}=912$$

① 6
② 7
③ 8
④ 9

16

$$\square+7\times(7-14)+98=4\times 15$$

① 7
② 9
③ 11
④ 13

17

$$8{,}510 \div \square + 1{,}048 = 5{,}303$$

① 1

② 2

③ 3

④ 4

18

$$15 \times 108 - 303 \div 3 + 7 = \square$$

① 1,526

② 1,626

③ 1,536

④ 1,636

19

$$24 \times 8 - \square \div 2 = 190$$

① 2

② 4

③ 10

④ 12

20

$$\frac{16}{5} \times \frac{15}{28} + \square = \frac{33}{14}$$

① $\frac{4}{7}$

② $\frac{9}{14}$

③ $\frac{5}{7}$

④ $\frac{11}{14}$

※ 주어진 식을 계산했을 때, 결괏값의 대소 비교로 옳은 것을 고르시오. [21~22] 기본연산

21

$A=108\times(10^3+1)$
$B=468\times231$

① A>B
② A<B
③ A=B
④ 알 수 없다.

22

$A=\frac{7}{3}+\frac{4}{5}$
$B=\frac{3}{2}+\frac{32}{15}$

① A>B
② A<B
③ A=B
④ 알 수 없다.

M E M O

PART 2
응용수리

CHAPTER

01 방정식·부등식

핵심이론 | 방정식

날짜 · 요일 · 시계

(1) 날짜 · 요일

① 정의 : 일정 시간 또는 일수 후에 무슨 요일인지 구하는 유형으로 출제

② 계산

- 1일=24시간=1,440(=24×60)분=86,400(=1,440×60)초
- 월별 일수 : 1, 3, 5, 7, 8, 10, 12월은 31일, 4, 6, 9, 11월은 30일, 2월은 28일(또는 29일)
- 윤년(2월이 29일)은 4년에 1번 돌아온다.
- x월 y일이 z요일일 때, n일 후 요일은 n을 7로 나눈 나머지를 z요일에 가산하여 구한다(단, x, y, n은 자연수이고, z는 월, 화, 수, 목, 금, 토, 일 중에 하나이다).

(2) 시계

① 정의 : 시침과 분침이 이루는 각도를 구하는 유형으로 출제

② 계산

- 시침이 1시간 동안 이동하는 각도 : $\frac{360°}{12}=30°$
- 시침이 1분 동안 이동하는 각도 : $\frac{30°}{60}=0.5°$
- 분침이 1분 동안 이동하는 각도 : $\frac{360°}{60}=6°$

대표 예제 7시와 8시 사이에 시침과 분침이 서로 반대 방향으로 일직선을 이룰 때의 시각은?

(일직선 — ④ 180°)

① 7시 $\frac{30}{11}$분 ② 7시 $\frac{45}{11}$분

③ 7시 $\frac{60}{11}$분 ④ 7시 $\frac{75}{11}$분

⑤ 7시 $\frac{81}{11}$분

정답 및 해설

정답 ③

7시 x분에 시침과 분침이 서로 반대 방향으로 일직선을 이룬다고 하자. (①)

- 시침이 움직인 각도 : $7\times30°+0.5°\times x$ (②)
- 분침이 움직인 각도 : $6°\times x$ (③)

시침과 분침이 서로 반대 방향으로 일직선을 이룬다는 것은 시침의 각도가 분침의 각도보다 180° (④) 더 크다는 것이므로,

$(7\times30°+0.5°\times x)-6°\times x=180°$

$\rightarrow 210°-5.5°\times x=180°$

$\rightarrow 5.5°\times x=30°$

$\therefore x=\frac{60}{11}$

따라서 7시와 8시 사이에 일직선이 되는 시각은 7시 $\frac{60}{11}$분이다.

핵심이론 | 방정식

시간 · 거리 · 속력

(1) 시간

① **정의** : 어떤 거리를 일정한 속력으로 가는 데 걸리는 시간

② **계산**

$$(\text{시간})=\frac{(\text{거리})}{(\text{속력})}$$

(2) 거리

① **정의** : 일정한 속력으로 일정 시간 동안 이동한 거리

② **계산**

(거리)=(속력)×(시간)

- 기차가 터널을 통과하거나 다리를 지나가는 경우
  (기차가 움직인 거리)=(기차의 길이)+(터널 또는 다리의 길이)
- 두 사람이 반대 방향 또는 같은 방향으로 움직이는 경우
  (두 사람 사이의 거리)=(두 사람이 움직인 거리의 합 또는 차)

(3) 속력

① **정의** : 단위 시간 동안 이동한 거리

② **계산**

$$(\text{속력})=\frac{(\text{거리})}{(\text{시간})}$$

- 흐르는 물에서 배를 타는 경우
  – (하류로 내려갈 때의 속력)=(배 자체의 속력)+(물의 속력)
  – (상류로 올라갈 때의 속력)=(배 자체의 속력)−(물의 속력)

물의 방향

③ • 물의 방향 : +1m/s
• 물의 반대 방향 : −1m/s

① 3,000m

대표 예제 강물이 A지점에서 3km 떨어진 B지점으로 흐르고 있을 때, 물의 속력이 1m/s이다. 철수가 A지점에서 B지점까지 갔다가 다시 돌아오는 데 1시간 6분 40초가 걸렸다고 한다. 철수의 속력은 몇 m/s인가?

① 4,000초

② 미지수 설정

① 구해야 할 최종 단위에 맞추어 계산

① 2m/s
② 4m/s
③ 6m/s
④ 8m/s
⑤ 12m/s

정답 및 해설

정답 ①

② 철수의 속력을 xm/s라고 하자. A지점에서 B지점으로 갈 때 속력은 $(x+1)$m/s, B지점에서 A지점로 갈 때 속력은 $(x-1)$m/s이다. ③

1시간 6분 40초는 $1\times60\times60+6\times60+40=4{,}000$초이고, 3km는 3,000m이므로 ①

$$\frac{3{,}000}{x+1}+\frac{3{,}000}{x-1}=4{,}000$$

$6{,}000x=4{,}000(x+1)(x-1)$

$\rightarrow 3x=2(x^2-1)$

$\rightarrow 2x^2-3x-2=0$

$\rightarrow (2x+1)(x-2)=0$

$\therefore x=2(\because$ 속력$\geq0)$

핵심이론 | **방정식**

나이 · 인원 · 개수

(1) 나이

① 정의 : 여러 명의 나이를 상대적으로 비교하였을 때, 특정 사람의 나이를 구하는 유형으로 출제

② 계산

- 구하고자 하는 사람의 나이를 미지수 x세로 놓는다.
- 미지수의 개수를 최소로 하여 방정식을 세운다.
- 현재의 나이와 과거 또는 미래의 나이를 헷갈리지 않도록 주의한다.

(2) 인원 · 개수

① 정의 : 인원이나 개수를 구하는 문제로 주로 증가, 감소 개념과 함께 출제

② 계산

- x가 $a\%$ 증가하면, $\left(1+\frac{a}{100}\right)x$
- x가 $a\%$ 감소하면, $\left(1-\frac{a}{100}\right)x$

② 불필요한 미지수를 줄이기

대표 예제 **연경이와 효진이의 현재 연령 비는 3 : 1이고, 5년 후의 연령 비는 7 : 4가 된다고 한다. 연경이와 효진이의 현재 나이는 몇 세인가?**

③ 비례식 세우기

① 미지수 설정(시점에 주의)

① 연경 9세, 효진 3세
② 연경 6세, 효진 2세
~~③ 연경 3세, 효진 9세~~
~~④ 연경 2세, 효진 6세~~
~~⑤ 연경 4세, 효진 12세~~

⑤ 5년 후 → 연경 14세, 효진 8세 → 7 : 4
연경 11세, 효진 7세 → 11 : 7

④ 조건 충족 ×

PART 2

정답 및 해설

정답 ①

현재 효진이의 나이를 x세라고 하자.① 연경이의 나이는 $3x$세②이다.

5년 후의 효진이의 나이는 $(x+5)$세, 연경이의 나이는 $(3x+5)$세이므로,

$(3x+5):(x+5)=7:4$ ③

$\rightarrow 7(x+5)=4(3x+5)$

$\rightarrow 7x+35=12x+20$

$\rightarrow 12x-7x=35-20$

$\rightarrow 5x=15$

$\therefore x=3$

따라서 연경이의 나이는 9세, 효진이의 나이는 3세이다.

다른 풀이

연경이와 효진이의 현재 연령 비가 3 : 1이므로 이에 부합하는 보기는 ①, ②이다.④

이를 5년 후 연령 비인 7 : 4가 되는지 확인해보면 ①이 성립⑤함을 알 수 있다.

원가 · 정가 · 할인가(판매가)

(1) 원가

① 정의 : 이익을 붙이기 전인 원래 가격

② 계산

(원가)=(정가)−(이익)

(2) 정가

① 정의 : 원가에 이익을 가산한 가격

② 계산

(정가)=(원가)+(이익)

(3) 할인가(판매가)

① 정의 : 정가에서 할인율을 적용하여 실제로 판매하는 가격

② 계산

$(\text{할인가})=(\text{정가})\times\left\{1-\frac{(\text{할인율})}{100}\right\}$

- $(a\text{원에서 } b\%\text{ 할인한 가격})=a\times\left(1-\frac{b}{100}\right)$
- $(a\text{원에서 } b\text{원 할인했을 때 할인율})=\frac{b}{a}\times100$

① 미지수 a=원가　　② (원가)+(이익)=(정가)

대표 예제 H마트에서는 아이스크림을 1개당 a원에 들여오는데 20%의 이익을 붙여 판매를 한다. 개점 3주년을 맞아 아이스크림 1개당 500원을 할인하여 팔기로 했다. 이때 아이스크림 1개당 700원의 이익이 생긴다면, 아이스크림 1개당 원가는?

③ (정가)−(할인액)=(판매가)

① 미지수가 설정되어 있는 문제

① 5,000원　② 5,250원
③ 5,500원　④ 6,000원
⑤ 6,500원

④ (판매가)−(원가)=(이익)
실제로 판매한 금액이 정가라면 이익은 (정가)−(원가)이다. 주로 할인된 가격으로 판매하는 문제가 출제되므로 이익은 (판매가)−(원가)로 계산한다.

PART 2

정답 및 해설　　정답 ④

아이스크림의 1개당 원가를 a원이라고 하자.

- 아이스크림 1개당 정가 : $a\left(1+\frac{20}{100}\right)=1.2a$원
- 아이스크림 1개당 판매가 : $(1.2a-500)$원 ②
- 아이스크림 1개당 이익 : $(1.2a-500)-a=700 \rightarrow 0.2a=1,200$원 ③ ④

$\therefore a=6,000$

따라서 아이스크림 1개당 원가는 6,000원이다.

핵심이론 | 방정식

일률 · 톱니바퀴

(1) 일률

① 정의 : 단위 기간 동안 처리할 수 있는 작업량

② 계산

전체 작업량을 1로 놓고, 분 · 시간 등의 단위 기간 동안 한 일의 양을 기준으로 식을 세운다.

- $(\text{일률})=\frac{(\text{작업량})}{(\text{작업기간})}$
- $(\text{작업기간})=\frac{(\text{작업량})}{(\text{일률})}$
- $(\text{작업량})=(\text{일률})\times(\text{작업기간})$

(2) 톱니바퀴

① 정의 : 톱니의 맞물리는 힘으로 동력을 전달하는 장치. 주로 두 개 이상의 톱니바퀴가 맞물려 돌아갈 때, 회전수 또는 톱니 수를 묻는 문제가 출제

② 계산

(톱니 수)×(회전수)=(맞물린 총톱니 수)

위의 식에 따라 맞물려 돌아가는 A, B 두 톱니에 대하여, (A의 톱니 수)×(A의 회전수)=(B의 톱니 수)×(B의 회전수)가 성립한다.

① (전체 일의 양)=1　② (하루 동안 할 수 있는 일의 양)=(일률)=$\frac{(\text{작업량})}{(\text{작업기간})}$

대표 예제 **프로젝트를 완료하는 데 A사원이 혼자 하면 7일, B사원이 혼자 하면 9일이 걸린다. 3일 동안 두 사원이 함께 프로젝트를 진행하다가 B사원이 병가를 내는 바람에 나머지는 A사원이 혼자 처리해야 한다. A사원이 남은 프로젝트를 완료하는 데에는 며칠이 더 걸리겠는가?**

③ 남은 일의 양을 계산　④ 미지수 설정　⑤ (작업기간)=$\frac{(\text{작업량})}{(\text{일률})}$

① 1일　② 2일
③ 3일　④ 4일
⑤ 5일

정답 및 해설

정답 ②

프로젝트를 완료하는 일의 양을 1이라고 하면(①), A사원은 하루에 $\frac{1}{7}$, B사원은 하루에 $\frac{1}{9}$만큼의 일을 할 수 있다(②).

3일 동안 같이 한 일의 양은 $\left(\frac{1}{7}+\frac{1}{9}\right)\times 3=\frac{16}{21}$이므로, A사원이 혼자 해야 할 일의 양은 $1-\frac{16}{21}=\frac{5}{21}$(③)가 된다.

이때 A사원 혼자 프로젝트를 완료하는 데 걸리는 시간을 x일이라 하면(④), $\frac{1}{7}\times x=\frac{5}{21}$(⑤)이므로, $x=\frac{5}{3}$이다.

따라서 A사원 혼자 남은 프로젝트를 완료하는 데에는 총 2일이 더 걸린다.

핵심이론 | 방정식

농도

① 정의 : 용액을 구성하는 용질의 양의 정도

② 계산

- (용액)=(용매)+(용질)
- $(\text{용액의 농도})=\dfrac{(\text{용질의 양})}{(\text{용액의 양})}\times 100=\dfrac{(\text{용질의 양})}{(\text{용질의 양})+(\text{용매의 양})}\times 100$
- $(\text{용질의 양})=\dfrac{(\text{용액의 농도})}{100}\times(\text{용액의 양})$
  - a% 소금물에 물을 첨가하여 b% 소금물을 만드는 경우

    $\dfrac{a}{100}\times(a\%\text{ 소금물의 양})=\dfrac{b}{100}\times\{(a\%\text{ 소금물의 양})+(\text{첨가하는 물의 양})\}$
  - a% 소금물의 물을 증발시켜 b% 소금물을 만드는 경우

    $\dfrac{a}{100}\times(a\%\text{ 소금물의 양})=\dfrac{b}{100}\times\{(a\%\text{ 소금물의 양})-(\text{증발시킨 물의 양})\}$
  - a% 소금물에 소금을 첨가하여 b% 소금물을 만드는 경우

    $\dfrac{a}{100}\times(a\%\text{ 소금물의 양})+(\text{첨가하는 소금의 양})$

    $=\dfrac{b}{100}\times\{(a\%\text{ 소금물의 양})+(\text{첨가하는 소금의 양})\}$
  - a% 소금물과 b% 소금물을 섞어 c% 소금물을 만드는 경우

    $\dfrac{a}{100}\times(a\%\text{ 소금물의 양})+\dfrac{b}{100}\times(b\%\text{ 소금물의 양})$

    $=\dfrac{c}{100}\times\{(a\%\text{ 소금물의 양})+(b\%\text{ 소금물의 양})\}$

10% 480g	+	20% 120g	=	600g

② 섞은 설탕물의 설탕 양 구하기

- 농도 : 변화 ×
- 설탕물의 양 : $(600-x)$g
- 설탕의 양 : ↓

대표 예제 **농도 10%의 설탕물 480g에 농도가 20%인 설탕물 120g을 섞었다. 이 설탕물에서 한 컵의 설탕물을 퍼내고, 퍼낸 설탕물의 양만큼 다시 물을 부었더니 농도가 11%인 설탕물이 되었다. 이때 컵으로 퍼낸 설탕물의 양은?**

④ 방정식

① 미지수 설정

③

① 30g　　② 50g

③ 60g　　④ 90g

⑤ 100g

- 농도 : 변화 ○
- 설탕물의 양 : $600(=600-x+x)$g
- 설탕의 양 : 변화 ×

정답 및 해설

정답 ②

- 농도 10% 설탕물에 들어있는 설탕의 양 : $\frac{10}{100}\times480=48$g
- 농도 20% 설탕물에 들어있는 설탕의 양 : $\frac{20}{100}\times120=24$g
- 두 설탕물을 섞었을 때의 농도 : $\frac{48+24}{480+120}\times100=12\%$

②

컵으로 퍼낸 설탕물의 양을 xg이라고 하자.(①) 컵으로 퍼낸 설탕의 양은 $\frac{12}{100}x$g이다.(③)

컵으로 퍼낸 만큼 물을 부었을 때의 농도는 $\frac{(48+24)-\frac{12}{100}x}{600-x+x}\times100=11\%$(④)이므로 다음과 같은 식이 성립한다.

$$\frac{\left(72-\frac{12}{100}x\right)\times100}{600}=11$$

$\rightarrow 7,200-12x=600\times11$

$\rightarrow 12x=600$

$\therefore x=50$

수

① 정의 : 주로 자연수(양의 정수)에 대하여 세 수나 홀 / 짝, 자릿수를 구하는 문제로 출제

② 계산

음이 아닌 정수 x, y, z에 대해서

- 연속하는 세 자연수 : $x-1$, x, $x+1$ (단, $x>1$)
- 연속하는 세 짝수 또는 홀수인 자연수 : $x-2$, x, $x+2$ (단, $x>2$)
- 십의 자릿수가 x, 일의 자릿수가 y인 두 자리 자연수 : $10x+y$ (단, $x\neq0$)
  이 수에 대해, 십의 자리와 일의 자리를 바꾼 수 : $10y+x$
- 백의 자릿수가 x, 십의 자릿수가 y, 일의 자릿수가 z인 세 자리 자연수 : $100x+10y+z$ (단, $x\neq0$)

산술평균과 가중평균

최근에는 가중평균을 활용한 문제가 많이 출제되고 있다. 때문에 산술평균과 가중평균의 개념을 알아두고, 적절하게 활용하도록 한다.

① 정의

- 산술평균
  n개로 이루어진 집합 x_1, x_2, x_3, …, x_n이 있을 때 원소의 총합을 n개로 나눈 것
  $$m=\frac{x_1+x_2+\cdots+x_n}{n}$$
- 가중평균
  n개로 이루어진 집합 x_1, x_2, x_3, …, x_n이 있을 때, 각 원소의 중요도나 영향도를 f_1, f_2, f_3, …, f_n이라고 하면 각 원소의 중요도나 영향도를 가중치로 곱하여 가중치의 합인 N으로 나눈 것
  $$m=\frac{x_1f_1+x_2f_2+\cdots+x_nf_n}{N}$$

② 계산

예 B학생의 성적이 다음과 같다.

과목	국어	수학	영어
점수	70점	90점	50점

B학생의 산술평균 성적은 $\frac{70+90+50}{3}=70$점이다.

A대학교는 이공계 특성화 대학이다. 때문에 국어, 수학, 영어에 각각 2 : 5 : 3의 가중치를 두어 학생을 선발할 예정이다. 이때 B학생 성적의 가중평균을 구하면 $\frac{70\times2+90\times5+50\times3}{2+5+3}=74$점이다.

미지수 개수 줄이기

• 십의 자릿수 : x
• 일의 자릿수 : y
$\rightarrow y=x+5 \Rightarrow$
• 십의 자릿수 : x
• 일의 자릿수 : $x+5$

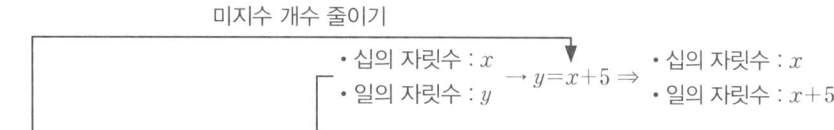

대표 예제 일의 자릿수가 십의 자릿수보다 5만큼 큰 두 자리의 자연수가 있다. 십의 자릿수와 일의 자릿수를 바꾸었더니(②), 처음 수의 2배보다 18만큼 더 커졌다(③ 방정식). 처음 수는 얼마인가?(① 미지수 설정)

① 16 ② 27
③ 38 ④ 49
⑤ 51

정답 및 해설

정답 ②

처음 수의 십의 자릿수를 x, 일의 자릿수를 $(x+5)$라고 하자. ①
바꾼 수는 십의 자릿수가 $(x+5)$, 일의 자릿수가 x이다. ②
(바꾼 수)=(처음 수)×2+18이므로 ③
$10(x+5)+x=(10x+x+5)\times 2+18$
$\rightarrow 11x+50=22x+10+18$
$\rightarrow 11x=22$
$\therefore x=2$
따라서 처음 수는 $2\times 10+2+5=27$이다.

핵심이론 | 방정식

단리법 · 복리법

원금을 a, 이율을 r, 기간을 n, 원리금 합계를 S라 할 때,
또는 현재가치를 PV, 이율을 r, 기간을 n, 미래가치를 FV라 할 때
(단, 이율과 기간은 연단위로 한다)

(1) 단리법

① 정의 : 원금에 대해서만 약정된 이자율과 기간을 곱해서 이자를 계산하는 방법

② 계산

- $S=\mathrm{a}\times(1+\mathrm{r}\times\mathrm{n})$
- $FV=PV\times(1+\mathrm{r}\times\mathrm{n})$

(2) 복리법

① 정의 : 원금에 대한 이자를 가산시킨 후 이 합계액을 새로운 원금으로 하여 계산하는 방법

② 계산

- $S=a\times(1+r)^n$
- $FV=PV\times(1+r)^n$

대표 예제 이자를 포함해 4년 후 2,000만 원을 갚기로 하고 돈을 빌리고자 한다. 연이율 8%가 적용된다면 단리일 때와 복리일 때 빌릴 수 있는 금액의 차이는 얼마인가?(단, 1.08^4는 1.36으로 계산하고, 금액은 천의 자리에서 반올림한다)

기간 $n=4$
원리금 합계 $S=2,000$
이율 $r=0.08$
③ 방정식
① 미지수 설정 원금 a
④ 구하는 값 주의

① 43만 원
② 44만 원
③ 45만 원
④ 46만 원
⑤ 47만 원

② 구해야 할 단위 확인

정답 및 해설

정답 ②

현재 빌릴 돈을 a만 원이라고 하자.① 4년 후 갚아야 할 돈이 2,000만 원이므로 다음과 같은 식이 성립한다.

- 단리 : $a\times(1+0.08\times4)=2,000$

  $a\times1.32=2,000$

  $\rightarrow a=\frac{2,000}{1.32}\fallingdotseq1,515$
- 복리 : $a\times1.08^4=2,000$

  $a=\frac{2,000}{1.08^4}=\frac{2,000}{1.36}\fallingdotseq1,471$ ③

$\therefore$ $1,515-1,471=44$만 원 ④

따라서 빌릴 수 있는 금액의 차이는 44만 원이다.

핵심이론 || 부등식

부등식

① 정의 : 두 수 또는 두 식의 관계를 부등호로 나타낸 식

② 계산 : 문제에 '이상', '이하', '최대', '최소' 등이 들어간 경우로 방정식과 해법이 비슷하다. 구하고자 하는 것을 미지수 x로 놓고 세운 부등식을 다음과 같은 부등식의 성질을 이용하여 풀이한다.

③ 성질

- 부등식의 양변에 같은 수를 더하거나 양변에 같은 수를 빼도 부등호의 방향은 바뀌지 않는다.

$a<b$이면 $a+c<b+c$, $a-c<b-c$

- 부등식의 양변에 같은 양수를 곱하거나 양변을 같은 양수로 나누어도 부등호의 방향은 바뀌지 않는다.

$a<b$, $c>0$이면 $a\times c<b\times c$, $\frac{a}{c}<\frac{b}{c}$

- 부등식의 양변에 같은 음수를 곱하거나 양변을 같은 음수로 나누면 부등호의 방향은 바뀐다.

$a<b$, $c<0$이면 $a\times c>b\times c$, $\frac{a}{c}>\frac{b}{c}$

〈1개 기준〉

구분	A제품	B제품
재료비	3,600	1,200
인건비	1,600	2,000

대표 예제

어느 회사에서는 A, B 두 제품을 주력 상품으로 제조하고 있다. A제품을 1개 만드는 데 재료비는 3,600원, 인건비는 1,600원이 들어간다. 또한 B제품을 1개 만드는 데 재료비는 1,200원, 인건비는 2,000원이 들어간다. 이 회사는 한 달 동안 두 제품을 합하여 40개를 생산하려고 한다. 재료비는 12만 원 이하, 인건비는 7만 원 이하가 되도록 하려고 할 때, A제품을 최대로 생산하면 몇 개를 만들 수 있는가?

120,000원

70,000원

③ 부등식

① 미지수 설정
- A제품 생산 개수 : x개
- B제품 생산 개수 : y개

② 미지수 줄이기

$x+y=40$

$y=40-x$

- A제품 생산 개수 : x개
- B제품 생산 개수 : $(40-x)$개

① 25개 ② 26개
③ 28개 ④ 30개
⑤ 31개

정답 및 해설

정답 ④

A제품의 생산 개수를 x개라고 하자. — ①

B제품의 생산 개수는 $(40-x)$개이다. — ②

$3{,}600\times x+1{,}200\times(40-x)\le120{,}000$

$\therefore x\le30$

$1{,}600\times x+2{,}000\times(40-x)\le70{,}000$ — ③

$\therefore x\ge25$

$\rightarrow 25\le x\le30$

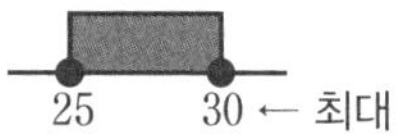

따라서 A제품은 최대 30개까지 생산할 수 있다.

유형풀이 방정식·부등식

01

12시 이후 처음으로 시침과 분침의 각도가 55°가 되는 시각은 12시 몇 분인가?

① 10분
② 11분
③ 12분
④ 13분
⑤ 14분

02

시계 광고에서 시계는 항상 10시 10분을 가리킨다. 그 이유는 이 시각이 회사 로고가 가장 잘 보이며 시계 바늘이 이루는 각도도 가장 안정적이기 때문이다. 시계가 10시 10분을 가리킬 때 시침과 분침이 이루는 작은 쪽의 각도는?

① 115°
② 145°
③ 175°
④ 205°
⑤ 215°

03

어느 해의 10월 2일이 월요일이었다면, 그 달의 네 번째 일요일은 언제인가?

① 10월 21일
② 10월 22일
③ 10월 25일
④ 10월 28일
⑤ 10월 29일

04

서울에서 부산까지의 거리는 400km이고 서울에서 부산까지 가는 기차는 120km/h의 속력으로 달리며, 역마다 10분씩 정차한다. 서울에서 9시에 출발하여 부산에 13시 10분에 도착했다면, 기차는 가는 도중 몇 개의 역에 정차하였는가?

① 4개
② 5개
③ 6개
④ 7개
⑤ 8개

05

KTX와 새마을호가 서로 마주보며 오고 있다. 속력은 7 : 5의 비로 운행하고 있으며, 현재 두 열차 사이의 거리는 6km이다. 두 열차가 서로 만났을 때 새마을호가 이동한 거리는?

① 2km
② 2.5km
③ 3km
④ 3.5km
⑤ 4km

정답 및 해설 01 ① 02 ① 03 ② 04 ② 05 ②

01
시침은 1시간에 30°, 1분에 0.5° 움직인다.
분침은 1분에 6°씩 움직이므로 시침과 분침은 1분에 5.5°씩 차이가 난다. 12시에 분침과 시침 사이의 각은 0°이므로 55°가 되려면 5.5°씩 10번 벌어지면 되므로 12시 10분이다.

02
10시 10분일 때 시침과 분침의 각도를 구하면 다음과 같다.
- 10시 10분일 때 시침의 각도 : $30\times10+0.5\times10=305°$
- 10시 10분일 때 분침의 각도 : $6\times10=60°$

따라서 시침과 분침이 이루는 작은 쪽의 각도는 $(360-305)+60=115°$이다.

03
10월 2일이 월요일이므로 10월 1일은 일요일이다.
즉, 10월 1일이 10월의 첫 번째 일요일이다.
따라서 10월의 네 번째 일요일은 10월 1일에서 3주(21일)가 지난 10월 22일이다.

04
서울에서 부산까지 무정차로 걸리는 시간을 x시간이라고 하자.
$\therefore x=\frac{400}{120}=\frac{10}{3}$ → 3시간 20분
9시에 출발해 13시 10분에 도착했으므로 걸린 시간은 4시간 10분이다. 즉, 무정차 시간과 비교하면 50분이 더 걸렸다. 따라서 역마다 정차하는 시간은 10분이므로 정차한 역의 수는 $50\div10=5$개이다.

05
두 열차가 같은 시간 동안 이동한 거리의 합은 6km이다.
KTX와 새마을호 속력의 비는 7 : 5이므로 KTX와 새마을호가 이동한 거리를 각각 $7x$km, $5x$km이라고 하자.
$7x+5x=6$
$\therefore x=0.5$
따라서 KTX가 이동한 거리는 $0.5\times7=3.5$km, 새마을호가 이동한 거리는 $0.5\times5=2.5$km이다.

PART 2

06

영희는 회사에서 150km 떨어져 있는 지역에 운전하여 출장을 가게 되었다. 회사에서 출발하여 일정한 속력으로 가던 중 회사로부터 60km 떨어진 곳에서 차에 이상이 생겨 원래 속력에서 50% 느리게 운전했다. 목적지에 도착하는 데 총 1시간 30분이 걸렸다면 고장이 나기 전 처음 속력은?

① 180km/h
② 160km/h
③ 140km/h
④ 120km/h
⑤ 100km/h

07

용산에서 출발하여 춘천에 도착하는 ITX-청춘열차가 있다. 이 열차가 용산에서 청량리로 가는 길에는 240m 길이의 다리가, 가평에서 춘천으로 가는 길에는 840m 길이의 터널이 있다. 열차가 다리와 터널을 완전히 통과하는 데 각각 16초, 40초가 걸렸다면 열차의 길이는?(단, 열차의 속력은 일정하다)

① 140m
② 150m
③ 160m
④ 170m
⑤ 180m

08

두 소행성 간의 거리는 150km이다. 이 두 소행성이 서로를 향하여 각각 초속 10km와 5km의 속력으로 접근한다면, 둘은 몇 초 후에 충돌하겠는가?

① 5초
② 10초
③ 15초
④ 20초
⑤ 25초

09

10년 후 아버지의 나이는 형의 나이와 동생의 나이 합의 2배가 된다. 형과 동생의 나이 차이가 4살이고 현재 아버지의 나이를 a세라고 할 때, 동생의 나이를 바르게 구한 것은?

① $\frac{a-20}{4}$세
② $\frac{a-36}{4}$세
③ $\frac{a-38}{4}$세
④ $\frac{a-40}{4}$세
⑤ $\frac{a-42}{4}$세

10

甲과 乙의 현재 연령 비는 2 : 1이고, 8년 후의 연령 비는 6 : 4가 된다고 한다. 甲과 乙의 현재 나이는 몇 살인가?

	甲	乙
①	16세	8세
②	18세	9세
③	20세	10세
④	22세	11세
⑤	24세	12세

정답 및 해설 06 ② 07 ③ 08 ② 09 ③ 10 ①

06

처음 속력을 $x$km/h라고 하자.
그러면 차에 이상이 생긴 후 속력은 $0.5x$km/h이다.
전체 걸린 시간은 1시간 30분이므로

$\frac{60}{x}+\frac{90}{0.5x}=\frac{3}{2}$

$\rightarrow 60+180=\frac{3}{2}x$

$\therefore x=160$

따라서 처음 속력은 160km/h이다.

07

열차의 길이를 xm라고 하자.

$\frac{(x+240)}{16}=\frac{(x+840)}{40}$

$\rightarrow 5(x+240)=2(x+840)$

$\rightarrow 3x=480$

$\therefore x=160$

따라서 열차의 길이는 160m이다.

08

두 소행성이 충돌할 때까지 걸리는 시간을 x초라고 하자.

$10x+5x=150$

$\therefore x=10$

따라서 둘은 10초 후에 충돌한다.

09

현재 동생의 나이를 x세라고 하자. 형의 나이는 $(x+4)$세이고, 10년 후 아버지의 나이는 형의 나이와 동생의 나이 합의 2배가 되므로

$a+10=2\{(x+10)+(x+4+10)\}$

$\rightarrow 4x=a-38$

$\therefore x=\frac{a-38}{4}$

따라서 동생의 나이는 $\frac{a-38}{4}$세이다.

10

현재 乙의 나이를 x세라고 하자. 현재 甲의 나이는 $2x$세이고 8년 후 甲과 乙의 나이는 각각 $(2x+8)$세, $(x+8)$세가 되므로

$(2x+8):(x+8)=6:4$

$\rightarrow 6(x+8)=4(2x+8)$

$\therefore x=8$

따라서 현재 甲의 나이는 $2\times8=16$세, 乙의 나이는 8세이다.

11

A사 채용 시험의 1차 응시생은 2,500명이었다. 전체 시험 평균점수는 54.5점, 합격자 평균점수는 80점이고 불합격자 평균점수는 50점일 때, 1차 시험에 합격한 응시생은 몇 명인가?

① 370명
② 375명
③ 380명
④ 385명
⑤ 390명

12

어느 과수원에서 작년에 생산된 사과와 배의 개수를 모두 합하면 500개였다. 올해는 작년보다 사과의 생산량이 절반으로 감소하고 배의 생산량은 두 배로 증가하였다. 올해 사과와 배의 개수를 합하여 모두 700개를 생산했다면, 이 중에서 사과의 개수는?

① 100개
② 200개
③ 300개
④ 400개
⑤ 500개

13

한 학교의 올해 남학생과 여학생의 수는 작년에 비해 남학생은 8% 증가, 여학생은 10% 감소했다. 작년의 전체 학생 수는 820명이고, 올해는 작년에 비해 10명이 감소하였다고 할 때, 작년의 여학생 수는?

① 400명
② 410명
③ 420명
④ 430명
⑤ 440명

14

어떤 숲속에 사는 호랑이들의 숫자가 매년 일정하게 증가하고 있다. 2013년과 2017년의 호랑이 수의 합이 30마리이고, 2014년과 2018년의 호랑이 수의 합이 36마리일 때, 2020년에 호랑이는 모두 몇 마리가 되겠는가?

① 28마리
② 30마리
③ 32마리
④ 34마리
⑤ 36마리

15

원가의 20%를 추가한 금액을 정가로 하는 제품을 15% 할인해서 50개를 판매한 금액이 127,500원일 때, 이 제품의 원가는?

① 1,500원
② 2,000원
③ 2,500원
④ 3,000원
⑤ 3,500원

정답 및 해설 11 ② 12 ① 13 ③ 14 ② 15 ③

11
가중평균을 이용하면 빠르게 구할 수 있다.
합격률을 x라고 하자. 불합격률은 $1-x$이다.
$80x+50(1-x)=54.5$
$\rightarrow 30x=4.5$
$\therefore x=0.15$
따라서 1차 시험에 합격한 응시생은 $2,500\times0.15=375$명이다.

12
작년 사과의 개수를 x개라고 하자. 배의 개수는 $(500-x)$개이다.
$\frac{1}{2}\times x+2\times(500-x)=700$
$\rightarrow -\frac{3}{2}x=-300$
$\therefore x=200$
따라서 올해 사과의 개수는 $\frac{1}{2}\times200=100$개이다.

13
작년의 남학생과 여학생 수를 각각 a, b명이라 하자.
- 작년의 전체 학생 수 : $a+b=820$ … ㉠
- 올해의 전체 학생 수 : $1.08a+0.9b=810$ … ㉡

㉠과 ㉡을 연립하면 $a=400$, $b=420$이다.
따라서 작년 여학생의 수는 420명이다.

14
매년 일정하게 증가하는 호랑이의 수를 x마리라 하자.
(2013 · 2017년 호랑이 수)$+2x=$(2014 · 2018년 호랑이 수)
$30+2x=36$
$\therefore x=3$
(2017년 호랑이의 수)$=$(2013년 호랑이의 수)$+3\times4$이고, 2013년과 2017년의 호랑이 수의 합이 30마리이므로 2013년 호랑이의 수는 9마리이다.
따라서 2020년 호랑이의 수는 $9+3\times7=30$마리이다.

15
제품의 원가를 x원이라고 하자.
제품의 정가는 $(1+0.2)x=1.2x$원이고,
판매가는 $1.2x\times(1-0.15)=1.02x$원이다.
50개를 판매한 금액이 127,500원이므로
$1.02x\times50=127,500$
$\rightarrow 1.02x=2,550$
$\therefore x=2,500$
따라서 제품의 원가는 2,500원이다.

16

어떤 백화점에서 20% 할인해서 팔던 옷을 할인된 가격의 30%를 추가로 할인하여 28만 원에 구매하였다면 할인받은 금액은 얼마인가?

① 14만 원
② 18만 원
③ 22만 원
④ 26만 원
⑤ 30만 원

17

생산 원가가 6,000원인 상품이 있다. 사장인 당신은 이 상품을 정가의 15%를 할인해서 팔아도 19%의 순이익을 남기고자 한다. 이때, 정가는 원가의 몇 %의 이익을 붙였는가?

① 50%
② 40%
③ 30%
④ 20%
⑤ 10%

18

원가가 4,000원인 공책을 정가의 20%를 할인해서 팔아도 원가보다 5%의 이익을 남길 수 있다면 정가는 얼마인가?

① 4,750원
② 5,250원
③ 5,750원
④ 6,250원
⑤ 6,750원

19

어떤 물건을 원가의 50% 이익을 붙여 팔았더니, 잘 팔리지 않아서 다시 20% 할인해서 팔았더니, 물건 1개당 1,000원의 이익이 남았다. 이 물건의 원가는 얼마인가?

① 5,000원
② 5,500원
③ 6,000원
④ 6,500원
⑤ 7,000원

정답 및 해설 16 ③ 17 ② 18 ② 19 ①

16

옷의 정가를 x원이라고 하자.

$x(1-0.2)(1-0.3)=280,000$

$\rightarrow 0.56x=280,000$

$\therefore x=500,000$

따라서 할인받은 금액은 $500,000-280,000=220,000$원이다.

17

정가를 x원이라고 하자.

$0.85x=6,000\times 1.19$

$\therefore x=\frac{7,140}{0.85}=8,400$

따라서 정가는 원가의 $\frac{8,400-6,000}{6,000}\times 100=40\%$의 이익을 붙인 금액이다.

18

정가를 x원이라고 하자.

$0.8x-4,000=4,000\times 0.05$

$\therefore x=5,250$

따라서 정가는 5,250원이다.

19

원가를 A원이라고 하자.

원가에 50% 이익을 붙일 경우 정가는 $1.5A$원이고,

잘 팔리지 않아 다시 20% 할인할 경우 판매가는

$1.5A\times 0.8=1.2A$원이다.

물건 1개당 1,000원의 이익을 얻었으므로,

$1.2A-A=1,000$

$\rightarrow 0.2A=1,000$

$\therefore A=5,000$

따라서 원가는 5,000원이다.

20

동수와 세협이는 건담 프라모델을 만들려고 한다. 동수가 혼자 만들면 8일, 세협이가 혼자 만들면 9일 만에 만들 수 있다. 동수가 혼자 하루 동안 프라모델을 조립한 다음 둘이 함께 며칠간 조립했다. 이후 세협이가 혼자 하루 동안 도색을 했더니 건담이 완성되었다. 동수와 세협이는 며칠간 함께 프라모델을 만들었는가?

① $\frac{31}{17}$일

② $\frac{43}{17}$일

③ $\frac{55}{17}$일

④ $\frac{61}{17}$일

⑤ $\frac{69}{17}$일

21

A와 B는 오후 1시부터 오후 6시까지 근무한다. A는 310개의 제품을 포장하는 데 1시간이 걸리고, B는 작업속도가 1시간마다 바로 전 시간의 2배가 된다. 두 사람이 받는 하루 임금이 같다고 할 때, B는 처음 시작하는 1시간 동안에 몇 개의 제품을 포장하는가?(단, 일급은 그날 포장한 제품의 개수에 비례한다)

① 25개

② 50개

③ 75개

④ 100개

⑤ 125개

22

욕조에 물을 채우는 데 A관은 30분, B관은 40분이 걸리고, 이 욕조에 채운 물을 배수하는 데는 20분이 걸린다. A관과 B관을 동시에 틀고, 동시에 배수를 할 때, 욕조가 가득 채워지는 데 걸리는 시간은?

① 60분
② 80분
③ 100분
④ 120분
⑤ 150분

정답 및 해설 20 ③ 21 ② 22 ④

20

건담 프라모델을 완성하는 전체 일의 양을 1이라고 하자.

동수가 혼자 하루 동안 $\frac{1}{8}$을 만들 수 있고, 세협이는 혼자 하루 동안 $\frac{1}{9}$을 만들 수 있다.

둘이 함께 프라모델을 만든 날의 수를 x일이라 하자.

$\frac{1}{8}+\left(\frac{1}{8}+\frac{1}{9}\right)\times x+\frac{1}{9}=1$

$\rightarrow 9+(9+8)x+8=72$

$\rightarrow 17x=55$

$\therefore x=\frac{55}{17}$

따라서 $\frac{55}{17}$일 동안 함께 프라모델을 만들었다.

21

A, B의 일급이 같으므로 하루(5시간) 동안에 포장한 제품의 개수는 A의 작업량인 $310\times5=1{,}550$개이다.

B가 처음 시작하는 1시간 동안 x개의 제품을 포장한다고 하자.

$x+2x+4x+8x+16x=1{,}550$

$\rightarrow 31x=1{,}550$

$\therefore x=50$

따라서 B가 처음 1시간 동안 포장하는 개수는 50개이다.

22

욕조를 가득 채우는 데 필요한 물의 양을 1이라 하고, A관과 B관을 동시에 틀고 배수를 할 때 욕조가 가득 채워질 때까지 걸리는 시간을 x분이라고 하자.

A, B관에서 1분 동안 나오는 물의 양은 각각 $\frac{1}{30}$, $\frac{1}{40}$이고 1분 동안 배수 되는 양은 $\frac{1}{20}$이다.

$\left(\frac{1}{30}+\frac{1}{40}-\frac{1}{20}\right)x=1$

$\rightarrow \frac{1}{120}x=1$

$\therefore x=120$

따라서 A관과 B관을 동시에 틀어서 욕조를 채울 때 가득 채워지기까지는 120분이 걸린다.

23

톱니 수가 90개인 A톱니바퀴는 B, C톱니바퀴와 서로 맞물려 돌아가고 있다. A톱니바퀴가 8번 도는 동안 B톱니바퀴가 15번, C톱니바퀴가 18번 돌았다면, B톱니바퀴의 톱니 수와 C톱니바퀴의 톱니 수의 합은?

① 76개
② 80개
③ 84개
④ 88개
⑤ 92개

24

식염 75g에 몇 g의 물을 넣어야 농도 15%의 식염수가 되는가?

① 350g
② 375g
③ 400g
④ 425g
⑤ 450g

25

농도 20%의 소금물 100g이 있다. 소금물 xg을 덜어내고, 덜어낸 양만큼의 소금을 첨가하였다. 거기에 농도 11%의 소금물 yg을 섞었더니 농도 26%의 소금물 300g이 되었다. 이때 $x+y$의 값은?

① 195
② 213
③ 235
④ 245
⑤ 315

26

농도 3%로 오염된 물 30L가 있다. 깨끗한 물을 채워서 오염물질의 농도를 0.5%p 줄이려고 한다. 이때 추가해야 하는 깨끗한 물의 양은 얼마인가?

① 3L
② 4L
③ 5L
④ 6L
⑤ 7L

정답 및 해설 23 ④ 24 ④ 25 ④ 26 ④

23

B톱니바퀴와 C톱니바퀴의 톱니 수를 각각 b개, c개라 하자. A톱니바퀴는 B, C톱니바퀴와 서로 맞물려 돌아가므로 A, B, C톱니바퀴의 (톱니 수)×(회전수)의 값은 같다.

$90\times8=15b=18c$이므로

- $15b=720$
  $\rightarrow b=48$
- $18c=720$
  $\rightarrow c=40$

$\therefore b+c=88$

따라서 톱니 수의 합은 88개이다.

24

추가해야 하는 물의 양을 xg이라고 하자.

$\frac{75}{75+x}\times100=15$

$\rightarrow x+75=\frac{75}{15}\times100$

$\therefore x=500-75=425$

따라서 추가해야 하는 물의 양은 425g이다.

25

농도 11% 소금물의 양을 yg이라고 하면 $(100-x)+x+y=300$이므로 $y=200$g이다.

$\frac{20}{100}(100-x)+x+\frac{11}{100}\times200=\frac{26}{100}\times300$

$\rightarrow 2,000-20x+100x+2,200=7,800$

$\rightarrow 80x=3,600$

$\therefore x=45$

따라서 $x+y=245$이다.

26

오염물질의 양은 $\frac{3}{100}\times30=0.9$L이고, 추가해야 하는 깨끗한 물의 양을 xL라고 하자.

$\frac{0.9}{30+x}\times100=3-0.5$

$\rightarrow 2.5(30+x)=90$

$\rightarrow 2.5x=15$

$\therefore x=6$

따라서 추가해야 하는 깨끗한 물의 양은 6L이다.

27

농도 8%의 소금물 400g에서 한 컵의 소금물을 퍼내고 그 양만큼 물을 부은 다음 다시 농도 2%의 소금물을 넣었더니 농도 6%의 소금물 520g이 되었다. 퍼낸 소금물의 양은 얼마인가?

① 10g
② 20g
③ 30g
④ 40g
⑤ 50g

28

농도 8%의 식염수 300g이 있다. 이 식염수에서 몇 g의 물을 증발시키면 농도 12%의 식염수가 되겠는가?

① 75g
② 100g
③ 125g
④ 150g
⑤ 175g

29

연속된 세 자연수의 합이 129일 때, 세 자연수 중 가장 작은 수와 가장 큰 수의 합은?

① 84
② 85
③ 86
④ 88
⑤ 89

30

연이율 1.8%를 제공하는 2년 만기 정기예금에 500만 원을 예치하고 180일 후에 해지하였다면 수령할 총금액은?(단, 이자는 단리를 적용하고, 한 달은 30일로 계산한다. 또한 중도해지금리는 적용하지 않는다)

① 504만 원
② 504만 5천 원
③ 505만 원
④ 505만 5천 원
⑤ 506만 원

31

어느 미술관의 관람료는 5,000원이고, 50명 이상의 단체관람권을 구매할 경우 전체 요금의 25%가 할인된다고 한다. 50명 미만의 단체손님이 관람하려고 할 때, 50명 단체관람권을 구입하는 것이 유리해지는 최소 인원은?

① 36명
② 37명
③ 38명
④ 39명
⑤ 40명

정답 및 해설 27 ④ 28 ② 29 ③ 30 ② 31 ③

27

퍼낸 소금물의 양을 xg, 2% 소금물의 양을 yg이라고 하자.

• $400-x+x+y=520$

$\rightarrow y=520-400=120$

• $\frac{8}{100}(400-x)+\frac{2}{100}\times120=\frac{6}{100}\times520$

$\rightarrow 3{,}200-8x+240=3{,}120$

$\rightarrow 8x=320$

$\therefore x=40$

따라서 퍼낸 소금물의 양은 40g이다.

28

증발시키는 물의 양을 xg이라고 하자.

증발시키기 전과 후의 소금의 양은 같으므로 다음과 같다.

$\frac{8}{100}\times300=\frac{12}{100}(300-x)$

$\rightarrow 2{,}400=12(300-x)$

$\rightarrow 12x=1{,}200$

$\therefore x=100$

따라서 100g의 물을 증발시켜야 한다.

29

연속하는 세 자연수 중 가운데 수를 a라고 하자.

$(a-1)+a+(a+1)=129$

$\therefore a=43$

따라서 $(a-1)+(a+1)=2a=86$이다.

30

단리에서 이자는 (원금)×(이율)×(기간)이다. 따라서 이자는 $5{,}000{,}000\times0.018\times\frac{6}{12}=45{,}000$원이고, 수령할 총금액은 $5{,}000{,}000+45{,}000=$504만 5천 원이다.

31

단체 관람객의 수를 x명이라고 하자(단, $x<50$인 자연수).

$5{,}000x\geq50\times5{,}000\times\left(1-\frac{25}{100}\right)$

$\rightarrow x\geq50\times\frac{75}{100}$

$\therefore x\geq37.5$

따라서 최소 38명 이상일 때 50명 단체관람권을 구입하는 것이 유리하다.

32

상우는 사과와 감을 사려고 한다. 사과는 하나에 700원, 감은 400원일 때 10,000원을 가지고 과일을 총 20개 사려면 감은 최소 몇 개를 사야 하는가?

① 10개
② 12개
③ 14개
④ 16개
⑤ 17개

33

어떤 자연수의 3배에서 1을 더하면 17보다 작고, 이 자연수의 2배에서 3을 빼면 6보다 크다고 한다. 이 자연수는?

① 3
② 4
③ 5
④ 6
⑤ 7

34

가로, 세로의 길이가 각각 20cm, 15cm인 직사각형이 있다. 가로의 길이를 줄여서, 직사각형의 넓이를 반 이하로 줄이려 한다. 가로의 길이는 최소 몇 cm 이상 줄여야 하는가?

① 8cm
② 10cm
③ 12cm
④ 14cm
⑤ 16cm

35

현재 시대 중학교의 축구부 전적은 8승 3패이다. 승률이 80% 이상이 되기 위해서는 최소한 몇 경기를 치러야 하는가?

① 3경기
② 4경기
③ 5경기
④ 6경기
⑤ 7경기

정답 및 해설 32 ③ 33 ③ 34 ② 35 ②

32
감의 개수를 x개라고 하면 사과는 $(20-x)$개이다.
$400x+700\times(20-x)\leq10,000$
$\rightarrow 14,000-300x\leq10,000$
$\therefore x\geq\frac{40}{3}=13.333\cdots$
따라서 감은 최소 14개를 사야 한다.

33
어떤 자연수를 x라고 하자.
$3x+1<17$
$\rightarrow 2x-3>6$
$\rightarrow \frac{9}{2}<x<\frac{16}{3} \rightarrow 4.5<x<5.33$
$\therefore x=5$(단, x는 자연수)
따라서 어떤 자연수는 5이다.

34
가로의 길이를 $x$cm만큼 줄여서 직사각형의 넓이의 반인 $20\times15\div2=150\text{cm}^2$ 이하로 줄이려고 한다면 다음의 조건을 만족해야 한다.
$(20-x)\times15\leq150$
$\therefore x\geq10$
따라서 가로의 길이는 최소 10cm 이상을 줄여야 한다.

35
이어지는 x번의 경기를 모두 이긴다고 하자.
$\frac{8+x}{11+x}\times100\geq80$
$(8+x)\times100\geq80(11+x)$
$20x\geq80$
$\therefore x\geq4$
따라서 최소한 4경기를 치러야 한다.

CHAPTER

02 경우의 수 / 확률

핵심이론 | 경우의 수

경우의 수

① 정의 : 어떤 사건이 일어날 수 있는 모든 가짓수

② 성질

사건 A가 일어나는 경우의 수를 m, 사건 B가 일어나는 경우의 수를 n이라 하면

- 합의 법칙

  두 사건 A, B가 동시에 일어나지 않을 때, 사건 A 또는 사건 B가 일어나는 경우의 수는 $(m+n)$. '또는, ~이거나'라는 말이 나오면 합의 법칙을 사용

- 곱의 법칙

  사건 A와 사건 B가 동시에 일어나는 경우의 수는 $(m\times n)$. '그리고, 동시에'라는 말이 나오면 곱의 법칙을 사용

(1) 순열

① 정의 : 서로 다른 n개에서 순서를 고려하여 서로 다른 r개를 선택하는 가짓수(단, $0\le r\le n$)

② 계산 : ${}_{n}\mathrm{P}_{r}=n\times(n-1)\times(n-2)\times\cdots\times(n-r+1)=\dfrac{n!}{(n-r)!}$

③ 성질

- ${}_{n}\mathrm{P}_{n}=n!=n\times(n-1)\times(n-2)\times\cdots\times2\times1$
- $0!=1$, ${}_{n}\mathrm{P}_{0}=1$

(2) 조합

① 정의 : 서로 다른 n개에서 순서를 고려하지 않고 서로 다른 r개를 선택하는 가짓수(단, $0\le r\le n$)

② 계산 : ${}_{n}\mathrm{C}_{r}=\dfrac{{}_{n}\mathrm{P}_{r}}{r!}=\dfrac{n!}{r!\times(n-r)!}$

③ 성질 : ${}_{n}\mathrm{C}_{r}={}_{n}\mathrm{C}_{n-r}$, ${}_{n}\mathrm{C}_{0}={}_{n}\mathrm{C}_{n}=1$

(3) 여러 가지 경우의 수(단, n, m은 자연수)

① 동전 n개를 던졌을 때, 경우의 수 : 2^{n}

② 주사위 n개를 던졌을 때, 경우의 수 : 6^{n}

③ 동전 n개와 주사위 m개를 던졌을 때, 경우의 수 : $2^{n}\times6^{m}$

④ n명을 한 줄로 세우는 경우의 수 : $n!=n\times(n-1)\times(n-2)\times\cdots\times2\times1$
⑤ n명 중, m명을 뽑아 한 줄로 세우는 경우의 수(단, $n\geq m$) : ${}_nP_m=n\times(n-1)\times\cdots\times(n-m+1)$
⑥ n명을 한 줄로 세울 때, m명을 이웃하여 세우는 경우의 수(단, $n\geq m$) : $(n-m+1)!\times m!$
⑦ 0이 아닌 서로 다른 한 자리 숫자가 적힌 n장의 카드에서, m장을 뽑아 만들 수 있는 m자리 정수의 개수(단, $n\geq m$) : ${}_nP_m$
⑧ 0을 포함한 서로 다른 한 자리 숫자가 적힌 n장의 카드에서, m장을 뽑아 만들 수 있는 m자리 정수의 개수(단, $n\geq m$) : $(n-1)\times{}_{n-1}P_{m-1}$
⑨ n명 중, 자격이 다른 m명을 뽑는 경우의 수(단, $n\geq m$) : ${}_nP_m$
⑩ n명 중, 자격이 같은 m명을 뽑는 경우의 수(단, $n\geq m$) : ${}_nC_m=\frac{{}_nP_m}{m!}$
⑪ 원형 모양의 탁자에 n명을 앉히는 경우의 수 : $(n-1)!$

중복 확인(사람일 때는 같은 사람이 없으므로 중복이 없지만, 사물이나 직급, 직책같은 경우에는 중복이 있을 수 있으므로 주의해야 함)
합의 법칙

대표 예제 **A~E 5명을 전방을 향해 일렬로 배치할 때, B와 E 사이에 1명 또는 2명이 있도록 하는 경우의 수는?**

순서를 고려하므로 순열 P

어떤 둘 사이에 n명($n\geq2$)을 배치할 때, $(n+2)$명을 한 묶음으로 생각하고 계산
→ $(n+2)$명을 1명으로 치환

① 30가지
② 60가지
③ 90가지
④ 120가지
⑤ 150가지

> 전체 m명을 일렬로 배치하는 데 n명($2\leq n\leq m$)이 붙어있을 경우의 수는?
> → n명을 한 묶음으로 본다. 이때, 이 한 묶음 안에서 n명을 배치하는 경우의 수 : $n!$
> → n명을 1명으로 생각
> → $(m-n+1)$명을 배치하는 경우의 수 : $(m-n+1)!$
> → 곱의 법칙으로 전체 경우의 수 : $n!\times(m-n+1)!$

정답 및 해설

정답 ②

ⅰ) B와 E 사이에 1명이 있는 경우
- A, C, D 중 B와 E 사이에 위치할 1명을 골라 줄을 세우는 방법 : ${}_3P_1$
  B와 E, 가운데 위치한 1명을 한 묶음으로 생각하고, B와 E가 서로 자리를 바꾸는 것도 고려하면 전체 경우의 수는 ${}_3P_1\times3!\times2=3\times6\times2=36$가지이다.

ⅱ) B와 E 사이에 2명이 있는 경우
- A, C, D 중 B와 E 사이에 위치할 2명을 골라 줄을 세우는 방법 : ${}_3P_2$
  B와 E, 가운데 위치한 2명을 한 묶음으로 생각하고, B와 E가 서로 자리를 바꾸는 것도 고려하면 전체 경우의 수는 ${}_3P_2\times2!\times2=6\times2\times2=24$가지이다.

∴ 구하는 경우의 수 : $36+24=60$가지

확률

① 정의 : 발생할 수 있는 모든 사건의 가짓수 중 특정 사건이 발생할 수 있는 가짓수의 비율

② 성질

- 모든 사건 A에 대해서 $0 \le \mathrm{P}(A) \le 1$이 성립한다.
- 절대로 일어날 수 없는 사건의 확률 $\mathrm{P}(\varnothing)=0$이다.
- 반드시 일어나는 사건의 확률은 1이다.
- 사건 A가 일어날 확률을 p(단, $0 \le p \le 1$), 사건 B가 일어날 확률을 q(단, $0 \le q \le 1$)라고 하면
  - 확률의 덧셈
    두 사건 A, B가 동시에 일어나지 않을 때, 즉 배반사건의 경우 사건 A 또는 사건 B가 일어날 확률은 합으로 계산
    $\mathrm{P}(A \cup B)=\mathrm{P}(A)+\mathrm{P}(B)=p+q$
  - 확률의 곱셈
    사건 A와 B가 서로 무관하게 일어날 때, 즉 독립사건의 경우 사건 A와 사건 B가 동시에 일어날 확률은 곱으로 계산
    $\mathrm{P}(A \cap B)=\mathrm{P}(A) \times \mathrm{P}(B)=p \times q$

(1) 수학적 확률

① 정의 : 가능한 결과가 유한개인 어떤 시행에서 표본공간 S의 각 원소가 모두 같은 정도로 나올 가능성을 갖고 있다고 하면, 표본공간 S에 속하는 근원사건의 수를 $n(S)$, 사건 A에 속하는 근원사건의 수를 $n(A)$라 할 때 사건 A가 일어날 확률

② 계산 : (사건 A가 발생할 확률)$=\mathrm{P}(A)=\dfrac{n(A)}{n(S)}=\dfrac{\text{(사건 A가 발생하는 경우의 수)}}{\text{(모든 사건이 발생하는 경우의 수)}}$

(2) 여사건의 확률

① 정의 : 사건 A에 대하여 사건 A가 일어나지 않을 사건을 A의 여사건이라고 함. 주로 '적어도'라는 말이 나오면 사용

② 계산 : $\mathrm{P}(A^c)=1-\mathrm{P}(A)$

(3) 조건부 확률

① 정의 : 표본공간 S에서 두 사건 A와 B에 대하여 $\mathrm{P}(B)>0$일 때, 사건 B가 일어난 조건 하에서 사건 A가 일어날 확률

② 계산 : $\mathrm{P}(A|B)=\dfrac{\mathrm{P}(A \cap B)}{\mathrm{P}(B)}$

(4) 여러 가지 확률

① 연속하여 뽑을 때, 꺼낸 것을 다시 넣고 뽑는 경우 : 처음과 나중의 모든 경우의 수는 같다.

② 연속하여 뽑을 때, 꺼낸 것을 다시 넣지 않고 뽑는 경우 : 나중의 모든 사건이 발생하는 경우의 수는 처음의 모든 사건이 발생하는 경우의 수보다 1만큼 작다.

③ 도형에서의 확률 : $\frac{\text{(해당하는 부분의 넓이)}}{\text{(전체 넓이)}}$

PART 2

순서를 고려하지 않으므로 조합 C

대표 예제 **빨간 공 4개와 하얀 공 6개가 들어 있는 주머니에서 한 번에 2개를 꺼낼 때, 적어도 1개는 하얀 공을 꺼낼 확률은?**

여사건의 확률

전체 꺼내는 공 2개 중에서 하얀 공을 뽑는 개수는 0개, 1개, 2개가 될 수 있으므로 '적어도 1개'는 1개와 2개가 포함된다. 따라서 여사건의 확률을 이용하여 0개의 하얀 공을 뽑는 방법만으로 간단하게 구할 수 있다.

① $\frac{9}{15}$ ② $\frac{1}{4}$ ③ $\frac{5}{12}$ ④ $\frac{13}{15}$ ⑤ $\frac{14}{15}$

사건 A에 대하여
$P(A)+P(A^c)=1$
$P(A)=1-P(A^c)$

'적어도'라는 말이 쓰일 때에는 주로 $P(A)>P(A^c)$일 때가 많다. 따라서 뒤에 나오는 상황을 보고 $P(A)$보다 $P(A^c)$가 구하기 쉬운 경우에는 $P(A)=1-P(A^c)$를 이용하는 것이 용이하다.

정답 및 해설 정답 ④

적어도 1개는 하얀 공을 꺼낼 확률은 1−(모두 빨간 공을 꺼낼 확률)과 같다.

- 전체 공의 개수 : $4+6=10$
- 2개의 공 모두 빨간 공을 꺼낼 확률 : $\frac{{}_4C_2}{{}_{10}C_2}=\frac{2}{15}$

∴ 적어도 1개는 하얀 공을 꺼낼 확률 : $1-\frac{2}{15}=\frac{13}{15}$

유형풀이 경우의 수 / 확률

01

어머니와 아버지를 포함한 6명의 가족이 원형 식탁에 둘러앉아 식사를 할 때, 어머니와 아버지가 서로 마주 보고 앉는 경우의 수는?

① 21가지
② 22가지
③ 23가지
④ 24가지
⑤ 25가지

02

여학생 4명, 남학생 4명이 일렬로 설 때, 같은 성별의 학생끼리 이웃하지 않을 경우의 수는?

① $(4!\times4!)$가지
② $(4!\times4!\times2)$가지
③ $(4!\times{}_8P_4)$가지
④ $(4!\times5!)$가지
⑤ $(4!\times{}_5C_4)$가지

03

주사위 1개를 두 번 던졌을 때, 처음 나온 눈의 수와 두 번째 나온 눈의 수의 합이 9가 되는 경우의 수는?

① 3가지
② 4가지
③ 5가지
④ 6가지
⑤ 7가지

04

민수는 10원짜리 동전 2개, 50원짜리 동전 1개, 100원짜리 동전 2개, 500원짜리 동전 1개를 가지고 있다. 이때 민수가 지불할 수 있는 금액의 경우의 수는?(단, 0원은 지불금액에 포함하지 않는다)

① 32가지
② 33가지
③ 34가지
④ 35가지
⑤ 36가지

05

아이스링크장에서 두 종목의 경기가 열리고 있다. 참가자는 피겨 스케이팅 4명, 쇼트트랙 8명이다. 모든 경기가 토너먼트 방식으로 진행된다고 할 때, 두 경기의 가능한 대진표의 경우의 수의 합은?

① 100가지
② 102가지
③ 108가지
④ 115가지
⑤ 120가지

06

지갑에 1,000원, 5,000원, 10,000원짜리 지폐가 각각 8장씩 있다. 거스름돈 없이 물건값 23,000원을 내려고 할 때 돈을 낼 수 있는 방법의 경우의 수는?

① 2가지
② 3가지
③ 4가지
④ 5가지
⑤ 6가지

정답 및 해설 01 ④ 02 ② 03 ② 04 ④ 05 ③ 06 ④

01

아버지의 자리가 결정되면 그 맞은편은 어머니 자리로 고정된다. 아버지의 자리를 고정 후 남은 4자리는 어떻게 앉아도 같은 경우가 생기지 않는다.
따라서 자리에 앉는 경우의 수는 $4!=24$가지이다.

02

ⅰ) 여학생이 맨 앞에 오는 경우
- 여학생을 일렬로 배열하는 경우의 수 : $4!\times$여학생 사이에 남학생을 일렬로 배열하는 경우의 수 : $4!$
- 구하는 경우의 수 : $(4!\times4!)$가지

ⅱ) 남학생이 맨 앞에 오는 경우
- 남학생을 일렬로 배열하는 경우의 수 : $4!\times$남학생 사이에 여학생을 일렬로 배열하는 경우의 수 : $4!$
- 구하는 경우의 수 : $(4!\times4!)$가지

따라서 같은 성별의 학생끼리 이웃하지 않을 경우의 수는 $(4!\times4!\times2)$가지이다.

03

주사위 2개를 차례대로 던졌을 때 눈의 합이 9가 되는 경우는 (3, 6), (4, 5), (5, 4), (6, 3)이다.
따라서 눈의 합이 9가 되는 경우의 수는 4가지이다.

04

각각의 동전을 0개, 1개, 2개를 지불하는 방법이 있으므로 $3\times2\times3\times2=36$가지이다.
이때 0원을 지불하는 경우는 제외해야 하므로
총 $36-1=35$가지 경우의 금액을 지불할 수 있다.

05

피겨 경기 대진표의 경우의 수는 ${}_4C_2\times{}_2C_2\times\frac{1}{2!}=3$가지이다.
쇼트트랙 경기 대진표의 경우의 수는 ${}_8C_2\times{}_6C_2\times{}_4C_2\times{}_2C_2\times\frac{1}{4!}=105$가지이다.
따라서 두 경기의 가능한 대진표의 경우의 수의 합은 $3+105=108$가지이다.

06

돈을 낼 수 있는 경우의 수는 다음과 같다.
$(10{,}000\times2,\ 1{,}000\times3)$,
$(10{,}000\times1,\ 5{,}000\times2,\ 1{,}000\times3)$,
$(10{,}000\times1,\ 5{,}000\times1,\ 1{,}000\times8)$,
$(5{,}000\times4,\ 1{,}000\times3)$,
$(5{,}000\times3,\ 1{,}000\times8)$
따라서 돈을 지불할 수 있는 경우의 수는 5가지이다.

07

10명의 학생들 중 2명의 임원을 뽑고 남은 학생들 중 2명의 주번을 뽑는다고 할 때, 나올 수 있는 경우의 수는?

① 1,024가지
② 1,180가지
③ 1,260가지
④ 1,320가지
⑤ 1,380가지

08

사과 6개, 배 2개, 감 1개가 있다. 이를 한 줄로 배열하는 경우의 수는 총 몇 가지인가?

① 126가지
② 189가지
③ 252가지
④ 441가지
⑤ 378가지

09

서경이는 흰색 깃발과 검은색 깃발을 하나씩 갖고 있는데, 깃발을 총 5번 들어 신호를 표시하려고 한다. 같은 깃발은 4번까지만 사용하여 신호를 표시한다면, 만들 수 있는 신호는 총 몇 가지인가?

① 14가지
② 16가지
③ 30가지
④ 32가지
⑤ 62가지

10

1, 1, 1, 2, 2, 3을 가지고 여섯 자리 수를 만들 때 가능한 수의 개수는 몇 개인가?

① 30가지
② 60가지
③ 120가지
④ 240가지
⑤ 280가지

11

D사에서 파견 근무를 나갈 10명을 뽑아 팀을 구성하려 한다. 새로운 팀 내에서 팀장 1명과 회계 담당 2명을 뽑으려고 하는데, 이 인원을 뽑는 경우는 모두 몇 가지인가?

① 300가지
② 320가지
③ 348가지
④ 360가지
⑤ 396가지

12

팀원 5명을 한 줄로 세우려고 한다. 이 중 팀원 A와 B가 반드시 이웃해야 한다고 할 때, 한 줄로 서는 경우의 수는?

① 12가지
② 24가지
③ 48가지
④ 64가지
⑤ 96가지

정답 및 해설 07 ③ 08 ③ 09 ③ 10 ② 11 ④ 12 ③

07

임원과 주번은 순서를 고려하지 않고 2명씩 뽑는다고 했으므로 조합을 사용한다.

따라서 ${}_{10}C_2\times{}_8C_2=\frac{10\times9}{2\times1}\times\frac{8\times7}{2\times1}=1{,}260$가지이다.

08

9개의 사과와 배, 감을 나열하는 경우의 수는 9!가지이다. 이때, 사과와 배는 여러 개 있어서 자리를 바꿔도 순서에 영향을 미치지 않는다.

따라서 $\frac{9!}{6!\times2!}=252$가지이다.

09

깃발은 2개이고, 깃발을 5번 들어서 표시할 수 있는 신호의 개수는 $2\times2\times2\times2\times2=32$가지이다. 여기서 5번 모두 흰색 깃발만 사용하거나 검은색 깃발만 사용하는 경우의 수는 2가지이다.

따라서 만들 수 있는 신호는 총 $32-2=30$가지이다.

10

6개의 숫자를 일렬로 나열하는 경우의 수는 6!가지이다. 이때 1과 2는 각각 3개, 2개로 자리를 바꿔도 경우의 수에 영향을 미치지 않는다.

따라서 나열하는 경우의 수는 $\frac{6!}{3!\times2!}=60$가지이다.

11

- 팀장 한 명을 뽑는 경우의 수 : ${}_{10}C_1=10$가지
- 회계 담당 두 명을 뽑는 경우의 수 : ${}_9C_2=\frac{9\times8}{2!}=36$가지

따라서 $10\times36=360$가지이다.

12

A와 B를 하나라고 할 때 줄 세울 수 있는 경우의 수는 $4!=4\times3\times2\times1=24$가지이다.

'A－B', 'B－A'로 서는 2가지 경우가 있으므로 모든 경우의 수는 $24\times2=48$가지이다.

13

1부터 10까지 적힌 공 중에서 첫 번째는 2의 배수, 두 번째는 3의 배수가 나오도록 공을 뽑을 확률은?(단, 뽑은 공은 다시 넣는다)

① $\frac{5}{18}$

② $\frac{3}{20}$

③ $\frac{1}{7}$

④ $\frac{5}{24}$

⑤ $\frac{5}{20}$

14

흰 구슬 4개, 검은 구슬 6개가 들어 있는 주머니에서 연속으로 2개의 구슬을 꺼낼 때 흰 구슬, 검은 구슬을 각각 1개씩 뽑을 확률은?(단, 꺼낸 구슬은 다시 넣지 않는다)

① $\frac{2}{15}$

② $\frac{4}{15}$

③ $\frac{7}{15}$

④ $\frac{8}{15}$

⑤ $\frac{11}{15}$

15

500원짜리 동전을 연속해서 3번 던질 경우 두 번째와 세 번째에 모두 앞면이 나올 확률은?

① $\frac{1}{2}$

② $\frac{1}{3}$

③ $\frac{1}{4}$

④ $\frac{1}{6}$

⑤ $\frac{1}{8}$

16

30명의 남학생 중에서 16명, 20명의 여학생 중에서 14명이 수학여행으로 국외를 선호하였다. 전체 50명의 학생 중 임의로 선택한 1명이 국내여행을 선호하는 학생일 때, 이 학생이 남학생일 확률은?

① $\frac{3}{5}$

② $\frac{7}{10}$

③ $\frac{4}{5}$

④ $\frac{9}{10}$

⑤ $\frac{5}{13}$

17

윤희네 중창부가 대회를 나가기 위해 입장 순서를 정하려고 한다. 남자 4명과 여자 3명으로 구성되어 있을 때, 여자끼리 이웃하지 않을 확률은?

① $\frac{2}{7}$
② $\frac{3}{7}$
③ $\frac{4}{7}$
④ $\frac{5}{7}$
⑤ $\frac{6}{7}$

18

홍은, 영훈, 성준이는 S그룹 공채에 지원했다. S그룹 직무적성검사에 합격할 확률은 각각 $\frac{6}{7}$, $\frac{3}{5}$, $\frac{1}{2}$이다. 이때, 3명 중 2명이 합격할 확률을 $\frac{b}{a}$라고 할 때, $a+b$의 값은?(단, a와 b는 서로소이다)

① 51
② 64
③ 77
④ 90
⑤ 103

정답 및 해설 13 ② 14 ④ 15 ③ 16 ② 17 ① 18 ⑤

13

- 첫 번째에 2의 배수(2, 4, 6, 8, 10)가 적힌 공을 뽑을 확률
  : $\frac{5}{10}=\frac{1}{2}$
- 두 번째에 3의 배수(3, 6, 9)가 적힌 공을 뽑을 확률
  : $\frac{3}{10}$(∵ 뽑은 공은 다시 넣음)

따라서 구하는 확률은 $\frac{1}{2}\times\frac{3}{10}=\frac{3}{20}$이다.

14

- 흰 구슬을 먼저 뽑고, 검은 구슬을 뽑을 확률
  : $\frac{4}{10}\times\frac{6}{9}=\frac{4}{15}$
- 검은 구슬을 먼저 뽑고, 흰 구슬을 뽑을 확률
  : $\frac{6}{10}\times\frac{4}{9}=\frac{4}{15}$

따라서 구하는 확률은 $\frac{4}{15}+\frac{4}{15}=\frac{8}{15}$이다.

15

동전의 앞면이 나올 확률은 $\frac{1}{2}$이다.

따라서 두 번째와 세 번째에 모두 앞면이 나올 확률은

$\frac{1}{2}\times\frac{1}{2}=\frac{1}{4}$이다.

16

- 국내 여행을 선호하는 남학생 수 : $30-16=14$명
- 국내 여행을 선호하는 여학생 수 : $20-14=6$명

따라서 구하는 확률은 $\frac{14}{14+6}=\frac{14}{20}=\frac{7}{10}$이다.

17

여자끼리 이웃하지 않는 경우의 수는 남자가 줄을 섰을 때 그 사이에 여자가 서는 경우이고, 그때의 경우의 수는 $4!\times{}_5P_3$이다.

따라서 여자끼리 이웃하지 않을 확률은 $\frac{4!\times{}_5P_3}{7!}=\frac{2}{7}$이다.

18

3명 중 2명이 합격할 확률은 (홍은이만 떨어질 확률)+(영훈이만 떨어질 확률)+(성준이만 떨어질 확률)이다.

$\left(\frac{1}{7}\times\frac{3}{5}\times\frac{1}{2}\right)+\left(\frac{6}{7}\times\frac{2}{5}\times\frac{1}{2}\right)+\left(\frac{6}{7}\times\frac{3}{5}\times\frac{1}{2}\right)=\frac{33}{70}$

따라서 $a+b=33+70=103$이다.

19

서로 다른 2개의 주사위 A, B를 동시에 던졌을 때 나온 눈의 곱이 홀수일 확률은?

① $\frac{1}{4}$

② $\frac{1}{5}$

③ $\frac{1}{6}$

④ $\frac{1}{8}$

⑤ $\frac{1}{10}$

20

A～C 3개의 문제가 있다. 한 학생이 이 문제를 풀 때 1개 이상 풀 확률은?(단, A를 풀 확률은 0.75, B를 풀 확률은 0.6, C를 풀 확률은 0.25이다)

① $\frac{7}{10}$

② $\frac{71}{80}$

③ $\frac{37}{40}$

④ $\frac{9}{10}$

⑤ $\frac{31}{40}$

21

A～F 6명을 한 줄로 세울 때, A와 B가 나란히 설 확률은?

① $\frac{1}{6}$

② $\frac{1}{3}$

③ $\frac{1}{2}$

④ $\frac{2}{3}$

⑤ $\frac{5}{6}$

22

A가 적힌 카드 6장, B가 적힌 카드 4장이 있다. 이 중에서 3장의 카드를 고를 때 3장 모두 A가 적힌 카드일 확률은?

① $\frac{1}{6}$

② $\frac{5}{6}$

③ $\frac{4}{6}$

④ $\frac{1}{5}$

⑤ $\frac{3}{5}$

23

인쇄소에 M_1과 M_2 2대의 인쇄기가 있다. 하루에 M_1은 50,000장을 인쇄하고, M_2는 40,000장을 인쇄할 수 있다. M_1의 불량률은 5%이고 M_2의 불량률은 4%일 때, 방금 나온 오류 인쇄물이 M_1에서 나온 인쇄물일 확률은?(단, 소수점 첫째 자리에서 반올림한다)

① 60%
② 61%
③ 62%
④ 63%
⑤ 64%

24

내일 비가 올 확률은 $\frac{1}{3}$이다. 비가 온 다음날 비가 올 확률은 $\frac{1}{4}$, 비가 안 온 다음날 비가 올 확률은 $\frac{1}{5}$일 때, 내일 모레 비가 올 확률은?

① $\frac{13}{60}$
② $\frac{9}{20}$
③ $\frac{11}{20}$
④ $\frac{29}{60}$
⑤ $\frac{37}{60}$

정답 및 해설 19 ① 20 ③ 21 ② 22 ① 23 ② 24 ①

19

- 2개의 주사위를 던지는 경우의 수 : $6\times6=36$가지
- 나온 눈의 곱이 홀수인 경우(홀수×홀수)의 수 : $3\times3=9$가지

따라서 주사위의 눈의 곱이 홀수일 확률은 $\frac{9}{36}=\frac{1}{4}$이다.

20

(1개 이상 풀 확률)$=1-$(3개 다 못 풀 확률)

$\rightarrow 1-\frac{1}{4}\times\frac{2}{5}\times\frac{3}{4}$

$=1-\frac{3}{40}=\frac{37}{40}$

21

- 전체 경우의 수 : $6!$
- A와 B가 나란히 서 있는 경우의 수 : $5!\times2$(∵ A와 B가 자리를 바꾸는 경우)

따라서 A와 B가 나란히 설 확률은 $\frac{5!\times2}{6!}=\frac{1}{3}$이다.

22

- 10장의 카드 중 3장을 고르는 경우의 수 : ${}_{10}C_3$
- A가 적힌 6장의 카드 중 3장을 고르는 경우의 수 : ${}_6C_3$

따라서 구하는 확률은 $\frac{{}_6C_3}{{}_{10}C_3}=\frac{6\times5\times4}{10\times9\times8}=\frac{1}{6}$이다.

23

M_1의 오류 인쇄물은 2,500장이고 M_2의 오류 인쇄물은 1,600장이다.

따라서 M_1의 오류 인쇄물일 확률은 $\frac{2{,}500}{2{,}500+1{,}600}\times100$ ≒61%이다.

24

- 내일 비가 오고, 모레 비가 올 확률 : $\frac{1}{3}\times\frac{1}{4}=\frac{1}{12}$
- 내일 비가 안 오고, 모레 비가 올 확률 : $\frac{2}{3}\times\frac{1}{5}=\frac{2}{15}$

따라서 구하는 확률은 $\frac{1}{12}+\frac{2}{15}=\frac{13}{60}$이다.

PART 2

실전문제

정답 및 해설 p.005

01
방정식

K회사는 신입사원들을 대상으로 3개월 동안 의무적으로 강연을 듣게 하였다. 강연은 월요일과 수요일에 각각 1회씩 열리고 금요일에는 격주로 1회씩 열린다고 할 때, 8월 1일 월요일에 처음 강연을 들은 신입사원이 13번째 강연을 듣는 날은 언제인가?(단, 처음 강연이 있던 주의 금요일 강연은 열리지 않았다)

① 8월 31일
② 9월 2일
③ 9월 5일
④ 9월 7일
⑤ 9월 9일

02
방정식

한 직선 위에서 1km/h의 속력으로 오른쪽 방향으로 등속 운동하는 두 물체가 있다. 이 직선상에서 두 물체의 왼쪽에 있는 P점으로부터 두 물체까지의 거리의 비는 현재 4 : 1이다. 13시간 후 P점으로부터의 거리의 비가 7 : 5가 된다면 현재 P점으로부터 두 물체까지의 거리는 각각 몇 km인가?

① 6km, 2km
② 8km, 2km
③ 12km, 3km
④ 18km, 32km
⑤ 12km, 18km

03
방정식

갑과 을의 현재 나이의 비는 3 : 1이고, 11년 후 나이의 비는 10 : 7이 된다고 한다. 갑과 을의 현재 나이는 몇 세인가?

	갑	을
①	9세	3세
②	6세	2세
③	3세	9세
④	2세	6세
⑤	1세	3세

04
경우의 수

은경이는 태국 여행에서 A～D 네 종류의 손수건 총 9장을 구매했으며, 그중 B손수건은 3장, 나머지는 각각 같은 개수를 구매했다. 기념품으로 친구 3명에게 서로 다른 손수건 3장씩을 나눠줬을 때, 가능한 경우의 수는?

① 5가지
② 6가지
③ 7가지
④ 8가지
⑤ 9가지

05
방정식

A대학교 카페에서는 커피 한 잔의 원가에 a%의 이익을 붙여 2,000원으로 판매하고 있었다. 올해 신입생 입학을 축하하기 위해 일주일 동안 기존의 판매 가격에 a%를 인하하여 1,500원으로 판매하기로 하였다. 커피 한 잔의 원가는?

① 1,400원
② 1,500원
③ 1,600원
④ 1,700원
⑤ 1,800원

06
방정식

밭을 가는 데 갑이 혼자 하면 12일, 을이 혼자 하면 10일이 걸린다고 한다. 일주일 동안 밭을 다 갈기 위해 둘이 함께 며칠을 일하다가, 을이 아파서 갑 혼자 나머지 일을 했더니 일주일 만에 밭을 다 갈았다. 둘이 함께 일한 날은 며칠 동안인가?(단, 조금이라도 일을 한 경우, 그날은 일을 한 것으로 간주한다)

① 2일
② 3일
③ 4일
④ 5일
⑤ 6일

07
방정식

농도 8%의 설탕물 300g에서 설탕물을 조금 퍼내고, 퍼낸 설탕물만큼의 물을 부은 후 농도 4%의 설탕물을 섞어 농도 6%의 설탕물 400g을 만들었다. 처음 퍼낸 설탕물의 양은?

① 30g
② 50g
③ 60g
④ 70g
⑤ 80g

08
방정식

세 자연수 3, 9, 11로 나누어도 항상 나머지가 1이 되는 가장 작은 자연수는?

① 97
② 98
③ 99
④ 100
⑤ 101

09

방정식

고객 C는 올해부터 매년 초에 500만 원씩 10년 동안 받는 연금 상품을 보유하고 있다. 갑자기 사정이 생겨 목돈이 필요한 고객 C는 이 연금을 올해 초에 일시불로 받으려고 은행을 찾았다. 이 상품이 연이율 10%, 1년마다 복리로 계산된다면 고객 C가 일시불로 받을 수 있는 금액은 얼마인가?(단, 만의 자리 미만은 버림하고 $1.1^{10}=2.5$로 계산한다)

① 2,300만 원
② 2,500만 원
③ 2,600만 원
④ 3,000만 원
⑤ 3,300만 원

10

부등식

A와 B는 가위바위보 게임을 하기로 했다. 게임에서 이긴 사람에게는 C가 10만 원을 주고, 진 사람은 C에게 7만 원을 주기로 했다. 게임이 끝난 후 A는 49만 원, B는 15만 원을 가지고 있다면, A는 게임에서 몇 회 이겼는가?(단, A와 B는 각각 20만 원을 가진 채로 게임을 시작했다)

① 4회
② 5회
③ 6회
④ 7회
⑤ 8회

11

부등식

C화재는 6개의 과로 구성되어 있다. 2014년 상반기에 사업 영역 확장을 위해 7번째 과를 신설하는데, 임원과 사원을 발탁하여 과를 구성하려고 한다. 사원 1명을 발탁하면 업무 효율이 3point 증가하고, 비용이 4point 소요된다. 임원 1명을 발탁하면 업무 효율이 4point 증가하고, 비용이 7point 소요된다. 비용은 100point 이하로 소요하면서 효율은 60point를 달성하려고 할 때, 임원과 사원 수를 합한 최솟값은?

① 14
② 15
③ 16
④ 17
⑤ 18

12

부등식

수정이는 부서 사람들과 함께 놀이공원에 가려고 한다. 이 놀이공원의 입장료는 1인당 16,000원이며, 정가에서 25% 할인된 금액에 10인 단체 티켓을 구매할 수 있다. 그렇다면 부서원이 몇 명 이상일 때부터 단체 티켓 2장을 구매하는 것이 개별로 구매하는 것보다 더 이익인가?(단, 부서원은 10명보다는 많다)

① 14명
② 15명
③ 16명
④ 17명
⑤ 18명

13 경우의 수

임원진 2명과 팀장 4명, 외부인사 3명이 함께 원탁에 앉아 회의를 하려고 한다. 외부인사들은 임원진 사이에 앉고 팀장은 임원진 사이에 앉지 못할 때, 전원이 앉을 수 있는 경우의 수는?(단, 사이라 함은 원탁에 앉았을 때 두 인원 사이에 인원이 더 적은 경우를 말한다)

① 206가지
② 225가지
③ 267가지
④ 272가지
⑤ 288가지

14 경우의 수

A회사는 토요일에 2명의 사원이 당직 근무를 하도록 사칙으로 규정하고 있다. A회사의 B팀에는 8명의 사원이 있다. B팀이 앞으로 3주 동안 토요일 당직 근무를 한다고 했을 때, 가능한 모든 경우의 수는?(단, 모든 사원은 당직 근무를 2번 이상 하지 않는다)

① 1,520가지
② 2,520가지
③ 5,040가지
④ 10,080가지
⑤ 15,210가지

15 확률

K기업에서는 사회나눔사업의 일환으로 마케팅부에서 5팀, 총무부에서 2팀을 구성해 어느 요양시설에서 7팀 모두가 하루에 한 팀씩 7일 동안 봉사활동을 하려고 한다. 7팀의 봉사활동 순번을 임의로 정할 때, 첫 번째 날 또는 일곱 번째 날에 총무부 소속 팀이 봉사활동을 하게 될 확률은?

① $\frac{5}{21}$
② $\frac{1}{3}$
③ $\frac{3}{7}$
④ $\frac{11}{21}$
⑤ $\frac{13}{21}$

16 확률

A～C 3명이 동시에 같은 문제를 풀려고 한다. A가 문제를 풀 확률은 $\frac{1}{4}$, B가 문제를 풀 확률은 $\frac{1}{3}$, C가 문제를 풀 확률은 $\frac{1}{2}$일 때, 1명만 문제를 풀 확률은?

① $\frac{2}{9}$
② $\frac{1}{4}$
③ $\frac{5}{12}$
④ $\frac{11}{24}$
⑤ $\frac{6}{7}$

17

방정식

양궁 대회에 참여한 진수, 민영, 지율, 보라 4명의 최고점이 모두 달랐다. 진수의 최고점과 민영이의 최고점의 2배를 합한 점수가 10점이었고, 지율이의 최고점과 보라의 최고점의 2배를 합한 점수는 35점이었다. 진수의 2배, 민영이의 4배와 지율이의 5배를 한 총점이 85점이었다면 보라의 최고점은 몇 점인가?

① 8점
② 9점
③ 10점
④ 11점
⑤ 12점

18

방정식

혜주, 승혜, 민정이가 학교에서 도서관까지 가는데 혜주와 승혜는 동시에 출발하고 민정이는 3분 후에 출발하였다. 승혜와 민정이가 도서관에 동시에 도착했을 때, 혜주는 도서관으로부터 300m 떨어진 곳에 있었고, 혜주, 승혜, 민정이의 속력의 비는 2 : 3 : 4였다. 3명 모두 일정한 속력으로 움직일 때, 승혜의 속력은?

① 25m/min
② 50m/min
③ 75m/min
④ 100m/min
⑤ 110m/min

19

방정식

아버지와 어머니의 나이 차는 4세이고 형과 동생의 나이 차는 2세이다. 또한 아버지와 어머니의 나이의 합은 형의 나이보다 6배 많다고 한다. 형과 동생의 나이의 합이 40세라면 아버지의 나이는? (단, 아버지가 어머니보다 나이가 더 많다)

① 59세
② 60세
③ 63세
④ 65세
⑤ 67세

20

방정식

A사의 작년 신입사원 모집 당시 지원자 수는 1,000명이였다. 올해는 작년에 비하여 남성의 지원율이 2% 증가하고 여성의 지원율은 3% 증가하여 전체 지원자 수는 24명이 증가했다고 할 때, 올해의 남성 지원자 수는?

① 604명
② 610명
③ 612명
④ 588명
⑤ 532명

21

방정식

원가보다 1,000원을 올린 후 10% 인상한 가격이 a원인 상품이 있다. 이 상품의 원가는?

① $\left(\frac{9}{10}a-1,000\right)$원
② $\left(\frac{10}{11}a-1,000\right)$원
③ $\left(\frac{11}{12}a-1,000\right)$원
④ $\left(\frac{12}{13}a-1,000\right)$원
⑤ $\left(\frac{13}{14}a-1,000\right)$원

22

방정식

어느 제약회사 공장에서는 A, B 두 종류의 기계로 같은 종류의 플라스틱 통에 비타민제를 담는다. 1시간 동안 A기계 3대와 B기계 2대를 작동하면 1,600통에 비타민제를 담을 수 있고, A기계 2대와 B기계 3대를 작동하면 1,500통에 비타민제를 담을 수 있다고 한다. A기계 1대와 B기계 1대로 1시간 동안 담을 수 있는 비타민제 통의 전체 개수는?(단, 한 통에 들어가는 비타민제의 양은 같다)

① 580개
② 600개
③ 620개
④ 640개
⑤ 660개

23

방정식

수영장에 물을 가득 채울 때 수도관 A로는 6시간, B로는 4시간이 걸린다. A, B 두 수도관을 모두 사용하여 수영장에 물을 가득 채우는 데 걸리는 시간은?

① 2시간
② 2시간 12분
③ 2시간 24분
④ 2시간 36분
⑤ 2시간 48분

24

방정식

농도 4%의 소금물이 들어있는 컵에 농도 10%의 소금물을 넣었더니, 농도 8%의 소금물 600g이 만들어졌다. 처음 컵에 들어있던 농도 4%의 소금물의 양은?

① 160g
② 180g
③ 200g
④ 220g
⑤ 240g

25 방정식

출장을 가는 K사원은 오후 2시에 출발하는 KTX를 타기 위해 오후 12시 30분에 역에 도착하였다. K사원은 남은 시간을 이용하여 음식을 미리 포장해온 다음 열차가 출발하면 식사를 하려고 한다. 역에서 음식점까지의 거리는 아래와 같으며, 음식을 포장하는 데 15분이 걸린다고 한다. K사원이 3km/h의 속력으로 걸어서 갔다올 때, 구입할 수 있는 음식의 종류를 모두 나열한 것은?

〈거리별 음식점〉

구분	G김밥	P빵	N버거	M만두	B도시락
거리	2km	1.9km	1.8km	1.95km	1.7km

① 도시락
② 도시락, 햄버거
③ 도시락, 햄버거, 빵집
④ 도시락, 햄버거, 빵집, 만두
⑤ 도시락, 햄버거, 빵집, 만두, 김밥

26 방정식

농도가 20%인 묽은 염산 300g에 농도가 5%인 묽은 염산을 섞어 실험에 쓸 수 있는 묽은 염산으로 희석시키려고 한다. 농도가 10%보다 진할 경우 실험용 염산으로 사용할 수 없다고 할 때, 필요한 농도가 5%인 묽은 염산의 최소량은?

① 600g
② 650g
③ 700g
④ 750g
⑤ 800g

27 경우의 수

희진이는 단팥빵과 크림빵만 만드는 빵집을 운영하고 있다. 빵집에는 빵을 1개씩만 구울 수 있는 오븐이 있고, 단팥빵과 크림빵을 1개 굽는 데 각각 3분, 7분이 걸리고, 1개를 굽고 나서 바로 다음 것을 굽는다. 희진이가 반죽을 만드는 데 걸리는 시간은 12분이고, 반죽은 신선도를 유지하기 위해 1시간에 한 번씩 만든다. 희진이가 쉬지 않고 1시간 동안 빵을 만들었을 때 단팥빵과 크림빵을 굽는 순서를 다르게 할 수 있는 총 경우의 수는?(단, 희진이는 모든 빵을 2개 이상 만든다)

① 200가지
② 212가지
③ 224가지
④ 248가지
⑤ 296가지

28 경우의 수

H물류회사는 서로 같은 98개의 컨테이너 박스를 자사 창고에 나눠 보관하려고 한다. 창고는 총 10개가 있으며 각 창고에는 10개의 컨테이너 박스를 저장할 수 있다. 이때 보관할 수 있는 경우의 수는?

① 52가지
② 53가지
③ 54가지
④ 55가지
⑤ 56가지

29 확률

흰 구슬 3개, 검은 구슬 5개가 들어 있는 주머니에서 연속해서 3개의 구슬을 뽑으려고 한다. 이 때 흰 구슬 2개, 검은 구슬 1개가 나올 확률은? (단, 꺼낸 구슬은 다시 집어넣지 않는다)

① $\frac{11}{56}$

② $\frac{15}{56}$

③ $\frac{17}{56}$

④ $\frac{23}{56}$

⑤ $\frac{35}{56}$

30 확률

주머니에 1부터 10까지의 숫자가 적힌 카드 10장이 들어 있다. 주머니에서 카드를 세 개 뽑는다고 할 때, 1, 2, 3이 적힌 카드 중 하나 이상을 뽑을 확률은?(단, 꺼낸 카드는 다시 넣지 않는다)

① $\frac{5}{8}$

② $\frac{17}{24}$

③ $\frac{7}{24}$

④ $\frac{7}{8}$

⑤ $\frac{5}{6}$

MEMO

PART 3
수열추리

PART 3

수열추리

핵심이론 수열추리

1. 나열형 – 수추리

(1) 등차수열

a : 첫째 항, d : 공차, a_n : 수열 $\{a_n\}$의 n번째 항

a → ($+d$) → $a+d$ → ($+d$) → $a+2d$ → ($+d$) → $a+3d$ → ($+d$) → $a+4d$ → ($+d$) → $a+5d$

① 정의 : 각 항이 그 앞의 항에 일정한 수를 더한 것으로 이루어진 수열

② 계산 : $a_{n+1}-a_n=d$ (단, n은 자연수)

(2) 등비수열

a : 첫째 항, r : 공비, a_n : 수열 $\{a_n\}$의 n번째 항

a → ($\times r$) → ar → ($\times r$) → ar^2 → ($\times r$) → ar^3 → ($\times r$) → ar^4 → ($\times r$) → ar^5

① 정의 : 각 항이 그 앞의 항에 일정한 수를 곱한 것으로 이루어진 수열

② 계산 : $\frac{a_{n+1}}{a_n}=r$ (단, n은 자연수)

(3) 계차수열

a_n : 수열 $\{a_n\}$의 n번째 항, b_m : 수열 $\{b_m\}$의 m번째 항

a_1 → (b_1) → a_2 → (b_2) → a_3 → (b_3) → a_4 → (b_4) → a_5 → (b_5) → a_6

① 정의 : 수열 $\{a_n\}$의 차 $\{b_m\}$이 수열을 이룰 때, 수열 $\{b_m\}$은 수열 $\{a_n\}$의 계차수열

② 계산 : $a_{n+1}-a_n=b_n$ (단, n은 자연수)

(4) 피보나치수열

a_n : 수열 $\{a_n\}$의 n번째 항

a_1　a_2　$\underset{a_1+a_2}{a_3}$　$\underset{a_2+a_3}{a_4}$　$\underset{a_3+a_4}{a_5}$　$\underset{a_4+a_5}{a_6}$

① 정의 : 앞의 두 항의 합이 그 다음 항의 수가 되는 수열

② 계산 : $a_{n-1}+a_n=a_{n+1}$ ($n\geq 2$)

(5) 건너뛰기수열

a_n : 수열 $\{a_n\}$의 n번째 항, b_m : 수열 $\{b_m\}$의 m번째 항

a_1 b_1 a_2 b_2 a_3 b_3

① 정의 : 두 개 이상의 수열 혹은 규칙이 일정한 간격을 두고 번갈아 나타나는(적용되는) 수열

② 계산

- 홀수 항 : 수열 $\{a_n\}$의 규칙에 따라 계산
- 짝수 항 : 수열 $\{b_m\}$의 규칙에 따라 계산

(6) 군수열

a_n : 수열 $\{a_n\}$의 n번째 항

a_1 a_2 a_3 a_4 a_5 a_6 a_7 a_8 a_9 a_{10}

① 정의 : 일정한 규칙성으로 몇 항씩 끊어서 규칙을 이루는 수열

② 계산

$\underline{a_1}$ $\underline{a_2 \quad a_3}$ $\underline{a_4 \quad a_5 \quad a_6}$ $\underline{a_7 \quad a_8 \quad a_9 \quad a_{10}}$

2. 나열형 – 문자추리

① 정의 : 숫자가 문자로 변환된 형태의 수열

② 계산 : 문자를 대응하는 숫자로 변환 후 수열의 규칙을 추론

(1) 알파벳, 자음, 한자, 로마자

1	2	3	4	5	6	7	8	9	10	11	12	13	14	15	16	17	18	19	20	21	22	23	24	25	26
A	B	C	D	E	F	G	H	I	J	K	L	M	N	O	P	Q	R	S	T	U	V	W	X	Y	Z
ㄱ	ㄴ	ㄷ	ㄹ	ㅁ	ㅂ	ㅅ	ㅇ	ㅈ	ㅊ	ㅋ	ㅌ	ㅍ	ㅎ												
一	二	三	四	五	六	七	八	九	十																
i	ii	iii	iv	v	vi	vii	viii	ix	x																

(2) 일반모음

1	2	3	4	5	6	7	8	9	10
ㅏ	ㅑ	ㅓ	ㅕ	ㅗ	ㅛ	ㅜ	ㅠ	ㅡ	ㅣ

(3) 일반모음+이중모음(사전 등재 순서)

1	2	3	4	5	6	7	8	9	10	11	12	13	14	15	16	17	18	19	20	21
ㅏ	ㅐ	ㅑ	ㅒ	ㅓ	ㅔ	ㅕ	ㅖ	ㅗ	ㅘ	ㅙ	ㅚ	ㅛ	ㅜ	ㅝ	ㅞ	ㅟ	ㅠ	ㅡ	ㅢ	ㅣ

3. 구조형

① 정의 : 표, 도형 등 구조화된 형태에서 몇 개의 수/문자 묶음 또는 수/문자 집합에 규칙이 존재하는 수열

② 계산 : 숫자가 묶인 형태를 주목하여 적용된 규칙을 추론

대표 예제

※ 일정한 규칙으로 문자나 수를 나열할 때, 빈칸에 들어갈 문자나 수로 옳은 것을 고르시오. [1~2]

01

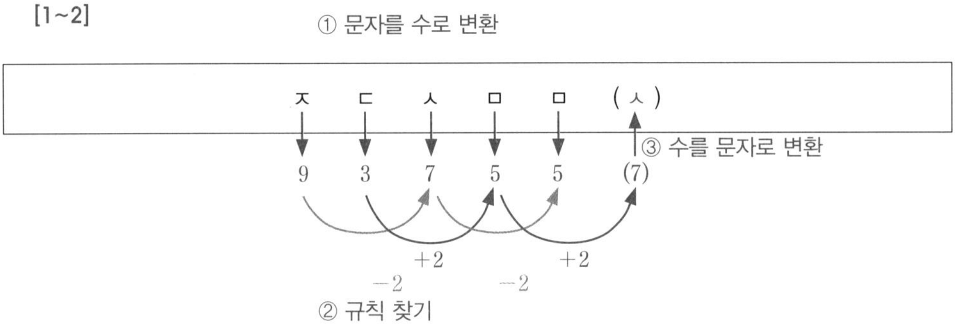

① ㄷ

② ㅁ

③ ㅅ

④ ㅊ

⑤ ㅎ

02

① 규칙찾기

8	27	132
+24 → 32	+48 → (51) ② 빈칸 계산	+24 → 156
+24 → 56	75	+24 → 180

① 39　　② 43

③ 47　　④ 48

⑤ 51

정답 및 해설

정답 01 ③ 02 ⑤

01

홀수 항은 −2, 짝수 항은 +2의 규칙을 갖는 문자열이다. ②

					③
ㅈ	ㄷ	ㅅ	ㅁ	ㅁ	(ㅅ)
9	3	7	5	5	(7)

①

02

세로 열에 대하여 한 칸씩 내려가면서 +24의 규칙을 갖는다. ①

27+24=(51), (51)+24=75 ②

유형풀이 수열추리

※ 일정한 규칙으로 문자나 수를 나열할 때, 빈칸에 들어갈 문자나 수로 옳은 것을 고르시오. [1~30]

01

5 10 4 11 3 ( ) 2 13 1

① 10 ② 12
③ 15 ④ 16
⑤ 17

02

5 9 21 57 165 489 ( )

① 1,355 ② 1,402
③ 1,438 ④ 1,461
⑤ 1,480

03

2 5 ( ) 8 −4 11

① −1 ② 6
③ 9 ④ −12
⑤ 15

04

$1 \quad -1 \quad 3 \quad -5 \quad 11 \quad -21 \quad 43 \quad (\ \ )$

① -85　　② -86
③ 129　　④ -129
⑤ 80

정답 및 해설

01 ② 02 ④ 03 ① 04 ①

01

5　10　4　11　3　(12)　2　13　1

+5　−6　+7　−8　+9　−10　+11　−12

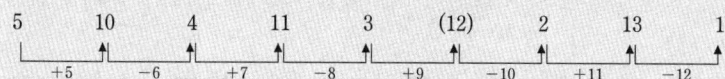

앞의 항에 $(-1)^{1+1}\times5$, $(-1)^{1+2}\times6$, $(-1)^{1+3}\times7$, $(-1)^{1+4}\times8$, $(-1)^{1+5}\times9$, $(-1)^{1+6}\times10$, …을 더하는 수열이다.

$a_1=5$, $a_{n+1}=a_n+(-1)^{1+n}\times(4+n)$ (단, n은 자연수)

따라서 ( )$=3+(-1)^{1+5}\times9=12$이다.

02

5　9　21　57　165　489　(1,461)

+4　+12　+36　+108　+324　+972

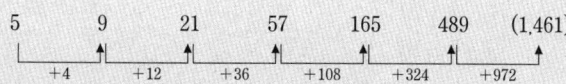

앞의 항에 4×3^0, 4×3^1, 4×3^2, 4×3^3, 4×3^4, …을 더하는 수열이다.

$a_1=5$, $a_{n+1}=a_n+4\times3^{n-1}$ (단, n은 자연수)

따라서 ( )$=489+4\times3^5=1,461$이다.

03

2　5　(−1)　8　−4　11

+3　−6　+9　−12　+15

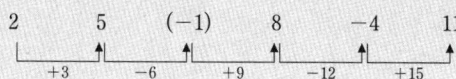

앞의 항에 $(-1)^0\times3\times1$, $(-1)^1\times3\times2$, $(-1)^2\times3\times3$, $(-1)^3\times3\times4$, $(-1)^4\times3\times5$, …을 더하는 수열이다.

$a_1=2$, $a_{n+1}=a_n+(-1)^{n-1}\times3n$ (단, n은 자연수)

따라서 ( )$=5+(-1)\times6=-1$이다.

04

1　−1　3　−5　11　−21　43　(−85)

−2　+4　−8　+16　−32　+64　−128

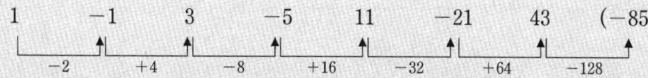

앞의 항에 $(-2)^1$, $(-2)^2$, $(-2)^3$, $(-2)^4$, $(-2)^5$, …을 더하는 수열이다.

$a_1=1$, $a_{n+1}=a_n+(-2)^n$ (단, n은 자연수)

따라서 ( )$=43+(-2)^7=-85$이다.

05

1 8 22 50 106 218 ( )

① 430 ② 436
③ 442 ④ 448
⑤ 450

06

4 6 3 8 0 13 −8 ( )

① −3 ② 15
③ 18 ④ 26
⑤ 38

07

−12 −7 −1 6 14 ( )

① 23 ② 28
③ 37 ④ 45
⑤ 52

08

$$\frac{1}{3} \quad \frac{4}{3} \quad \frac{11}{6} \quad \frac{13}{6} \quad \frac{29}{12} \quad (\quad)$$

① $\frac{10}{3}$ ② $\frac{19}{6}$

③ $\frac{31}{12}$ ④ $\frac{157}{60}$

⑤ $\frac{213}{72}$

정답 및 해설

05 ③ 06 ④ 07 ① 08 ④

05

1 8 22 50 106 218 (442)

+7 +14 +28 +56 +112 +224

앞의 항에 7×2^0, 7×2^1, 7×2^2, 7×2^3, 7×2^4, …을 더하는 수열이다.

$a_1=1$, $a_{n+1}=a_n+7\times2^{n-1}$ (단, n은 자연수)

따라서 ( )$=218+7\times2^5=442$이다.

06

4 6 3 8 0 13 −8 (26)

+2 −3 +5 −8 +13 −21 +34

앞의 항에 $(-1)^0\times2$, $(-1)^1\times3$, $(-1)^2\times(2+3)$, $(-1)^3\times(3+5)$, $(-1)^4\times(5+8)$, $(-1)^5\times(8+13)$, $(-1)^6\times(13+21)$, …을 더하는 수열이다(피보나치수열에서 +, − 부호를 바꾸어 가며 더한다).

$a_1=4$, $b_1=2$, $b_2=3$, $b_{m+2}=b_m+b_{m+1}$, $a_{n+1}=a_n+(-1)^{n-1}b_n$ (단, n, m은 자연수)

따라서 ( )$=(-8)+34=26$이다.

07

−12 −7 −1 6 14 (23)

+5 +6 +7 +8 +9

앞의 항에 4+1, 4+2, 4+3, 4+4, 4+5, …을 더하는 수열이다.

$a_1=-12$, $a_{n+1}=a_n+4+n$ (단, n은 자연수)

따라서 ( )$=14+4+5=23$이다.

08

$\frac{1}{3}$ $\frac{4}{3}$ $\frac{11}{6}$ $\frac{13}{6}$ $\frac{29}{12}$ $\left(\frac{157}{60}\right)$

$+1$ $+\frac{1}{2}$ $+\frac{1}{3}$ $+\frac{1}{4}$ $+\frac{1}{5}$

앞의 항에 $\frac{1}{1}$, $\frac{1}{2}$, $\frac{1}{3}$, $\frac{1}{4}$, $\frac{1}{5}$, …을 더하는 수열이다.

$a_1=\frac{1}{3}$, $a_{n+1}=a_n+\frac{1}{n}$ (단, n은 자연수)

따라서 ( )$=\frac{29}{12}+\frac{1}{5}=\frac{157}{60}$이다.

09

2 12 32 72 152 312 632 ( )

① 1,252
② 1,262
③ 1,264
④ 1,272
⑤ 1,284

10

2 0 −6 ( ) −78 −240

① −12
② −18
③ −24
④ −32
⑤ −43

11

2 0 4 −4 12 −20 44 ( )

① −84
② −86
③ 129
④ −129
⑤ 132

12

3 4 0 16 −5 36 −12 ( )

① −36　　② 64

③ 72　　④ 121

⑤ 152

정답 및 해설

09 ④ 10 ③ 11 ① 12 ②

09

2　12　32　72　152　312　632　(1,272)

+10　+20　+40　+80　+160　+320　+640

앞의 항에 10×2^0, 10×2^1, 10×2^2, 10×2^3, 10×2^4, 10×2^5, 10×2^6, …을 더하는 수열이다.

$a_1=2$, $a_{n+1}=a_n+10\times2^{n-1}$ (단, n은 자연수)

따라서 ( )=632+640=1,272이다.

10

2　0　−6　(−24)　−78　−240

−2　−6　−18　−54　−162

앞의 항에 -2×3^0, -2×3^1, -2×3^2, -2×3^3, -2×3^4, …을 더하는 수열이다.

$a_1=2$, $a_{n+1}=a_n-2\times3^{n-1}$ (단, n은 자연수)

따라서 ( )$=(-6)-2\times3^2=-24$이다.

11

2　0　4　−4　12　−20　44　(−84)

−2　+4　−8　+16　−32　+64　−128

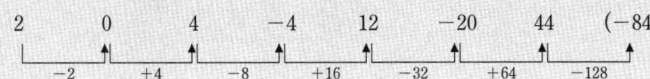

앞의 항에 $(-2)^1$, $(-2)^2$, $(-2)^3$, $(-2)^4$, $(-2)^5$, …을 더하는 수열이다.

$a_1=2$, $a_{n+1}=a_n+(-2)^n$ (단, n은 자연수)

따라서 ( )$=44+(-2)^7=-84$이다.

12

3　4　0　16　−5　36　−12　(64)

−3　−5　−7

홀수 항은 −3, −5, −7, …을 더하는 수열이고, 짝수 항은 2^2, 4^2, 6^2 …인 수열이다.

$a_1=3$, $a_{2n+1}=a_{2n-1}-(2n+1)$, $a_{2n}=(2n)^2$ (단, n은 자연수)

따라서 ( )$=8^2=64$이다.

13

1 2 2 4 4 6 ( ) 8 16 10 32 12 64

① 6
② 8
③ 10
④ 12
⑤ 14

14

1 1 2 2 3 4 4 ( ) 5 11

① 4
② 5
③ 6
④ 7
⑤ 8

15

68 71 ( ) 70 73 68 82 65 98

① 67
② 74
③ 69
④ 84
⑤ 72

16

0 6 3 3 8 −1 15 ( )

① −3 ② −6
③ 30 ④ 72
⑤ 98

정답 및 해설

13 ② 14 ④ 15 ③ 16 ②

13

+2 +2 +2 +2 +2

1 2 2 4 4 6 (8) 8 16 10 32 12 64

×2 ×2 ×2 ×2 ×2 ×2

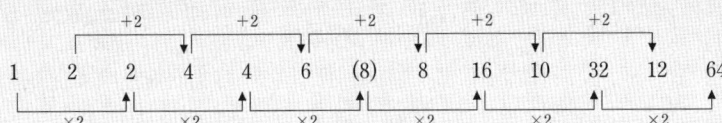

홀수 항은 2를 곱하는 수열이고, 짝수 항은 2를 더하는 수열이다.

$a_1=1$, $a_2=2$, $a_{2n+1}=2\times a_{2n-1}$, $a_{2(n+1)}=a_{2n}+2$ (단, n은 자연수)

따라서 ( )=4×2=8이다.

14

+1 +2 +3 +4

1 1 2 2 3 4 4 (7) 5 11

+1 +1 +1 +1

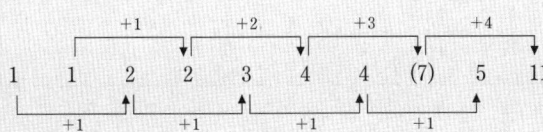

홀수 항은 1을 더하는 수열이고, 짝수 항은 1, 2, 3, …을 더하는 수열이다.

$a_1=1$, $a_2=1$, $a_{2n+1}=a_{2n-1}+1$, $a_{2(n+1)}=a_{2n}+n$ (단, n은 자연수)

따라서 ( )=4+3=7이다.

15

−1 −2 −3

68 71 (69) 70 73 68 82 65 98

+1 +4 +9 +16

홀수 항은 1^2, 2^2, 3^2, …을 더하는 수열이고, 짝수 항은 −1, −2, −3, …을 더하는 수열이다.

$a_1=68$, $a_2=71$, $a_{2n+1}=a_{2n-1}+n^2$, $a_{2(n+1)}=a_{2n}-n$ (단, n은 자연수)

따라서 ( )=68+1=69이다.

16

−3 −4 −5

0 6 3 3 8 −1 15 (−6)

홀수 항은 1^2-1, 2^2-1, 3^2-1, 4^2-1, …인 수열이고, 짝수 항은 −3, −4, −5, …을 더하는 수열이다.

$a_2=6$, $a_{2n-1}=n^2-1$, $a_{2(n+1)}=a_{2n}-(n+2)$ (단, n은 자연수)

따라서 ( )=−1−5=−6이다.

17

2　−8　3　−6　4　(　)　5　−2

① −4　② −3　③ −1　④ 0　⑤ 2

18

2　3　6　21　18　147　(　)　1,029

① 36　② 49　③ 54　④ 63　⑤ 72

19

$\frac{1}{2}$　$-\frac{2}{3}$　$-\frac{5}{6}$　$-\frac{1}{2}$　$-\frac{23}{18}$　$-\frac{1}{3}$　(　)　$-\frac{1}{6}$

① $-\frac{1}{4}$　② $-\frac{23}{12}$　③ $-\frac{77}{54}$　④ $-\frac{47}{72}$　⑤ $-\frac{45}{98}$

20

3　7　18　2　3　7　5　2　(　)

① 1　② 3　③ 16　④ 20　⑤ 35

21

$\underline{1\ \ 2\ \ 5}\ \ \underline{2\ \ 3\ \ 13}\ \ \underline{3\ \ 4\ \ (\ \ )}$

① 7　　② 12
③ 20　　④ 25
⑤ 30

정답 및 해설

17 ①　18 ③　19 ③　20 ①　21 ④

17

+2　+2　+2

$2\quad -8\quad 3\quad -6\quad 4\quad (-4)\quad 5\quad -2$

+1　+1　+1

홀수 항은 1을 더하는 수열이고, 짝수 항은 2를 더하는 수열이다.
$a_1=2$, $a_2=-8$, $a_{2n+1}=a_{2n-1}+1$, $a_{2(n+1)}=a_{2n}+2$ (단, n은 자연수)
따라서 ( )$=-6+2=-4$이다.

18

×7　×7　×7

$2\quad 3\quad 6\quad 21\quad 18\quad 147\quad (54)\quad 1{,}029$

×3　×3　×3

홀수 항은 3을 곱하는 수열이고, 짝수 항은 7을 곱하는 수열이다.
$a_1=2$, $a_2=3$, $a_{2n+1}=3\times a_{2n-1}$, $a_{2(n+1)}=7\times a_{2n}$ (단, n은 자연수)
따라서 ( )$=18\times3=54$이다.

19

$+\frac{1}{6}$　$+\frac{1}{6}$　$+\frac{1}{6}$

$\frac{1}{2}\quad -\frac{2}{3}\quad -\frac{5}{6}\quad -\frac{1}{2}\quad -\frac{23}{18}\quad -\frac{1}{3}\quad \left(-\frac{77}{54}\right)\quad -\frac{1}{6}$

÷3−1　÷3−1　÷3−1

홀수 항은 3으로 나눈 후 −1을 더하는 수열이고, 짝수 항은 $\frac{1}{6}$을 더하는 수열이다.

$a_1=\frac{1}{2}$, $a_2=-\frac{2}{3}$, $a_{2n+1}=a_{2n-1}\div3-1$, $a_{2(n+1)}=a_{2n}+\frac{1}{6}$ (단, n은 자연수)
따라서 ( )$=\left(-\frac{23}{18}\right)\div3-1=-\frac{77}{54}$이다.

20

$\underline{A\ B\ C}\rightarrow A+C=3B$
따라서 ( )$=3\times2-5=1$이다.

21

$\underline{A\ B\ C}\rightarrow A^2+B^2=C$
따라서 ( )$=3^2+4^2=25$이다.

22

<u>6 3 3</u> <u>10 ( ) 6</u> <u>8 4 3</u>

① 2
② 3
③ 4
④ 5
⑤ 6

23

<u>5 3 1</u> <u>8 6 1</u> <u>12 7 ( )</u>

① 1
② 4
③ 5
④ 6
⑤ 7

24

<u>3 1 3</u> <u>4 2 16</u> <u>5 ( ) 125</u>

① 2
② 3
③ 10
④ 25
⑤ 30

25

J L N ( ) R T

① M
② Q
③ O
④ P
⑤ S

26

ㄱ ㄴ ㄹ ㅅ ( ) ㄴ

① ㅅ
② ㅇ
③ ㅈ
④ ㅊ
⑤ ㅋ

PART 3

정답 및 해설

22 ① 23 ② 24 ② 25 ④ 26 ⑤

22

$\underline{A\ B\ C} \rightarrow (A \div B)+1=C$

따라서 ( )$=10 \div (6-1)=2$이다.

23

$\underline{A\ B\ C} \rightarrow A-B-1=C$

따라서 ( )$=12-7-1=4$이다.

24

$\underline{A\ B\ C} \rightarrow A^B=C$

$5^{(\ )}=5^3=125$

따라서 ( )$=3$이다.

25

앞의 항에 +2를 적용하는 문자열이다.

J	L	N	(P)	R	T
10	12	14	(16)	18	20

26

앞의 항에 +1, +2, +3, +4, +5, …를 적용하는 문자열이다.

ㄱ	ㄴ	ㄹ	ㅅ	(ㅋ)	ㄴ
1	2	4	7	(11)	16

27

ㅏ ㅓ ㅗ ㅜ ( ) ㅏ

① ㅜ
② ㅠ
③ ㅡ
④ ㅣ
⑤ ㅏ

28

2	2
3	5
5	10
6	16
10	( )

① 22
② 23
③ 24
④ 25
⑤ 26

29

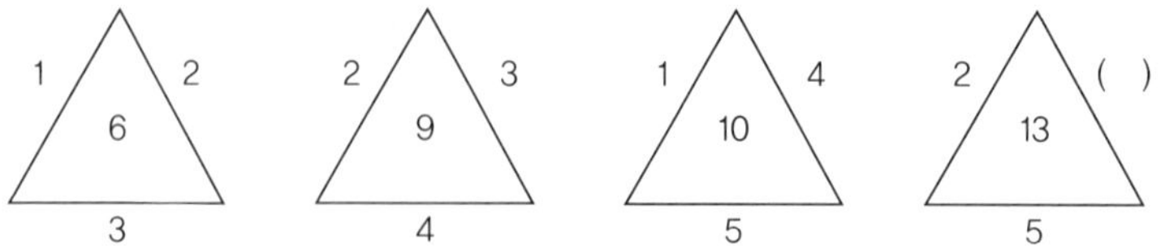

① 4
② 6
③ 8
④ 10
⑤ 11

30

5	3	3	7
4			4
6			( )
3	8	2	5

① 2
② 4
③ 8
④ 16
⑤ 32

정답 및 해설

27 ③ 28 ⑤ 29 ② 30 ①

27

앞의 항에 +2를 적용하는 문자열이다.

ㅏ	ㅓ	ㅗ	ㅜ	(ㅡ)	ㅏ
1	3	5	7	(9)	11

28

위치에 따라 다음과 같은 규칙을 갖는다.

	A
B	$A+B$

따라서 ( )=16+10=26이다.

29

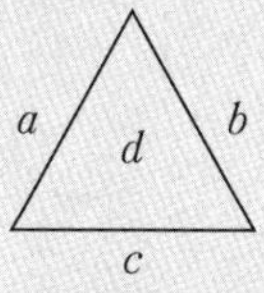

삼각형 내부에 위치한 수는 외부에 위치한 3개의 숫자의 합이다.

2+5+( )=13

따라서 ( )=6이다.

30

각 변에 있는 수의 합은 18로 일정하다.

7+4+( )+5=18

따라서 ( )=2이다.

PART 3 실전문제

정답 및 해설 p.010

※ 일정한 규칙으로 문자나 수를 나열할 때, 빈칸에 들어갈 문자나 수로 옳은 것을 고르시오. [1~30] 수열추리

01

2　4　11　6　12　19　14　(　)　35　30

① 16　② 17
③ 22　④ 23
⑤ 28

02

1　6　−4　(　)　−9　16

① 5　② 9
③ 11　④ 13
⑤ 15

03

0　3　8　(　)　24　35　48

① 12　② 13
③ 14　④ 15
⑤ 17

04

2　2　4　12　16　(　)　86

① 28
② 51
③ 70
④ 80
⑤ 90

05

3　1　−1　(　)　−33　−171

① −9
② −7
③ −5
④ 3
⑤ 5

06

0.7　0.9　1.15　1.45　1.8　(　)

① 2.0
② 2.1
③ 2.15
④ 2.2
⑤ 2.35

07

2　7　17　37　77　157　317　(　)

① 487
② 527
③ 578
④ 637
⑤ 717

08

$\frac{4}{3}$ $\frac{4}{3}$ ( ) 8 32 160

① $\frac{1}{3}$
② $\frac{8}{3}$
③ 1
④ 2
⑤ 3

09

1 2 8 ( ) 148 765 4,626

① 12
② 33
③ 42
④ 64
⑤ 126

10

8 10 16 34 88 250 ( )

① 1,000
② 950
③ 847
④ 736
⑤ 635

11

0 4 11 ( ) 34 50 69

① 13
② 15
③ 17
④ 19
⑤ 21

12

1　6　4　6　7　6　(　)　6

① 6
② 7
③ 9
④ 10
⑤ 13

13

1　1　3　2　5　4　7　(　)　9　11

① 3
② 4
③ 5
④ 6
⑤ 7

14

38　71　(　)　72　43　74　52　77

① 6
② 7
③ 39
④ 34
⑤ 72

15

8　9　10　12　(　)　15　14　18

① 11
② 12
③ 14
④ 15
⑤ 16

16

( ) 125 3 25 -9 5 27 1

① -3
② -1
③ 5
④ 17
⑤ 21

17

-7 3 -2 4 ( ) 8 8 15

① 3
② -5
③ 9
④ -12
⑤ 15

18

23 25 ( ) 23 17 21 14 19 11

① 18
② 20
③ 22
④ 24
⑤ 26

19

-23 1 $-\frac{13}{2}$ -10 $\frac{7}{4}$ 100 ( ) $-1,000$

① -13
② $\frac{1}{6}$
③ $\frac{47}{8}$
④ -500
⑤ $\frac{32}{7}$

20

5 3 7 8 6 13 12 7 ( )

① 19
② 18
③ 15
④ 9
⑤ 7

21

3 1 $\frac{3}{2}$ 4 2 8 2 ( ) 16

① 2
② 5
③ 10
④ 25
⑤ 30

22

2 3 6 3 4 12 ( ) 2 14

① 5
② 7
③ 10
④ 12
⑤ 15

23

3 7 9 2 2 2 5 9 ( )

① 11
② 13
③ 16
④ 20
⑤ 24

24

1 4 3 16 25 9 1 1 ( )

① 7
② 12
③ 20
④ 2
⑤ 30

25

E N ( ) K T H N E

① D
② I
③ J
④ L
⑤ Y

26

나 다 바 카 ( ) 파

① 마
② 바
③ 나
④ 다
⑤ 라

27

D F C G ( ) H

① F
② E
③ D
④ C
⑤ B

28

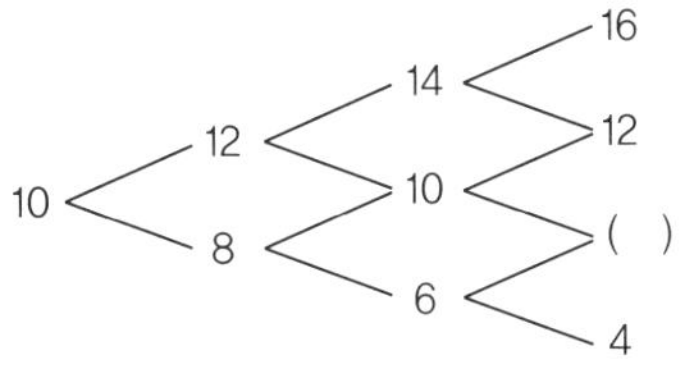

① 6
② 7
③ 8
④ 10
⑤ 14

29

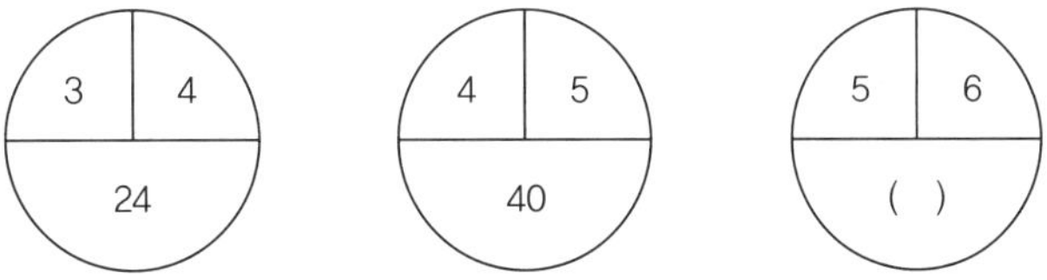

① 30
② 55
③ 60
④ 90
⑤ 120

30

−4	9	7	7
17	−9	22	8
9	( )	−8	9
4	9	16	−3

① 16
② 17
③ 18
④ 19
⑤ 20

M E M O

PART 4
자료해석

CHAPTER

01 자료계산

대표 예제 다음은 2012년부터 2018년까지 개방형 공무원 임용 현황에 대한 표이며, 일부가 삭제되었다. (가), (나)에 들어갈 수를 바르게 짝지은 것은?(단, (나)는 소수점 둘째 자리에서 반올림한다)

〈개방형 공무원 임용 현황〉

(단위 : 천 명)

구분	2012년	2013년	2014년	2015년	2016년	2017년	2018년
충원 수	136	146	166	196	136	149	157
내부임용 수	75	79	(가)	86	64	82	86
외부임용 수	61	67	72	110	72	67	71
(외부임용률, %)	44.9	45.9	43.4	56.1	52.9	(나)	45.2

② 표 분석

③ 주석 확인

※ (외부임용률)$=\frac{(\text{외부임용 수})}{(\text{충원 수})}\times 100$

① 빈칸 위치 확인

① 94, 45.0

② 94, 55.0

~~③ 84, 45.0~~

~~④ 84, 55.0~~

~~⑤ 84, 60.0~~

⑥ 보기 삭제

④ 보기 확인

- (가) : 94 or 84
- (나) : 45.0 or 55.0 or 60.0

⑤ (가) 계산

- (가) : $166-72=94$

⑦ (나) 계산(45.0이거나 55.0이므로 대략적으로 계산)

- (나) : $\frac{67}{149}\times 100<\frac{1}{2}\times 100<55.0$

정답 및 해설

정답 ①

(충원 수)=(내부임용 수)+(외부임용 수)이므로, 166=(가)+72이다.
②	⑤

∴ (가)=94

$(외부임용률)=\frac{(외부임용\ 수)}{(충원\ 수)}\times100$이므로, $\frac{67}{149}\times100=(나)$이다.
③	⑦

∴ (나)≒45.0

PART 4

01

다음은 2013년부터 2018년까지 자원봉사 참여 현황에 대한 표이다. 6년 동안 참여율이 4번째로 높은 해의 전년 대비 참여율의 증가율은?

〈자원봉사 참여 현황〉

(단위 : 천 명, %)

구분	2013년	2014년	2015년	2016년	2017년	2018년
총성인 인구	35,744	36,786	37,188	37,618	38,038	38,931
자원봉사 참여 성인 인구	1,621	2,103	2,548	3,294	3,879	4,634
참여율	4.5	5.7	6.9	8.7	10.2	11.9

① 약 17%
② 약 19%
③ 약 21%
④ 약 23%
⑤ 약 27%

02

다음은 A사에서 사내전화 평균 통화시간을 조사한 자료이다. 평균 통화시간이 6~9분인 여자의 수는 12분 이상인 남자의 수의 몇 배인가?

〈평균 통화시간〉

구분	남자	여자
3분 이하	33%	26%
3~6분	25%	21%
6~9분	18%	18%
9~12분	14%	16%
12분 이상	10%	19%
대상 인원수	600명	400명

① 1.1배
② 1.2배
③ 1.3배
④ 1.4배
⑤ 1.5배

03 다음은 A사에서 발표한 2018년 1/4분기 단지별 수출현황에 대한 자료이다. (가), (나), (다)에 들어갈 수치로 옳은 것은?(단, 전년 대비 수치는 소수점 둘째 자리에서 반올림한다)

〈수출현황〉

(단위 : 백만 불)

구분	2018년 1/4분기	2017년 1/4분기	전년 대비
국가	66,652	58,809	13.3% 상승
일반	34,273	30,000	(가)% 상승
농공	1,329	1,191	11.6% 상승
합계	(나)	90,000	(다)% 상승

① (가) : 14.2, (나) : 102,254, (다) : 11.8
② (가) : 15.8, (나) : 102,254, (다) : 13.6
③ (가) : 14.2, (나) : 102,554, (다) : 13.6
④ (가) : 15.8, (나) : 104,654, (다) : 11.8
⑤ (가) : 14.2, (나) : 102,254, (다) : 13.6

정답 및 해설

01 ③ 02 ② 03 ⑤

01

참여율이 4번째로 높은 해는 2015년이다.

(전년 대비 참여율의 증가율)$=\frac{(\text{해당연도 참여율})-(\text{전년도 참여율})}{(\text{전년도 참여율})}\times100$이므로, $\frac{6.9-5.7}{5.7}\times100≒21\%$이다.

02

- 평균 통화시간이 6~9분인 여자의 수 : $400\times\frac{18}{100}=72$명
- 평균 통화시간이 12분 이상인 남자의 수 : $600\times\frac{10}{100}=60$명

따라서 $\frac{72}{60}=1.2$배이다.

03

- (가) : $\frac{34,273-30,000}{30,000}\times100≒14.2$
- (나) : $66,652+34,273+1,329=102,254$
- (다) : $\frac{102,254-90,000}{90,000}\times100≒13.6$

04 다음은 A국 초 · 중 · 고 학생들의 사교육 현황에 대한 자료이다. 한 달을 4주라고 가정할 때, 사교육에 참여한 일반 고등학교 학생의 시간당 사교육비는 얼마인가?(단, 소수점 둘째 자리에서 반올림한다)

〈사교육 현황〉

구분	총사교육비 (억 원)	학생 1인당 연평균 사교육비 (만 원)	전체학생 1인당 월평균 사교육비 (만 원)	참여학생 1인당 월평균 사교육비 (만 원)	사교육 참여율 (%)	사교육 참여시간 (주당 평균)
초등학교	97,080	294.3	24.5	28.3	86.8	8.2
중학교	60,396	305.8	25.5	35.3	72.2	7.7
고등학교	51,242	198.75	16.5	34.45	43.55	3.4
일반고	47,512	317.5	26.5	43.3	61.1	4.8
전문고	3,730	80.0	6.7	25.6	26.0	2.0

① 23,000원
② 27,000원
③ 33,000원
④ 37,000원
⑤ 39,000원

05 다음은 A국의 병역자원 현황에 대한 자료이다. 총지원자 수에 대한 2004~2005년 평균과 2010~2011년 평균의 차이는?

〈A국의 병역자원 현황〉

(단위 : 만 명)

구분	2004년	2005년	2006년	2007년	2008년	2009년	2010년	2011년
합계	826.9	806.9	783.9	819.2	830.8	826.2	796.3	813.0
징 · 소집 대상	135.3	128.6	126.2	122.7	127.2	130.2	133.2	127.7
보충역 복무자 등	16.0	14.3	11.6	9.5	8.9	8.6	8.6	8.9
병력동원 대상	675.6	664.0	646.1	687.0	694.7	687.4	654.5	676.4

① 11.25만 명
② 11.75만 명
③ 12.25만 명
④ 12.75만 명
⑤ 13.25만 명

06

다음은 K본부에서 작성한 혁신클러스터 시범단지 현황에 대한 자료이다. 반월시화공단과 울산공단의 업체당 평균 고용인원의 차이는?(단, 업체당 평균 고용인원은 소수점 둘째 자리에서 반올림한다)

〈혁신클러스터 시범단지 현황〉

구분	특화업종	입주기업 (개사)	생산규모 (억 원)	수출액 (백만 불)	고용인원 (명)
창원공단	기계	1,800	424,399	17,542	80,000
구미공단	전기전자	1,265	612,710	36,253	65,800
반월시화공단	부품소재	12,000	434,106	6,360	195,000
울산공단	자동차	1,100	1,297,185	57,329	101,000

① 83.1명
② 75.5명
③ 71.4명
④ 68.6명
⑤ 65.9명

정답 및 해설

04 ① 05 ③ 06 ②

04

$$(\text{사교육에 참여한 학생의 1시간 사교육비})=\frac{(\text{참여학생 1인당 월평균 사교육비})}{(\text{한 달간 사교육 참여시간})}$$

$$=\frac{(\text{참여학생 1인당 월평균 사교육비})}{[\text{사교육 참여시간(주당 평균)}]\times 4}=\frac{43.3}{4.8\times 4}$$

따라서 $43.3\div 19.2\fallingdotseq 2.3$, 23,000원이다.

05

- $(\text{2004}\sim\text{2005년의 평균})=\frac{826.9+806.9}{2}=816.9$만 명
- $(\text{2010}\sim\text{2011년의 평균})=\frac{796.3+813.0}{2}=804.65$만 명

따라서 $816.9-804.65=12.25$만 명이다.

06

- 반월시화공단 : $\frac{195,000}{12,000}\fallingdotseq 16.3$명
- 울산공단 : $\frac{101,000}{1,100}\fallingdotseq 91.8$명

따라서 $91.8-16.3=75.5$명이다.

07 다음은 A국의 총진료비 대비 노인진료비 변화 추이에 대한 자료이다. 연도별 노인 1인당 진료비로 옳지 않은 것은?(단, 백 원 단위에서 반올림한다)

〈총진료비 대비 노인진료비 변화 추이〉

구분	2017년	2018년	2019년	2020년
노인인구(천 명)	5,400	6,000	6,500	6,400
총진료비 대비 노인진료비 구성비(%)	34.5	35.5	36.8	38.0
노인진료비(억 원)	175,000	193,500	213,000	245,000
국민 1인당 진료비(천 원)	1,015	1,084	1,149	1,274
노인 1인당 진료비(천 원)	(가)	(나)	(다)	(라)

① (가) : 3,241천 원
② (나) : 3,300천 원
③ (다) : 3,277천 원
④ (라) : 3,828천 원
⑤ 모두 옳음

08 다음은 치료감호소 수용자 현황에 대한 자료이다. (가)~(라)에 해당하는 수치를 모두 더한 값은?

〈치료감호소 수용자 현황〉

(단위 : 명)

구분	약물	성폭력	심신장애자	합계
2015년	89	77	520	686
2016년	(가)	76	551	723
2017년	145	(나)	579	824
2018년	137	131	(다)	887
2019년	114	146	688	(라)
2020년	88	174	688	950

① 1,524
② 1,639
③ 1,751
④ 1,763
⑤ 1,770

정답 및 해설

07 ② 08 ④

07

(노인 1인당 진료비)$=\frac{(\text{노인진료비})}{(\text{노인인구})}$이다.

따라서 (나)는 $\frac{19,350,000,000,000}{6,000,000}=3,225$천 원이다.

오답분석

- (가) : $\frac{17,500,000,000,000}{5,400,000}\fallingdotseq 3,241$천 원
- (다) : $\frac{21,300,000,000,000}{6,500,000}\fallingdotseq 3,277$천 원
- (라) : $\frac{24,500,000,000,000}{6,400,000}\fallingdotseq 3,828$천 원

08

- (가) : $723-(76+551)=96$
- (나) : $824-(145+579)=100$
- (다) : $887-(137+131)=619$
- (라) : $114+146+688=948$

따라서 (가)+(나)+(다)+(라)$=96+100+619+948=1,763$이다.

09 다음은 날씨 자료를 수집 및 분석한 결과에 대한 자료이다. 전날의 날씨를 기준으로 그다음 날의 날씨가 변할 확률이 다음과 같을 때, 만약 내일 날씨가 화창하다면 사흘 뒤에 비가 올 확률은?(단, 날씨는 '화창'과 '비'로만 구분하여 분석한다)

〈날씨 자료 수집 및 분석 결과〉

전날 날씨	다음 날 날씨	확률
화창	화창	25%
화창	비	30%
비	화창	40%
비	비	15%

① 15%
② 14%
③ 13%
④ 12%
⑤ 11%

10 다음은 시 · 군지역의 성별 비경제활동 인구에 대한 자료이다. (가), (나)에 들어갈 수를 바르게 나열한 것은?(단, 소수점 둘째 자리에서 반올림한다)

〈성별 비경제활동 인구〉

(단위 : 천 명, %)

구분	총계	남자		여자	
			비중		비중
시지역	7,800	2,574	(가)	5,226	67
군지역	1,149	385	33.5	764	(나)

	(가)	(나)
①	30	65
②	31	65.5
③	32	66
④	33	66.5
⑤	34	67

정답 및 해설

09 ④ 10 ④

09

내일 날씨가 화창하고 사흘 뒤 비가 올 경우는 다음과 같다.

구분	내일	모레	사흘 뒤
경우 1	화창	화창	비
경우 2	화창	비	비

- 경우 1의 확률 : $0.25 \times 0.30 = 0.075$
- 경우 2의 확률 : $0.30 \times 0.15 = 0.045$

따라서 구하고자 하는 확률은 $(0.075+0.045) \times 100 = 12\%$이다.

10

- (가) : $\frac{2,574}{7,800} \times 100 = 33\%$
- (나) : $\frac{764}{1,149} \times 100 \fallingdotseq 66.5\%$

CHAPTER

02 추론 / 분석

대표 예제 A국의 금융감독당국은 금융회사의 자발적인 민원 예방과 적극적인 민원 해결 노력을 유도하기 위해 금융소비자보호 실태평가를 실시하고, 민원 발생 현황을 비교 공시하고 있다. 은행별 금융민원감축 노력수준 평가에 해당 공시자료를 참고할 때, 이에 대한 설명으로 옳지 않은 것은?

① 표 제목 확인
표 제목은 표의 내용을 요약한 것으로 표를 보기 전 확인하면 표 해석에 도움이 됨

〈금융민원 발생 현황〉

② 단위 확인
함정이 생길 수 있는 부분이므로 확인 필수

③ 표 축 확인

(단위 : 건)

구분	민원 건수(고객 십만 명당)		민원 건수	
	2016년	2017년	2016년	2017년
A은행	5.62	4.64	1,170	1,009
B은행	5.83	4.46	1,695	1,332 ↑ 제일 많음
C은행	4.19	3.92	980	950 ↓ 제일 적음
D은행	5.53	3.75	1,530	1,078

감소

① 금융민원 발생 건수는 전반적으로 전년 대비 감축했다고 평가할 수 있다.

$$(\text{○○○○년 대비 □□□□년 증감률}) = \frac{(\text{□□□□년 데이터}) - (\text{○○○○년 데이터})}{(\text{○○○○년 데이터})} \times 100$$

② 2017년을 기준으로 C은행은 금융민원 건수가 가장 적지만, 전년 대비 민원 감축률은 약 3.1%로 가장 미미한 수준이다.

➜ A를 A은행의 전년 대비 민원 감축률, B를 B은행의 전년 대비 민원 감축률, C를 C은행의 전년 대비 민원 감축률, D를 D은행의 전년 대비 민원 감축률이라 하자.

C와 A, B, D 배수 비교

$$C : \frac{30}{980} \times 100 < \left(A : \frac{161}{1{,}170} \times 100,\ B : \frac{363}{1{,}695} \times 100,\ D : \frac{452}{1{,}530} \times 100\right)$$

(∵ 분자는 5배 이상 차이가 나지만 분모는 2배 미만)

③ 가장 많은 고객을 보유하고 있는 은행은 2017년에 금융민원 건수가 가장 많다.

$$\rightarrow (\text{고객 십만 명당 민원 건수}) = \frac{(\text{전체 민원 건수})}{\frac{(\text{전체 고객 수})}{(\text{십만 명})}}$$

→ (전체 고객 수) = (전체 민원 건수) ÷ (고객 십만 명당 민원 건수) × (십만 명)

④ 금융민원 건수 감축률을 기준으로 금융소비자보호 수준을 평가했을 때 D → A → B → C 순으로 우수하다.

➜ **A와 B 배수 비교**

$$A : \frac{161}{1{,}170} \times 100 < B : \frac{363}{1{,}695} \times 100$$

(∵ $363 = 161 \times n$, $1{,}695 = 1{,}170 \times m$이라고 하면,

$n > 2$이고 $0 < m < 2$이므로 $\frac{n}{m} > 1$)

B와 D 분수 비교

$$B : \frac{363}{1{,}695} \times 100 < D : \frac{452}{1{,}530} \times 100 (\because 452 > 363,\ 1{,}530 < 1{,}695)$$

⑤ 민원 건수가 2016년에 비해 가장 많이 감소한 곳은 D은행이다.

PART 4

정답 및 해설

정답 ④

은행별 감축률을 구하면 다음과 같다.

- 전년 대비 2017년 A은행 금융민원 건수 감축률 : $(|1,009-1,170|)\div1,170\times100=\frac{161}{1,170}\times100\fallingdotseq13.8\%$
- 전년 대비 2017년 B은행 금융민원 건수 감축률 : $(|1,332-1,695|)\div1,695\times100=\frac{363}{1,695}\times100\fallingdotseq21.4\%$
- 전년 대비 2017년 C은행 금융민원 건수 감축률 : $(|950-980|)\div980\times100=\frac{30}{980}\times100\fallingdotseq3.1\%$
- 전년 대비 2017년 D은행 금융민원 건수 감축률 : $(|1,078-1,530|)\div1,530\times100=\frac{452}{1,530}\times100\fallingdotseq29.5\%$

따라서 D → B → A → C 순서로 우수하다.

오답분석

① 표의 우측 자료를 살펴보면, 2016년 대비 2017년에 모든 은행의 민원 건수가 감소한 것을 확인할 수 있다.

② C은행의 2017년 금융민원 건수는 950건으로 가장 적지만, 전년 대비 약 3%로 가장 낮은 수준의 감축률을 달성하였다.

- 전년 대비 2017년 A은행 금융민원 건수 감축률 : $(|1,009-1,170|)\div1,170\times100=\frac{161}{1,170}\times100\fallingdotseq13.8\%$
- 전년 대비 2017년 B은행 금융민원 건수 감축률 : $(|1,332-1,695|)\div1,695\times100=\frac{363}{1,695}\times100\fallingdotseq21.4\%$
- 전년 대비 2017년 C은행 금융민원 건수 감축률 : $(|950-980|)\div980\times100=\frac{30}{980}\times100\fallingdotseq3.1\%$
- 전년 대비 2017년 D은행 금융민원 건수 감축률 : $(|1,078-1,530|)\div1,530\times100=\frac{452}{1,530}\times100\fallingdotseq29.5\%$

③ 각 은행의 고객 수는 '(전체 민원 건수)÷(고객 십만 명당 민원 건수)×(십만 명)'으로 구할 수 있다. B은행이 약 29,865,471명으로 가장 많으며, 2017년 금융민원 건수도 1,332건으로 가장 많다.

- A은행 고객 수 : $1,009\div4.64\times$(십만 명)$=\frac{1,009}{4.64}\times$(십만 명)$\fallingdotseq$21,745,690명
- B은행 고객 수 : $1,332\div4.46\times$(십만 명)$=\frac{1,332}{4.46}\times$(십만 명)$\fallingdotseq$29,865,471명
- C은행 고객 수 : $950\div3.92\times$(십만 명)$=\frac{950}{3.92}\times$(십만 명)$\fallingdotseq$24,234,694명
- D은행 고객 수 : $1,078\div3.75\times$(십만 명)$=\frac{1,078}{3.75}\times$(십만 명)$\fallingdotseq$28,746,667명

십만 명이 곱해지는 것은 모두 같기 때문에 앞의 분수만으로 비교를 해보면, 먼저 A은행과 B은행의 고객 수는 $4.64>4.46$이고 $1,009<1,332$이므로 분모가 작고 분자가 큰 B은행 고객 수가 A은행 고객 수보다 많다. 또한 C은행 고객 수와 D은행 고객 수를 비교해보면 $3.92>3.75$이고 $950<1,078$이므로 분모가 작고 분자가 큰 D은행 고객 수가 C은행 고객 수보다 많다. 마지막으로 D은행 고객 수와 B은행 고객 수를 직접 계산으로 비교를 하면 B은행이 D은행보다 고객 수가 많은 것을 알 수 있다.

⑤ D은행은 총민원 건수가 452건 감소하였으므로 적절하다.

※ $\frac{A}{B}$, $\frac{C}{D}$ 분수 비교(단, A, B, C, $D>0$)

(1) $B=D$

- $A=C \rightarrow \frac{A}{B}=\frac{C}{D}$
- $A>C \rightarrow \frac{A}{B}>\frac{C}{D}$
- $A<C \rightarrow \frac{A}{B}<\frac{C}{D}$

(2) $B>D$

- $A=C \rightarrow \frac{A}{B}<\frac{C}{D}$
- $A>C \rightarrow$ 분모 통분 비교 or 직접 계산 비교 or **배수 비교**
- $A<C \rightarrow \frac{A}{B}<\frac{C}{D}$

(3) $B<D$

- $A=C \rightarrow \frac{A}{B}>\frac{C}{D}$
- $A>C \rightarrow \frac{A}{B}>\frac{C}{D}$
- $A<C \rightarrow$ 분모 통분 비교 or 직접 계산 비교 or **배수 비교**

Tip

〈배수 비교〉

- $D=mB$, $C=nA$(단, n, $m\geq 0$)일 때,

  $n>m$이면 $\frac{n}{m}>1$이므로 $\frac{A}{B}<\frac{C}{D}$

  $n=m$이면 $\frac{n}{m}=1$이므로 $\frac{A}{B}=\frac{C}{D}$

  $n<m$이면 $0<\frac{n}{m}<1$이므로 $\frac{A}{B}>\frac{C}{D}$
- $A=mB$, $C=nD$(단, n, $m\geq 0$)일 때,

  $\frac{A}{B}=\frac{mB}{B}=m$, $\frac{C}{D}=\frac{nD}{D}=n$이므로

  $n>m$이면 $\frac{A}{B}<\frac{C}{D}$

  $n=m$이면 $\frac{A}{B}=\frac{C}{D}$

  $n<m$이면 $\frac{A}{B}>\frac{C}{D}$

유형풀이 추론 / 분석

01 다음은 2016～2020년 A국의 출생아 수 및 사망자 수에 대한 자료이다. 이에 대한 설명으로 옳지 않은 것은?

〈A국의 출생아 수 및 사망자 수 현황〉

(단위 : 명)

구분	2016년	2017년	2018년	2019년	2020년
출생아 수	436,455	435,435	438,420	406,243	357,771
사망자 수	266,257	267,692	275,895	280,827	285,534

① 출생아 수가 가장 많았던 해는 2018년이다.
② 사망자 수는 2017년부터 2020년까지 매년 전년 대비 증가하고 있다.
③ 2016년부터 2020년까지 사망자 수가 가장 많은 해와 가장 적은 해의 사망자 수 차이는 15,000명 이상이다.
④ 2018년 출생아 수는 같은 해 사망자 수의 1.7배 이상이다.
⑤ 2017년 출생아 수는 2020년 출생아 수의 15% 이상 많다.

02 다음은 전통사찰 지정등록 현황에 대한 자료이다. 이에 대한 설명으로 옳은 것은?

〈연도별 전통사찰 지정등록 현황〉

(단위 : 개소)

구분	2010년	2011년	2012년	2013년	2014년	2015년	2016년	2017년	2018년
지정등록	17	15	12	7	4	4	2	1	2

① 전통사찰의 지정등록 수는 계속 감소하고 있다.

② 2010년부터 2014년까지 전통사찰로 지정등록된 수의 평균은 11개소이다.

③ 2012년과 2016년에 지정등록된 전통사찰 수의 전년 대비 감소폭은 같다.

④ 위의 자료를 통해 2018년 전통사찰 총등록 현황을 파악할 수 있다.

⑤ 2012년에 전통사찰로 지정등록된 수는 전년의 2배이다.

PART 4

정답 및 해설

01 ④ 02 ②

01

2018년 출생아 수는 그 해 사망자 수의 $\frac{438,420}{275,895}$ ≒1.59배로, 1.7배 미만이다.

오답분석

① 출생아 수가 가장 많았던 해는 2018년인 것을 알 수 있다.

② 자료를 통해 사망자 수가 2017년부터 2020년까지 매년 전년 대비 증가하고 있음을 알 수 있다.

③ 사망자 수가 가장 많은 2020년은 사망자 수가 285,534명이고, 가장 적은 2016년은 사망자 수가 266,257명으로, 사망자 수 차이는 285,534−266,257=19,277명이다. 따라서 15,000명 이상이다.

⑤ 2017년 출생아 수는 2020년의 출생아 수보다 $\frac{435,435-357,771}{357,771}\times 100 \fallingdotseq 22\%$ 더 많으므로 옳은 설명이다.

02

$\frac{17+15+12+7+4}{5}=11$개소

오답분석

① 2018년 전통사찰 지정등록 수는 2017년보다 증가했다.

③ 2012년의 전년 대비 지정등록 감소폭은 15−12=3개소, 2016년은 4−2=2개소이다.

④ 해당 자료만으로는 전통사찰 총등록 현황을 알 수 없다.

⑤ 2012년 전통사찰 지정등록 수는 전년인 2011년에 비해 오히려 감소했다.

03 A사의 운영본부에서 근무 중인 귀하는 국토교통부에서 제공한 국제 여객 · 화물 수송량 및 분담률 통계자료를 확인하였으며, 여객 서비스 및 화물 운영에 필요한 자료를 추려 각 부서에 전달하고자 한다. 이에 대한 설명으로 옳지 않은 것은?

〈국제 여객 · 화물 수송량 및 분담률〉

(단위 : 천 명, 천 톤, %)

구분			2013년	2014년	2015년	2016년	2017년
여객	해운	수송량	2,534	2,089	2,761	2,660	2,881
		분담률	6.7	5.9	6.4	5.9	5.7
	항공	수송량	35,341	33,514	40,061	42,649	47,705
		분담률	93.3	94.1	93.6	94.1	94.3
화물	해운	수송량	894,693	848,299	966,193	1,069,556	1,108,538
		분담률	99.7	99.7	99.7	99.7	99.7
	항공	수송량	2,997	2,872	3,327	3,238	3,209
		분담률	0.3	0.3	0.3	0.3	0.3

※ 수송분담률 : 여객 및 화물의 총수송량에서 각 분야별 수송량이 차지하는 비율

① 2013년부터 2017년까지 항공 여객 수송량의 평균은 39,854천 명이다.

② 여객 수송은 항공이 차지하는 비중이 절대적인 반면, 화물 수송은 그 반대이다.

③ 여객 총수송량과 화물 총수송량은 2015년부터 꾸준히 증가하고 있다.

④ 2017년 해운 여객 수송량은 2014년 대비 37% 이상 증가하였다.

⑤ 2017년 항공 화물 수송량은 2015년 대비 4% 이상 감소하였다.

04 다음은 A국의 2016년과 2017년의 노동가능인구 구성의 변화에 대한 자료이다. 2016년과 비교한 2017년의 상황을 바르게 설명한 것은?

〈A국의 노동가능인구 구성의 변화〉

(단위 : %)

구분	취업자	실업자	비경제활동인구
2016년	55	25	20
2017년	43	27	30

※ 경제활동인구는 비경제활동인구가 아닌 인구임

① 이 자료에서 실업자의 수는 알 수 없다.
② 실업자의 비율은 감소하였다.
③ 경제활동인구의 비율은 증가하였다.
④ 취업자 비율의 증감폭이 실업자 비율의 증감폭보다 작다.
⑤ 비경제활동인구의 비율은 감소하였다.

PART 4

정답 및 해설

03 ⑤ 04 ①

03

2015년 대비 2017년 항공 화물 수송량의 감소율은 $\frac{3,327-3,209}{3,327}\times100=\frac{118}{3,327}\times100<\frac{4}{100}\times100=\frac{120}{3,000}\times100$이다. 따라서 4% 미만으로 감소하였으므로 옳지 않다.

오답분석

① 2013~2017년 항공 여객 수송량 평균은 (35,341+33,514+40,061+42,649+47,705)÷5=39,854천 명이다.
② 자료에서 분담률을 비교하면, 여객 수송은 항공이 절대적인 비중을 차지하고, 화물 수송은 해운이 절대적인 비중을 차지한다.
③ 총수송량은 해운과 항공의 수송량의 합으로 구할 수 있으며, 여객과 화물의 총수송량은 2015년부터 꾸준히 증가하고 있다.
④ 2014년 대비 2017년 해운 여객 수송량의 변동비율은 $\frac{2,881-2,089}{2,089}\times100=\frac{792}{2,089}\times100>\frac{777}{2,100}\times100=\frac{37}{100}\times100$이므로, 37% 이상 증가하였다는 설명은 옳은 내용이다.

04

자료는 비율을 나타내기 때문에 정확한 실업자의 수는 알 수 없다.

오답분석

② 실업자 비율은 2%p 증가하였다.
③ 경제활동인구 비율은 80%에서 70%로 감소하였다.
④ 취업자 비율은 12%p 감소했지만 실업자 비율은 2%p 증가하였기 때문에 취업자 비율의 증감폭이 더 크다.
⑤ 비경제활동인구의 비율은 20%에서 30%로 증가하였다.

05 다음은 동북아시아 3개국 수도의 30년간의 인구변화에 대한 자료이다. 이에 대한 설명으로 옳지 않은 것은?

〈동북아시아 3개국 수도의 인구 현황〉

(단위 : 천 명)

구분	1985년	1995년	2005년	2015년
서울	9,725	10,342	10,011	9,860
베이징	6,017	8,305	12,813	20,384
도쿄	30,304	33,587	35,622	38,001

① 2005년부터 인구가 두 번째로 많은 도시가 바뀌었다.

② 베이징은 해당 기간 동안 언제나 세 도시 가운데 가장 높은 인구 증가율을 보인다.

③ 해당 기간 동안 인구가 최소인 도시 대비 인구가 최대인 도시의 비율은 지속적으로 감소한다.

④ 해당 기간 동안 인구가 최대인 도시와 인구가 최소인 도시의 인구의 차는 계속적으로 증가한다.

⑤ 세 도시 중 해당 기간 동안 인구가 줄어든 적이 있는 도시가 있다.

06 다음 자료를 보고 판단한 내용으로 옳지 않은 것은?

〈자동차 생산 · 내수 · 수출 현황〉

(단위 : 대, %)

구분		2013년	2014년	2015년	2016년	2017년
생산	차량 대수	4,086,308	3,826,682	3,512,926	4,271,741	4,657,094
	증감률	(6.4)	(▽ 6.4)	(▽ 8.2)	(21.6)	(9.0)
내수	차량 대수	1,219,335	1,154,483	1,394,000	1,465,426	1,474,637
	증감률	(4.7)	(▽ 5.3)	(20.7)	(5.1)	(0.6)
수출	차량 대수	2,847,138	2,683,965	2,148,862	2,772,107	3,151,708
	증감률	(7.5)	(▽ 5.7)	(▽ 19.9)	(29.0)	(13.7)

① 2013년에는 전년 대비 생산, 내수, 수출이 모두 증가했다.
② 생산과 수출은 증감 추이가 같다.
③ 수출이 증가했던 해는 생산과 내수도 증가했다.
④ 내수는 증가했지만 생산과 수출이 모두 감소한 해도 있다.
⑤ 생산이 증가했지만 내수나 수출이 감소한 해가 있다.

정답 및 해설 05 ③ 06 ⑤

05

인구가 최대인 도시는 항상 도쿄이고, 인구가 최소인 도시는 1995년까지는 베이징이고 2005년부터는 서울이다. 최대 인구인 도시의 최소 인구인 도시에 대한 비율은 지속적으로 감소해 2005년에 약 3.56배까지 감소했으나, 2015년에는 약 3.85배로 다시 증가하였다.

1985년, 1995년, 2005년, 2015년의 인구가 최대인 도시의 인구가 최소인 도시에 대한 인구 비율은 각각 $\frac{30,304}{6,017}$, $\frac{33,587}{8,305}$, $\frac{35,622}{10,011}$, $\frac{38,001}{9,860}$이고, 이에 따라 2015년 전까지는 5.xx, 4.xx, 3.xx로 줄어들다가 2015년 대비 2005년보다 인구가 최소인 도시의 인구수는 줄어들었고 인구가 최대인 도시의 인구수는 늘어났다. 즉, 2015년에는 2005년보다 분모는 작아지고 분자는 커졌으므로 2015년의 인구가 최소인 도시 대비 인구가 최대인 도시의 비율은 2005년보다 크다.

오답분석

① 2005년을 기점으로 서울과 베이징의 인구 순위가 뒤바뀐다.
② 베이징은 해당 기간 동안 약 38%, 54%, 59%의 인구 성장률을 보이며 세 도시 중 가장 큰 성장률을 기록했다.
④ 최대 인구와 최소 인구의 차는 1985년 부터 5년마다 24,287명, 25,282명, 25,611명, 28,141명으로 지속적으로 증가하였다.
⑤ 서울의 경우 1995년 이후 지속적으로 인구가 줄고 있다.

06

생산이 증가한 해에는 내수와 수출 모두 증가했다.

오답분석

① 자료를 통해 확인할 수 있다.
② 생산이 증가할 때 수출도 증가하고, 생산이 감소할 때 수출도 감소한다.
③ 수출이 증가한 해는 2013, 2016, 2017년으로 내수와 생산도 증가했다.
④ 2015년이 이에 해당한다.

07 다음은 우편매출액에 대한 자료이다. 이에 대한 설명으로 옳지 않은 것은?

〈우편매출액〉

(단위 : 만 원)

구분	2016년	2017년	2018년	2019년	2020년				
					소계	1분기	2분기	3분기	4분기
일반통상	11,373	11,152	10,793	11,107	10,899	2,665	2,581	2,641	3,012
특수통상	5,418	5,766	6,081	6,023	5,946	1,406	1,556	1,461	1,523
소포우편	3,390	3,869	4,254	4,592	5,017	1,283	1,070	1,292	1,372
합계	20,181	20,787	21,128	21,722	21,862	5,354	5,207	5,394	5,907

① 매년 매출액이 가장 높은 분야는 일반통상 분야이다.
② 1년 집계를 기준으로 매년 매출액이 꾸준히 증가하고 있는 분야는 소포우편 분야이다.
③ 2020년 1분기 매출 중 특수통상 분야의 매출액이 차지하고 있는 비율은 20% 이상이다.
④ 2016년 대비 2020년 소포우편 분야의 매출액 증가율은 70% 이상이다.
⑤ 2019년 일반통상 분야의 매출액은 전체의 50% 이상을 차지하고 있다.

08 다음은 인터넷 공유활동 참여 현황에 대한 자료이다. 이에 대한 설명으로 옳지 않은 것은?

〈인터넷 공유활동 참여율(복수응답)〉

(단위 : %)

구분		카페/커뮤니티 이용	퍼나르기	블로그 운영	댓글달기	UCC게시
성별	남성	79.1	64.1	49.9	52.2	46.1
	여성	76.4	59.6	55.1	38.4	40.1
연령	10대	75.1	63.9	54.7	44.3	51.3
	20대	88.8	74.4	76.3	47.3	54.4
	30대	77.3	58.5	46.3	44.0	37.5
	40대	66.0	48.6	27.0	48.2	29.6

※ 성별, 연령별 조사인원은 동일함

① A사원 : 자료에 의하면 20대가 다른 연령대에 비해 인터넷상에서 공유활동에 활발히 참여하고 있네요.
② B주임 : 대체로 남성이 여성에 비해 상대적으로 활발한 활동을 하고 있는 것 같아요. 그런데 블로그 운영 활동은 여성이 더 많이 하네요.
③ C대리 : 남녀 간의 참여율 격차가 가장 큰 영역은 댓글달기네요. 반면에 카페나 커뮤니티 이용은 남녀 간의 참여율 격차가 가장 적네요.
④ D사원 : 10대와 30대의 공유활동 참여율을 크기 순서로 나열하면 재미있게도 두 연령대의 활동 순위가 동일하네요.
⑤ E사원 : 대부분의 공유활동에서 40대 참여율은 다른 연령대의 참여율보다 낮지만, 댓글달기에서는 가장 높은 참여율을 보이고 있네요.

PART 4

정답 및 해설 07 ④ 08 ④

07

2016년 대비 2020년 소포우편 분야의 매출액 증가율은 $\frac{5,017-3,390}{3,390}\times100≒48.0\%$이므로 옳지 않다.

오답분석

① 매년 매출액이 가장 높은 분야는 일반통상 분야인 것을 알 수 있다.
② 일반통상 분야의 매출액은 2017년, 2018년, 2020년, 특수통상 분야의 매출액은 2019년, 2020년에 감소했고, 소포우편 분야는 매년 매출액이 꾸준히 증가한다.
③ 2020년 1분기 매출 중 특수통상 분야의 매출액이 차지하고 있는 비율은 $\frac{1,406}{5,354}\times100≒26.3\%$이므로 20% 이상이다.
⑤ 2019년에는 일반통상 분야의 매출액이 전체의 $\frac{11,107}{21,722}\times100≒51.1\%$이므로 옳은 설명이다.

08

10대의 인터넷 공유활동을 참여율이 큰 순서대로 나열하면 '카페/커뮤니티 이용 → 퍼나르기 → 블로그 운영 → UCC 게시 → 댓글달기'이다. 반면 30대는 '카페/커뮤니티 이용 → 퍼나르기 → 블로그 운영 → 댓글달기 → UCC게시'이다. 따라서 활동순위가 서로 같지 않다.

오답분석

① 20대가 다른 연령에 비해 참여율이 비교적 높은 편임을 자료에서 확인할 수 있다.
② 남성이 여성보다 참여율이 대부분의 활동에서 높지만, 블로그 운영에서는 여성의 참여율이 높다.
③ 남녀 간의 참여율 격차가 가장 큰 영역은 13.8%p로 댓글달기이며, 그 반대로는 2.7%p로 카페/커뮤니티 이용이다.
⑤ 다른 영역과 달리 댓글달기 활동에서는 40대가 다른 연령대보다 높은 참여율을 보이고 있다.

09 **다음은 어느 국가의 지역별 가구 구성비에 대한 자료이다. 이에 대한 설명으로 옳은 것은?**

〈A～C지역 가구 구성비〉

(단위 : %)

구분	부부 가구	2세대 가구		3세대 이상 가구	기타 가구	합계
		부모 + 미혼자녀	부모 + 기혼자녀			
A	5	65	16	2	12	100
B	16	55	10	6	13	100
C	12	40	25	20	3	100

※ 기타 가구 : 1인 가구, 형제 가구, 비친족 가구

※ 핵가족 : 부부 또는 (한)부모와 그들의 미혼 자녀로 이루어진 가족

※ 확대가족 : (한)부모와 그들의 기혼 자녀로 이루어진 2세대 이상의 가족

① 핵가족 가구의 비중이 가장 높은 지역은 A이다.

② 1인 가구의 비중이 가장 높은 지역은 B이다.

③ 확대가족 가구 수가 가장 많은 지역은 C이다.

④ A, B, C지역 모두 핵가족 가구 수가 확대가족 가구 수보다 많다.

⑤ 부부 가구의 구성비는 C지역이 가장 높다.

10 다음은 상품 A, B의 1년 동안의 계절별 판매량에 대한 자료이다. 이에 대한 설명으로 옳지 않은 것은?

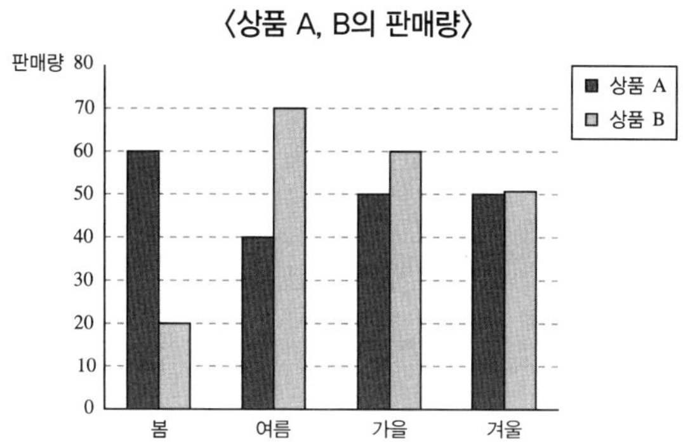

① A와 B의 연간 판매량은 거의 같다.
② A의 판매량의 편차가 B보다 크다.
③ A와 B의 판매량의 합이 가장 적은 계절은 봄이다.
④ 두 상품의 판매량의 차는 시간이 지남에 따라 감소한다.
⑤ B는 여름에 잘 팔리는 물건이다.

PART 4

정답 및 해설

09 ④ 10 ②

09

세 지역 모두 핵가족 가구 비중이 더 높으므로, 핵가족 가구 수가 확대가족 가구 수보다 더 많다.

오답분석

① 핵가족 가구의 비중이 가장 높은 곳은 16+55=71%를 차지하는 B지역이다.
② 1인 가구는 기타 가구에 포함되어 있으므로, 정확한 1인 가구의 비중은 알 수 없다.
③ 확대가족 가구의 비중이 가장 높은 곳은 C지역이지만 정확한 가구의 수는 알 수 없다.
⑤ 부부 가구의 구성비는 B지역이 가장 높다.

10

상품 A, B의 판매량 평균은 약 50이므로 상품 A의 가장 큰 편차는 10이다. 그러나 B의 편차는 봄과 여름 사이에 30 이상 차이가 나므로 표준편차는 B가 더 크다.

오답분석

① 사계절의 판매량을 각각 더하면 A의 경우 200이고, B의 경우 200이 약간 넘는 것을 알 수 있다.
③ 봄의 판매량은 80으로 사계절 중 가장 적다.
④ 시간이 지남에 따라 둘의 판매량 차는 점차 감소한다.
⑤ 여름에 B의 판매량이 가장 많다.

CHAPTER

03 자료변환

대표 예제 다음은 블로그 이용자와 트위터 이용자를 대상으로 설문조사한 결과이다. 이를 변환한 그래프로 옳은 것을 〈보기〉에서 모두 고르면?

〈블로그 이용자와 트위터 이용자 대상 설문조사 결과〉 ─ ① 표 제목 확인

③ 표 축 제목 확인

② 단위 확인

(단위 : %)

구분		블로그 이용자	트위터 이용자
성별	남자	53.4	53.2
	여자	46.6	46.8
연령	15~19세	11.6	13.1
	20~29세	23.3	47.9
	30~39세	27.4	29.5
	40~49세	25.0	8.4
	50~59세	12.7	1.1
교육수준	중졸 이하	2.0	1.6
	고졸	23.4	14.7
	대졸	66.1	74.4
	대학원 이상	8.5	9.3
소득수준	상	5.5	3.6
	중	74.2	75.0
	하	20.3	21.4

(표 옆 표시: 성별 – ㄱ, 교육수준 – ㄴ, 소득수준 – ㄷ)

⑦ 변환되기 전 데이터 확인

⑧ 단위 변환
- ㄱ. % → 명
- ㄴ. % → 대비 비율

④ 주석 확인

※ 15세 이상~60세 미만의 1,000명의 블로그 이용자와 2,000명의 트위터 이용자를 대상으로 하여 동일 시점에 각각 독립적으로 조사하였으며 중복 응답은 없음

보기

ㄱ. 트위터와 블로그의 성별 이용자 수

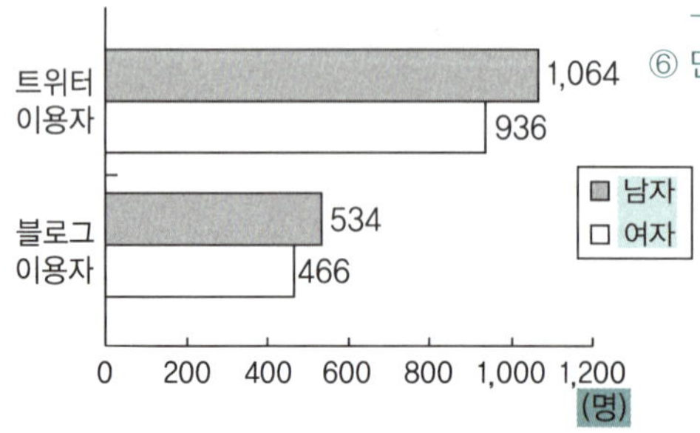

⑤ 변환된 자료의 제목, 축과 범례 확인
– 필요한 데이터 확인

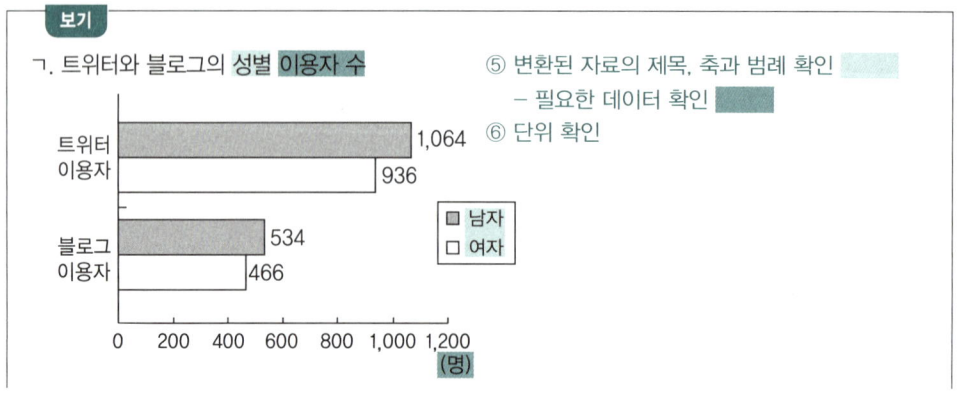

⑥ 단위 확인

ㄴ. 교육수준별 트위터 이용자 대비 블로그 이용자 비율

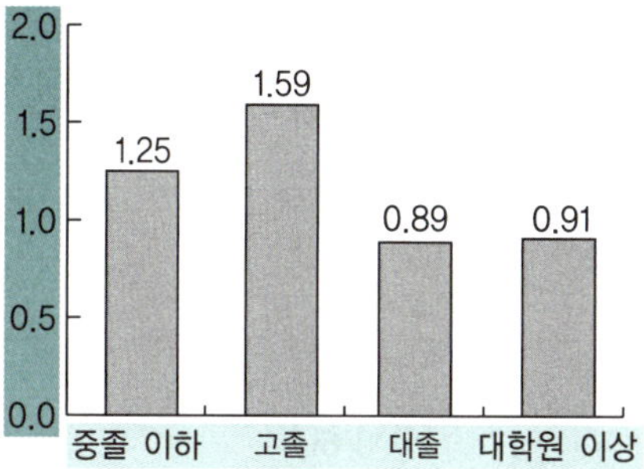

ㄷ. 블로그 이용자와 트위터 이용자의 소득수준별 구성비

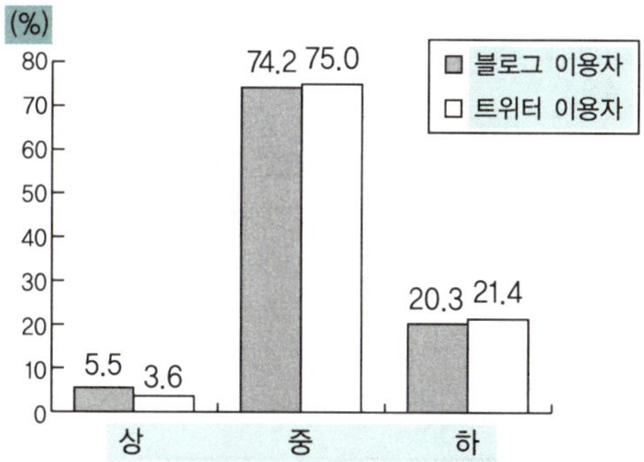

① ㄱ, ㄴ

② ㄱ, ㄷ

③ ㄴ, ㄷ

④ ㄴ

⑤ ㄷ

정답 및 해설

정답 ②

ㄱ. 트위터와 블로그의 성별 이용자 수

- 트위터 남자 이용자 : $2,000\times0.532=1,064$명
- 트위터 여자 이용자 : $2,000\times0.468=936$명
- 블로그 남자 이용자 : $1,000\times0.534=534$명
- 블로그 여자 이용자 : $1,000\times0.466=466$명

⑧

ㄷ. 블로그 이용자와 트위터 이용자의 소득수준별 구성비는 자료에서 확인할 수 있다.

오답분석

ㄴ. 교육수준별 트위터 이용자 대비 블로그 이용자 비율

- 중졸 이하 : $\frac{1,000\times0.02}{2,000\times0.016}=\frac{20}{32}=0.625$
- 고졸 : $\frac{1,000\times0.234}{2,000\times0.147}=\frac{234}{294}\fallingdotseq0.796$
- 대졸 : $\frac{1,000\times0.661}{2,000\times0.744}=\frac{661}{1,488}\fallingdotseq0.444$
- 대학원 이상 : $\frac{1,000\times0.085}{2,000\times0.093}=\frac{85}{186}\fallingdotseq0.457$

⑧

유형풀이 **자료변환**

01 다음은 소비자 물가상승률에 대한 자료이다. 이를 변환한 그래프로 옳은 것은?

〈소비자 물가상승률〉

(단위 : %)

연도	소비자 물가상승률	연도	소비자 물가상승률
1993년	4.8	1998년	7.5
1994년	6.3	1999년	0.8
1995년	4.5	2000년	2.3
1996년	4.9	2001년	4.1
1997년	4.4	2002년	2.8

①

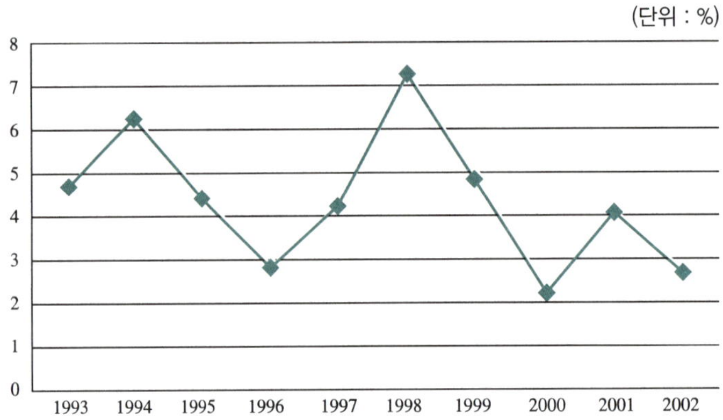

②

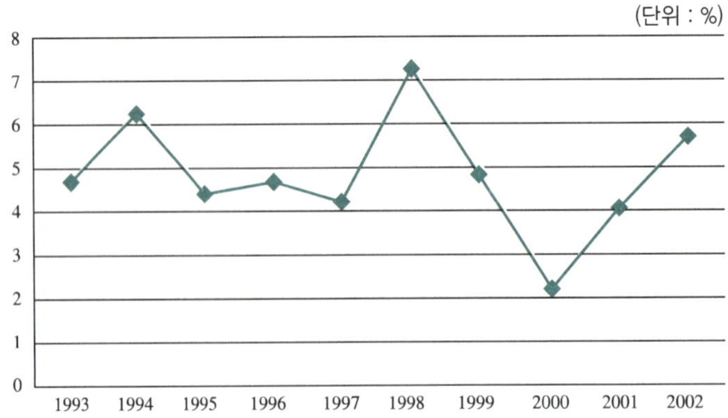

③

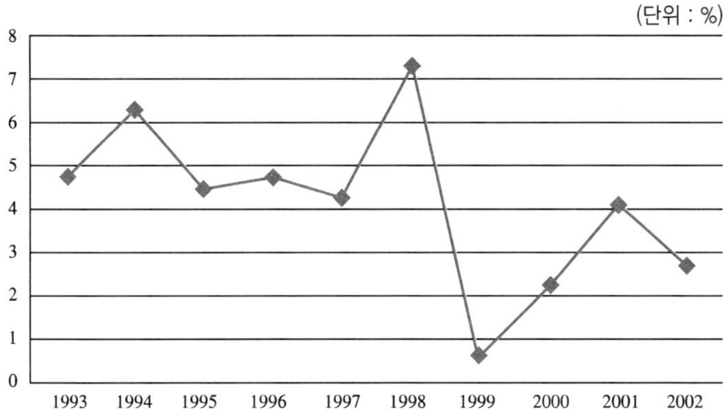

④

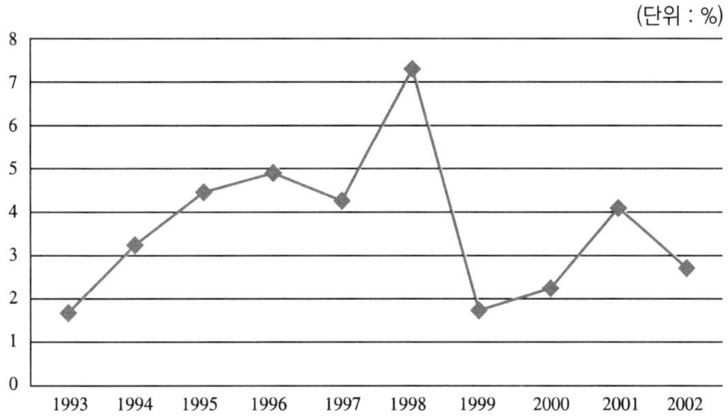

⑤

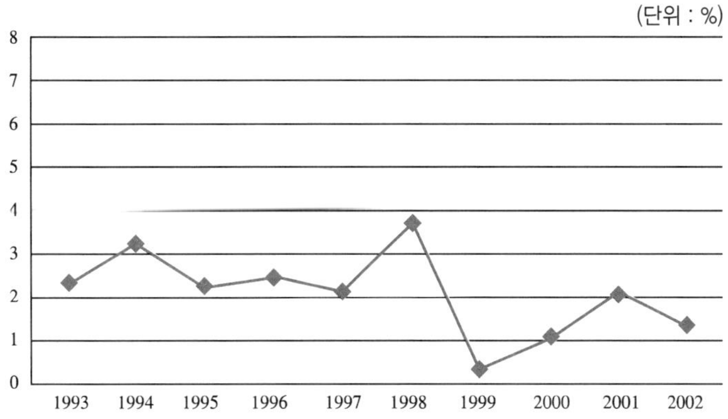

정답 및 해설

01 ③

01

오답분석

①·②·④ 소비자 물가상승률의 증감 경향이 주어진 자료와 다르고, 1999년 소비자 물가상승률이 주어진 자료보다 높게 표시됐다.

⑤ 전체적으로 소비자 물가상승률이 주어진 자료보다 낮게 표시됐다.

02 다음은 2004년부터 2013년까지 A국의 출생아 수에 대한 자료이다. 이를 변환한 그래프로 옳은 것은?

〈A국의 출생아 수〉

(단위 : 천 명)

구분	2004년	2005년	2006년	2007년	2008년	2009년	2010년	2011년	2012년	2013년
출생아 수	472.8	435.0	448.2	493.2	465.9	444.8	470.2	471.3	484.3	436.6

①

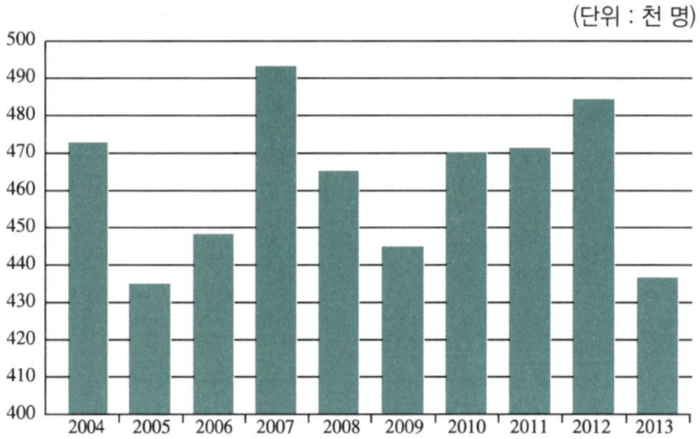

②

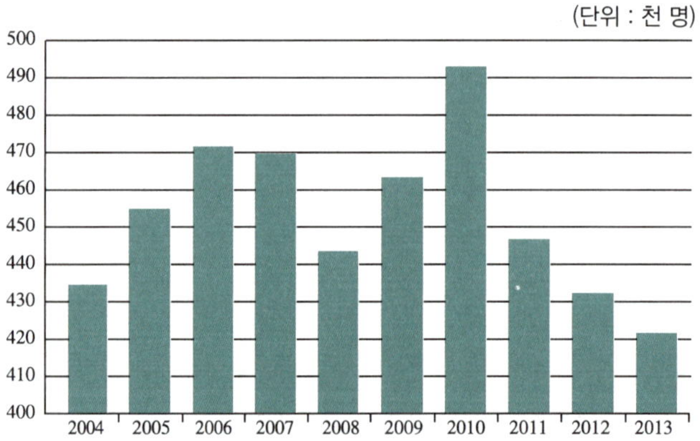

③

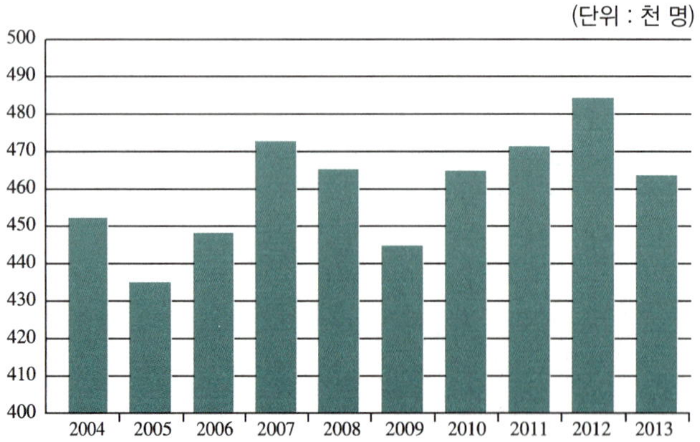

④ (단위 : 천 명)

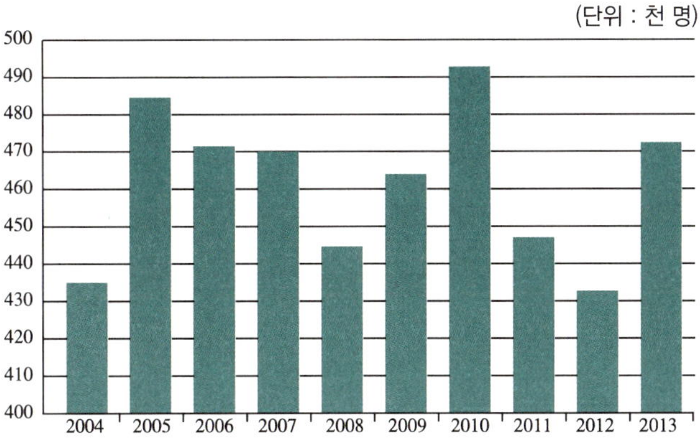

⑤ (단위 : 천 명)

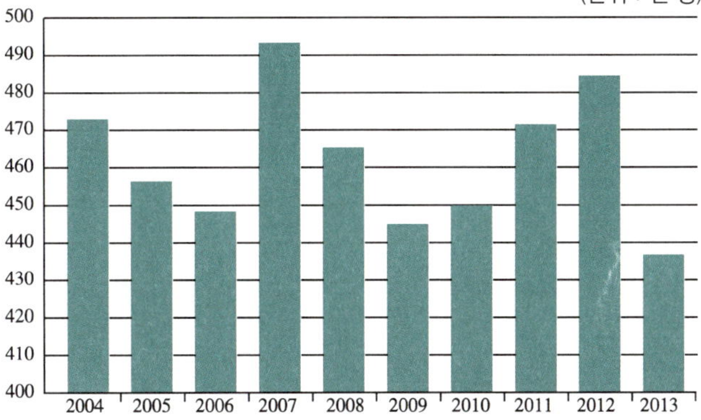

정답 및 해설

02 ①

02

오답분석

②・③・④ 출생아 수의 수치가 주어진 자료와 다르다.

⑤ 출생아 수의 증감 추이가 주어진 자료와 다르다.

03 다음은 '갑'국의 2007년부터 2017년까지 주식시장의 현황에 대한 자료이다. 이를 바탕으로 변환한 그래프로 옳은 것은?

〈주식시장 현황〉

구분	2007년	2008년	2009년	2010년	2011년	2012년	2013년	2014년	2015년	2016년	2017년
종목 수 (종목)	958	925	916	902	884	861	862	844	858	857	841
주식 수 (억 주)	90	114	193	196	196	265	237	237	232	240	262

※ $(종목당\ 평균\ 주식\ 수)=\frac{(주식\ 수)}{(종목\ 수)}$

①
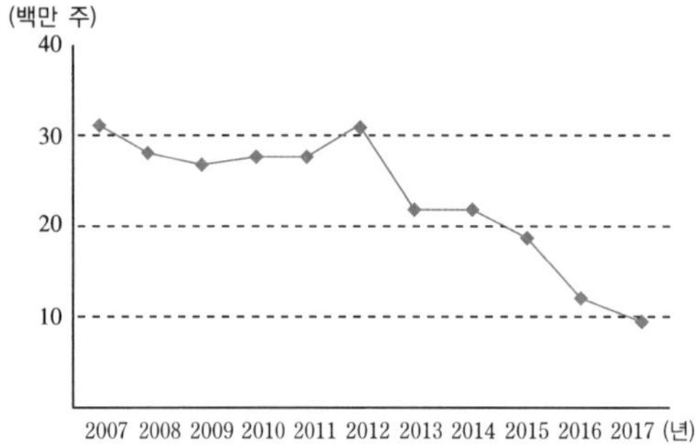

②
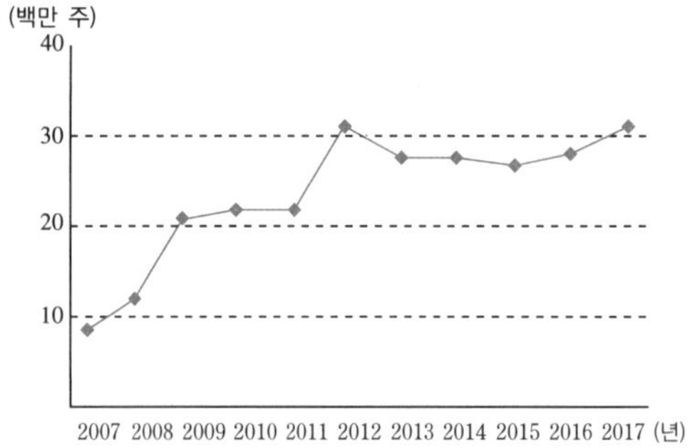

③
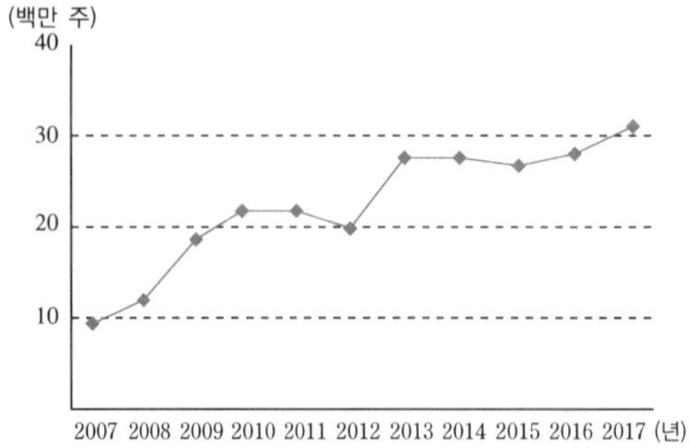

④ 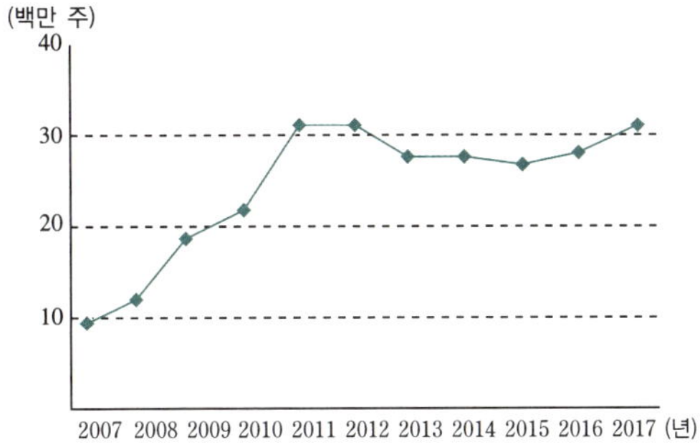

⑤ 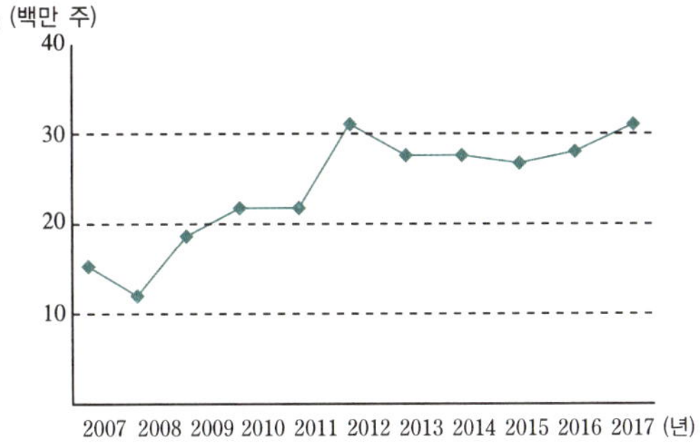

정답 및 해설

03 ②

03

변환된 그래프의 단위는 백만 주이고, 주어진 자료의 단위는 억 주이므로 이에 유의하여 종목당 평균 주식 수를 구하면 다음과 같다.

구분	2007년	2008년	2009년	2010년	2011년	2012년	2013년	2014년	2015년	2016년	2017년
종목당 평균 주식 수 (백만 주)	$\frac{9,000}{958}$	$\frac{11,400}{925}$	$\frac{19,300}{916}$	$\frac{19,600}{902}$	$\frac{19,600}{884}$	$\frac{26,500}{861}$	$\frac{23,700}{862}$	$\frac{23,700}{844}$	$\frac{23,200}{858}$	$\frac{24,000}{857}$	$\frac{26,200}{841}$

분모가 작아질수록, 분자가 커질수록 분수는 커지므로 전년 대비 종목 수가 감소할수록, 주식 수가 증가할수록 종목당 평균 주식 수는 많아진다. 반대로 분모가 커질수록, 분자가 작아질수록 분수는 작아지므로 전년 대비 종목 수가 증가할수록, 주식 수가 감소할수록 종목당 평균 주식 수는 적어진다. 이를 토대로 전년 대비 증감 추이를 나타내면 다음과 같다.

구분	2007년	2008년	2009년	2010년	2011년	2012년	2013년	2014년	2015년	2016년	2017년
전년 대비 변동 추이	–	증가	증가	증가	증가	증가	감소	증가	감소	증가	증가

이와 동일한 추이를 보이는 그래프는 ②이다.

참고 종목당 평균 주식 수는 다음과 같다.

구분	2007년	2008년	2009년	2010년	2011년	2012년	2013년	2014년	2015년	2016년	2017년
종목당 평균 주식 수 (백만 주)	9.39	12.32	21.07	21.73	22.17	30.78	27.49	28.08	27.04	28.00	31.15

04 다음은 성별에 따른 국가별 암 발생률에 대한 자료이다. 이에 근거하여 변환한 그래프로 옳지 않은 것은?

〈국가별 암 발생률(남자)〉

(단위 : 명)

한국		일본		미국		영국	
위	63.8	위	46.8	전립선	83.8	전립선	62.1
폐	46.9	대장	41.7	폐	49.5	폐	41.6
대장	45.9	폐	38.7	대장	34.1	대장	36.2
간	38.9	전립선	22.7	방광	21.1	방광	13.0
전립선	23.0	간	17.6	림프종	16.3	림프종	12.0
기타	95.7	기타	79.8	기타	130.2	기타	115.9
합계	314.2	합계	247.3	합계	335.0	합계	280.8

〈국가별 암 발생률(여자)〉

(단위 : 명)

한국		일본		미국		영국	
갑상선	68.6	유방	42.7	유방	76.0	유방	87.9
유방	36.8	대장	22.8	폐	36.2	대장	23.7
위	24.9	위	18.2	대장	25.0	폐	23.5
대장	24.7	폐	13.3	자궁체부	16.5	난소	12.8
폐	13.9	자궁경부	9.8	갑상선	15.1	자궁체부	11.1
기타	72.7	기타	60.8	기타	105.6	기타	90.5
합계	241.6	합계	167.6	합계	274.4	합계	249.5

※ 암 발생률 : 특정기간 동안 해당 집단의 인구 10만 명당 새롭게 발생한 암 환자 수

① 성별에 따른 국가별 암 발생률의 계

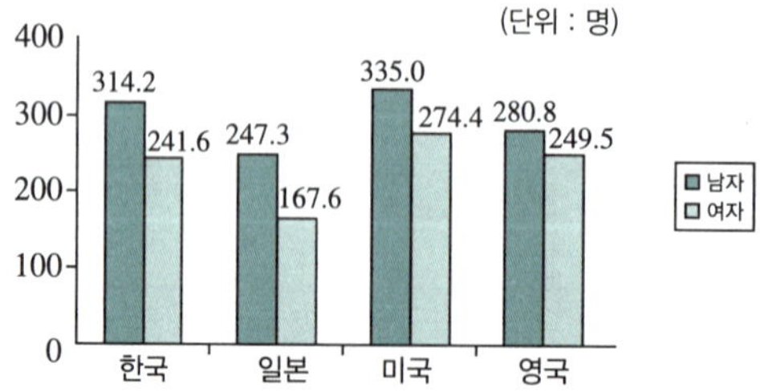

② 국가별 여성 유방암 발생자 수

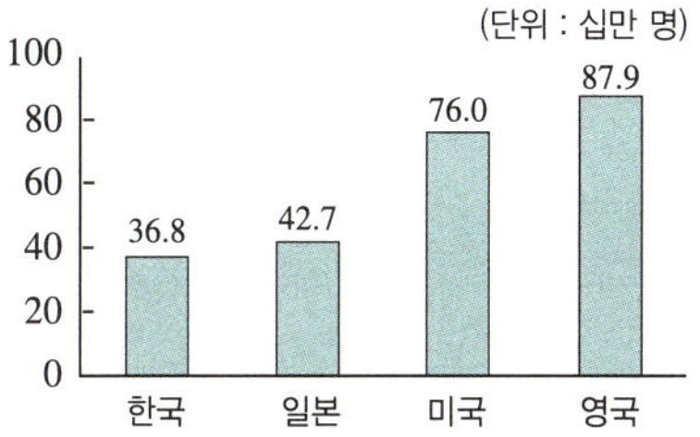

③ 한국의 성별에 따른 암 발생률

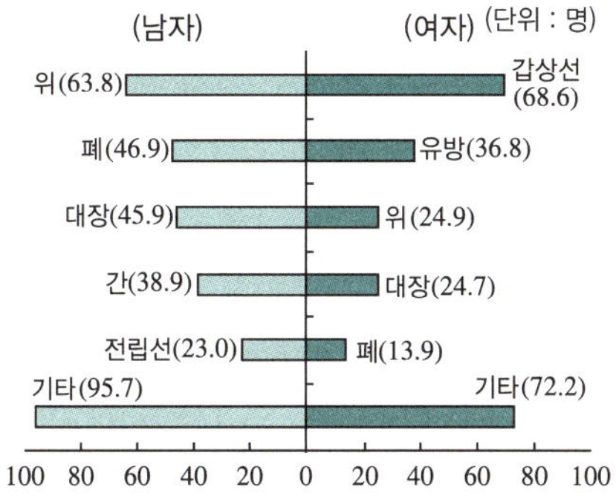

④ 한국의 암 발생률(남자)

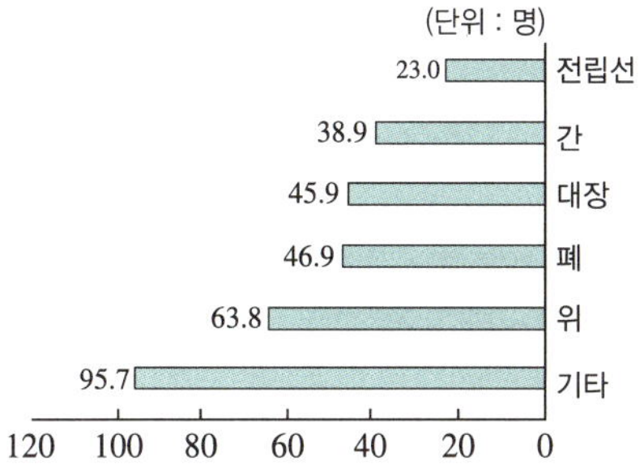

⑤ 일본의 암 발생률(남자)

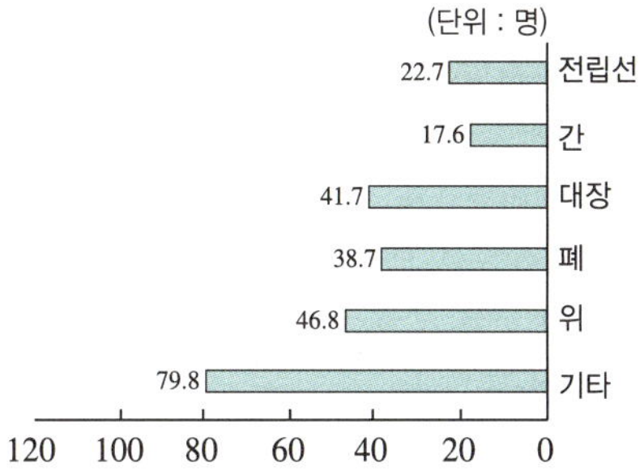

정답 및 해설

04 ②

04

②의 그래프의 유방암 발생자 수의 단위는 십만 명이다. 그러나 단위가 명인 원래 자료의 값을 그대로 사용하였으므로 옳지 않다.

05 다음은 1850년부터 2014년까지의 금 가격에 대한 자료이다. 이를 변환한 그래프로 옳은 것은?

〈금 가격 동향〉

(단위 : USD/트로이온스)

구분	금 가격	구분	금 가격
2014년	1,295.05	1990년	383.51
2013년	1,412.07	1985년	317.00
2012년	1,667.38	1980년	615.00
2011년	1,571.52	1970년	36.02
2010년	1,224.53	1960년	35.27
2005년	444.74	1950년	34.72
2000년	279.11	1900년	18.96
1995년	383.79	1850년	18.93

①

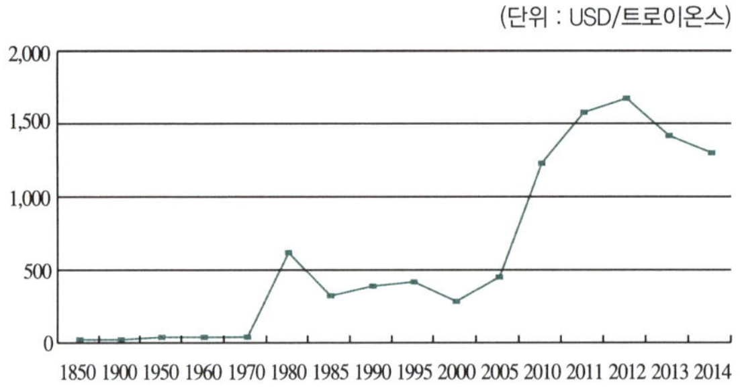

②

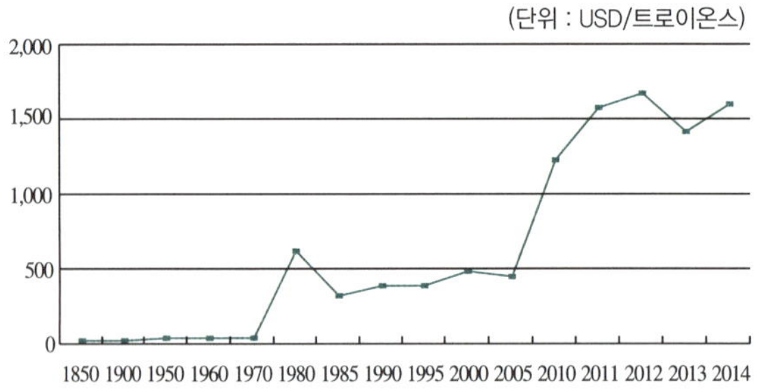

③

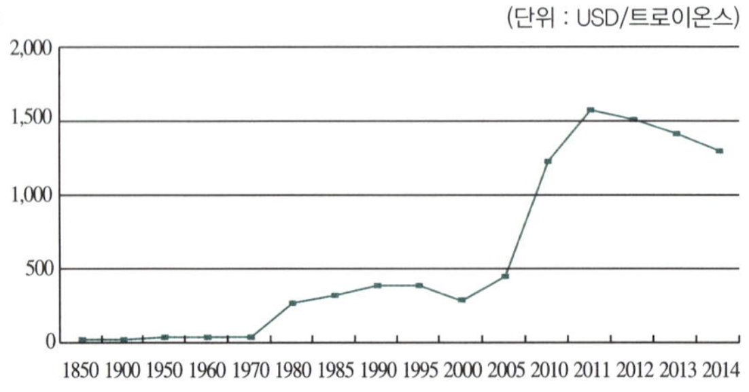

④

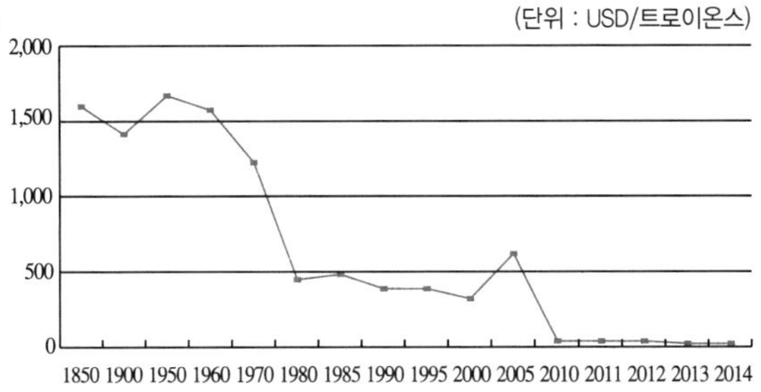

⑤

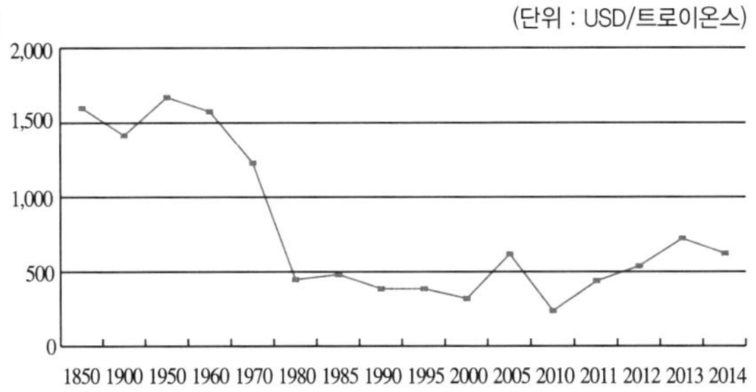

PART 4

정답 및 해설

05 ①

05

주어진 자료에서 금 가격의 증감 추이를 나타내면 다음과 같다.

1850년	1900년	1950년	1960년	1970년	1980년	1985년	1990년	1995년	2000년	2005년	2010년	2011년	2012년	2013년	2014년
–	증가	증가	증가	증가	증가	감소	증가	증가	감소	증가	증가	증가	증가	감소	감소

이와 동일한 추이를 보이는 그래프는 ①이다.

오답분석

② 주어진 자료에서 2014년의 금값은 2013년과 비교했을 때 하락하였다.
③ 주어진 자료에서 1980년의 금값은 1985년의 금값보다 높았다.
④ · ⑤ 주어진 자료에서 2014년의 금값은 1850년에 비해 증가하였다.

06 다음은 갑국 국회의원의 SNS(소셜네트워크서비스) 이용자 수 현황에 대한 자료이다. 이를 이용하여 작성한 그래프로 옳지 않은 것은?(단, 소수점 둘째 자리에서 반올림한다)

〈갑국 국회의원의 SNS 이용자 수 현황〉

(단위 : 명)

구분	정당	당선 횟수별				당선 유형별		성별	
		초선	2선	3선	4선 이상	지역구	비례대표	남자	여자
여당	A	82	29	22	12	126	19	123	22
야당	B	29	25	13	6	59	14	59	14
	C	7	3	1	1	7	5	10	2
합계		118	57	36	19	192	38	192	38

① 국회의원의 여야별 SNS 이용자

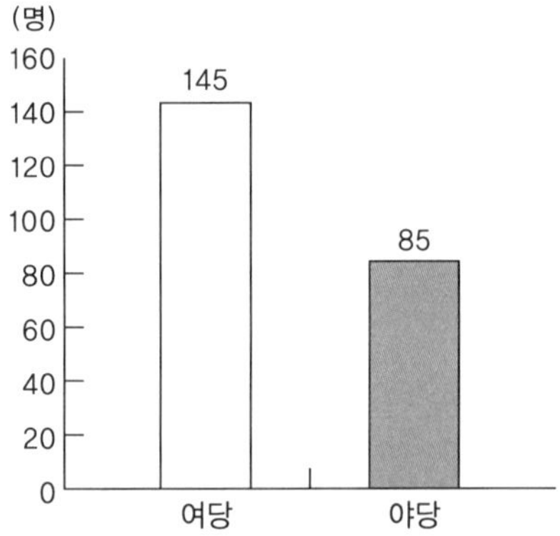

② 남녀 국회의원의 여야별 SNS 이용자 구성비

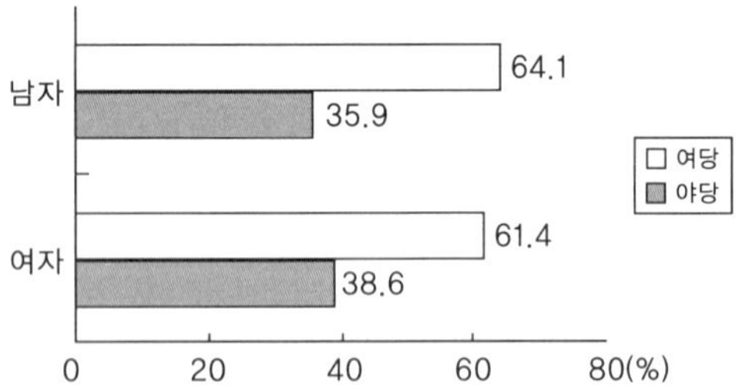

③ 야당 국회의원의 당선 횟수별 SNS 이용자 구성비

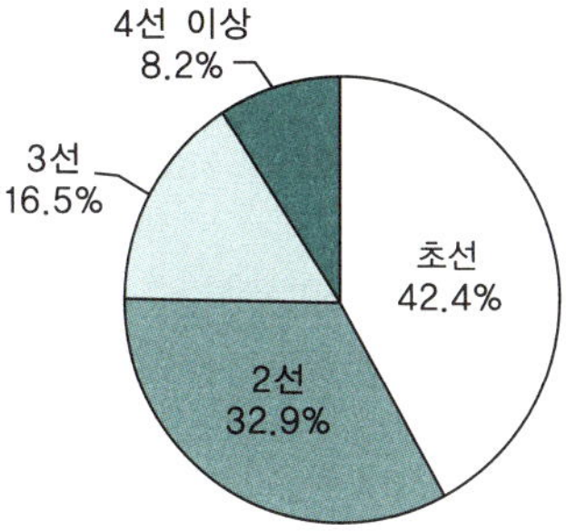

④ 2선 이상 국회의원의 정당별 SNS 이용자 수

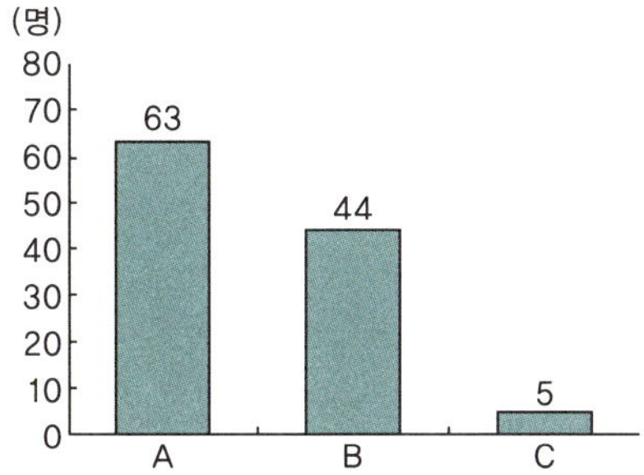

⑤ 여당 국회의원의 당선 유형별 SNS 이용자 구성비

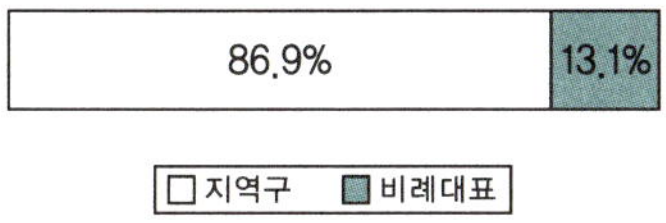

정답 및 해설

06 ②

06

남녀 국회의원의 여야별 SNS 이용자 구성비중 여자의 경우 여당이 (22÷38)×100≒57.9%이고, 야당은 (16÷38)×100≒42.1%이므로 적절하지 않다.

오답분석

① 국회의원의 여야별 SNS 이용자 수는 각각 145명, 85명이다.

③ 야당 국회의원의 당선 횟수별 SNS 이용자 구성비는 85명 중 초선 36명, 2선 28명, 3선 14명, 4선 이상 7명이므로 각각 계산해보면 42.4%, 32.9%, 16.5%, 8.2%이다.

④ 2선 이상 국회의원의 정당별 SNS 이용자는 A당 63명, B당 44명, C당 5명이다.

⑤ 여당 국회의원의 당선 유형별 SNS 이용자 구성비는 145명 중 지역구가 126명이고, 비례대표가 19명이므로 각각 86.9%와 13.1%이다.

07 **다음 보고서는 어느 해 기초노령연금 수급 현황에 대한 자료이다. 이에 대한 내용과 다른 것은?**

〈보고서〉

보건복지부의 자료에 의하면 12월 말 65세 이상 노인 중 약 373만 명에게 기초노령연금이 지급된 것으로 나타났다.
시도별 기초노령연금 수급률은 전남이 85.5%로 가장 높았고 그 다음이 경북(80.4%), 전북(79.3%), 경남(77.8%) 순이며, 서울(51.3%)이 가장 낮았다. 시군구별 기초노령연금 수급률은 전남 완도군이 94.1%로 가장 높았고 서울 서초구는 26.5%로 가장 낮았다. 특히 농어촌의 57개 지역과 대도시의 14개 지역은 기초노령연금 수급률이 80%를 넘었다.
여성(65.1%)이 남성(34.9%)보다 기초노령연금 혜택을 더 많이 받는 것으로 나타났는데, 이는 여성의 평균수명이 남성보다 더 길기 때문인 것으로 보인다. 기초노령연금을 받는 노인 중 70대가 수급자의 49.7%를 차지해 가장 비중이 높았다. 연령대별 수급자 비율을 큰 것부터 나열하면 80대, 90대, 70대 순이고, 80대의 경우 82.3%가 기초노령연금을 수령하였다.

① 시도별 기초노령연금 수급률

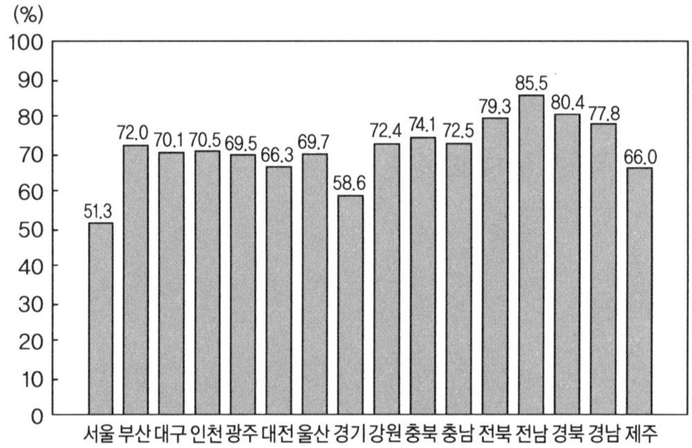

② 기초노령연금 수급자의 연령대별 구성비율(%)

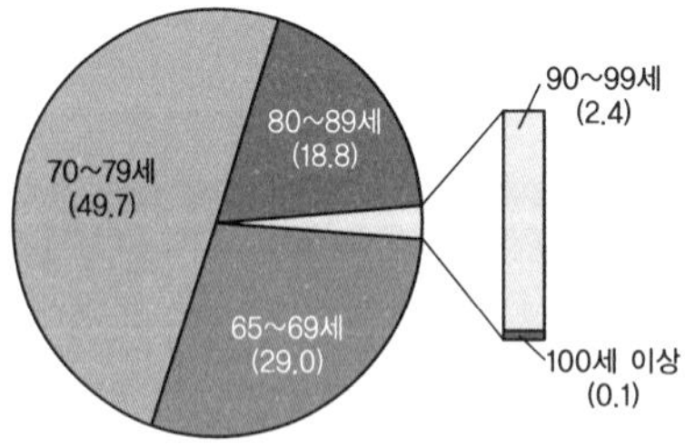

③ 시군구별 기초노령연금 수급률(상위 5개 및 하위 5개)

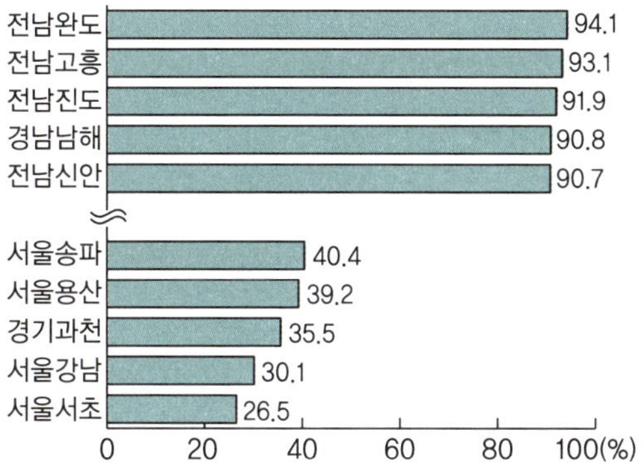

④ 연령대별 기초노령연금 수급자 비율

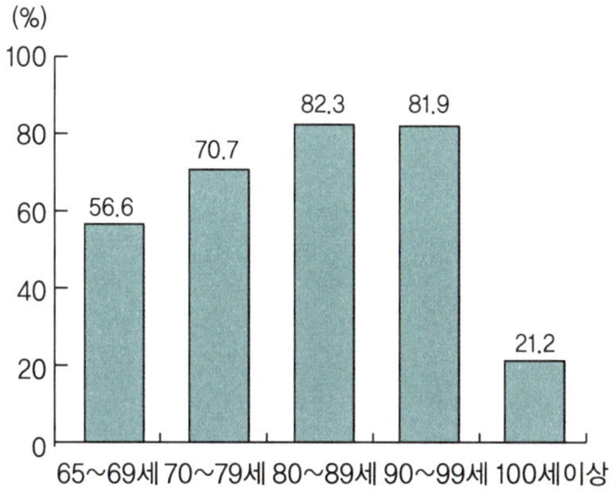

⑤ 기초노령연금 수급률별 · 도시규모별 지역 수

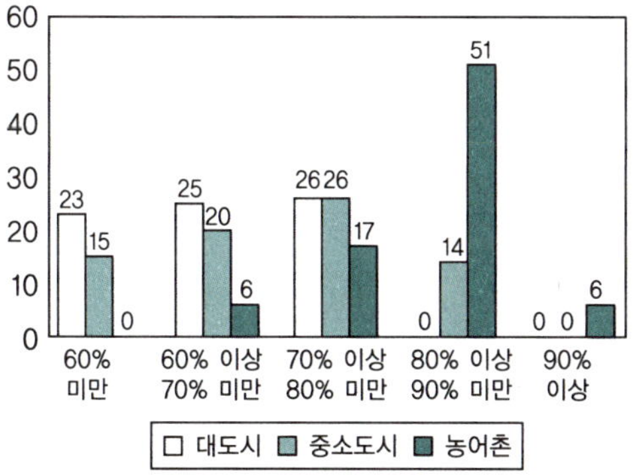

정답 및 해설

07 ⑤

07

보고서에 따르면 농어촌의 57개 지역과 대도시에서 14개 지역에서 기초노령연금 수급률이 80%를 넘었다고 하였는데, ⑤의 그래프에는 반영되지 않았으므로 자료의 내용과 부합하지 않는다.

08 다음은 2003년부터 2012년까지의 우리나라 외환보유액 추이에 대한 자료이다. 이를 변환한 그래프로 옳은 것은?

〈외환보유액 추이〉

(단위 : 억 달러, %)

구분	외환보유액	GDP 대비 외환보유액 비중	구분	외환보유액	GDP 대비 외환보유액 비중
2012년	3,270	28.2	2007년	2,622	25.0
2011년	3,064	27.5	2006년	2,390	25.1
2010년	2,916	28.7	2005년	2,104	24.9
2009년	2,700	32.4	2004년	1,991	27.6
2008년	2,012	21.6	2003년	1,554	24.1

①
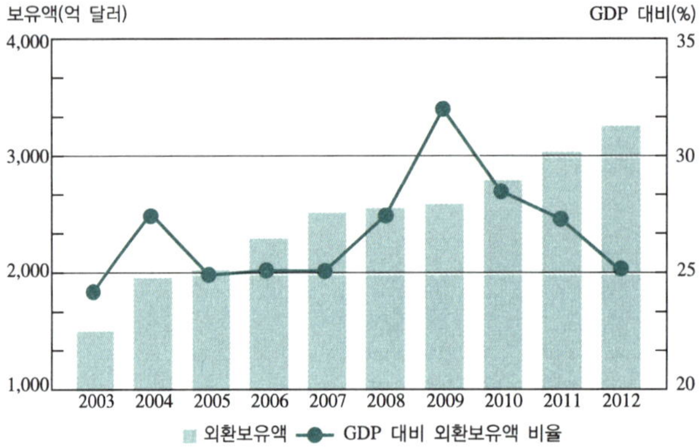

②
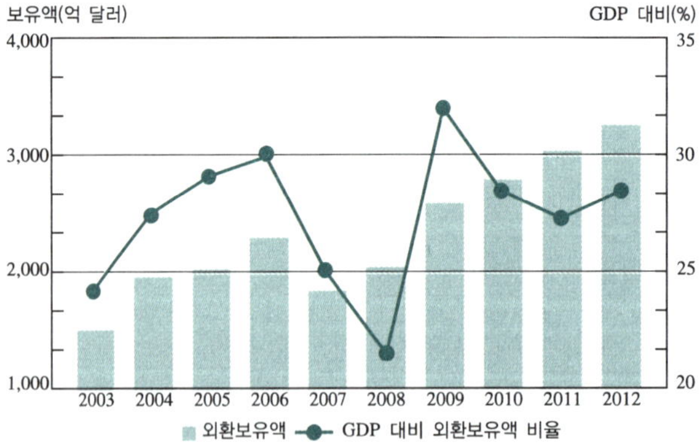

③

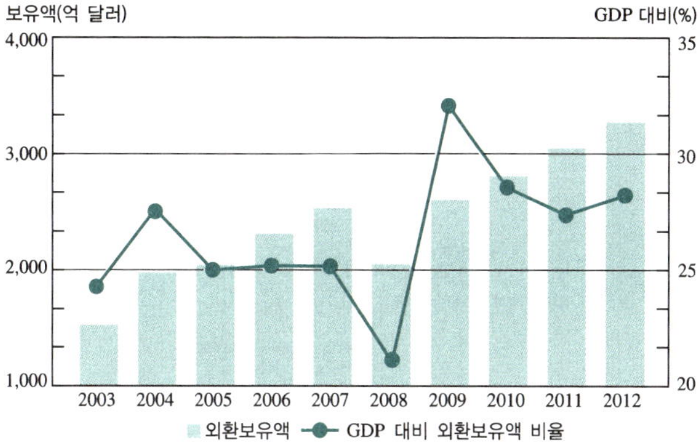

④

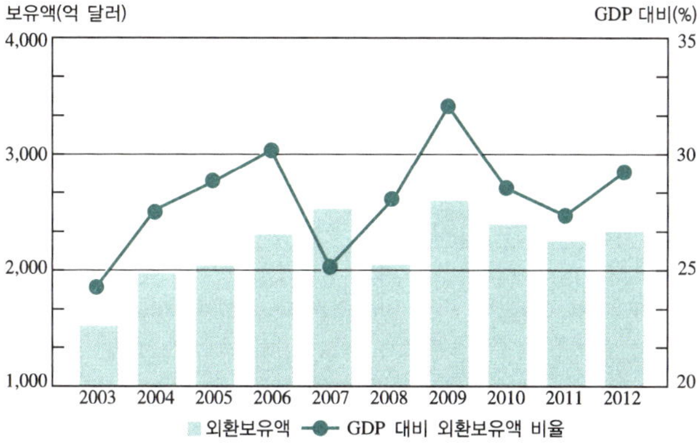

⑤

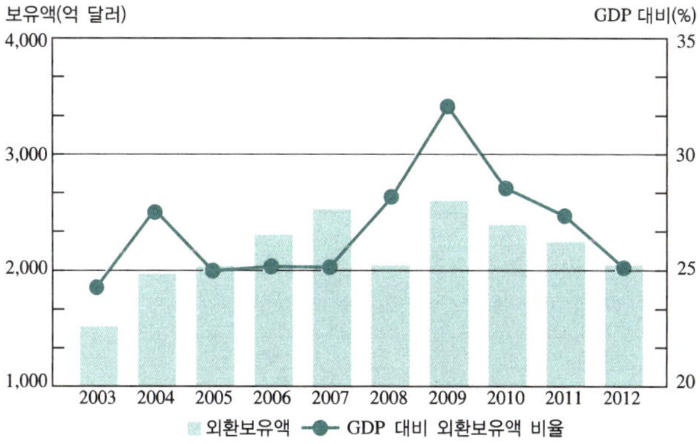

정답 및 해설

08 ③

08

주어진 자료에서 외환보유액과 GDP 대비 외환보유액 비중의 증감 추이는 다음과 같다.

구분	2003년	2004년	2005년	2006년	2007년	2008년	2009년	2010년	2011년	2012년
외환보유액	–	증가	증가	증가	증가	감소	증가	증가	증가	증가
GDP 대비 외환 보유액 비중	–	증가	감소	증가	감소	감소	증가	감소	감소	증가

자료의 외환보유액 증감 추이와 GDP 대비 외환보유액 비중의 증감 추이가 동일한 그래프는 ③이다.

09 다음은 한국 · 미국 · 일본 3국 환율에 대한 자료이다. 이를 변형한 그래프로 옳은 것은?

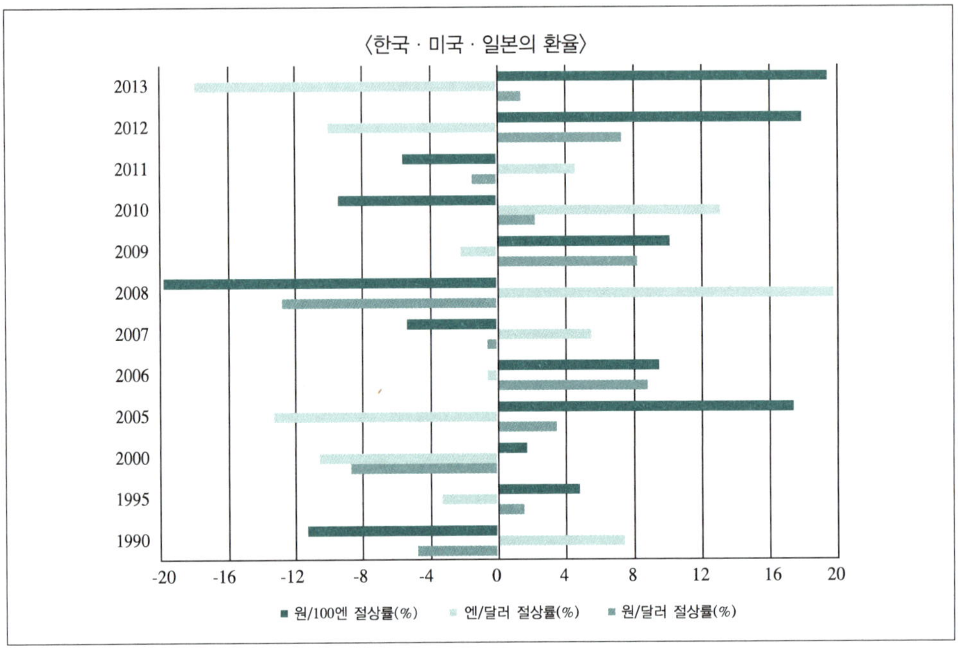

①

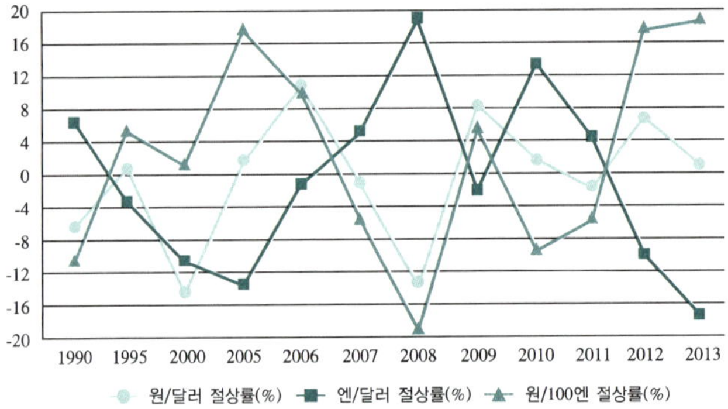

②

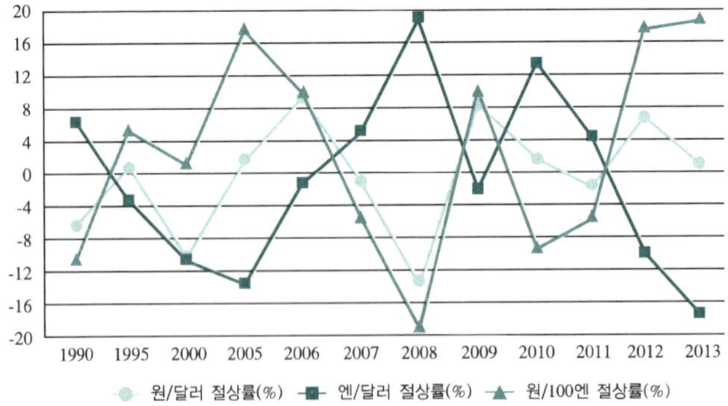

③

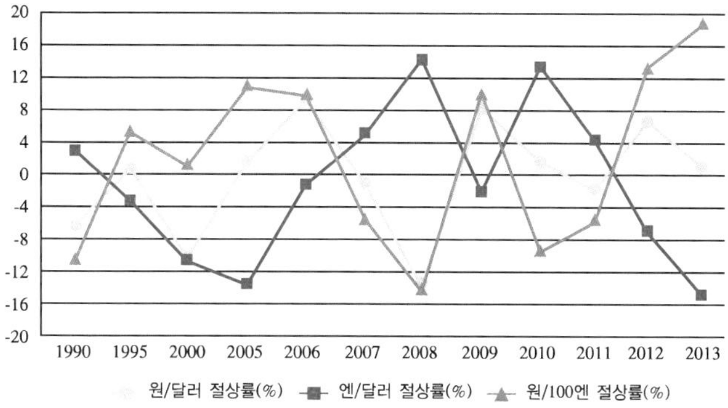

④

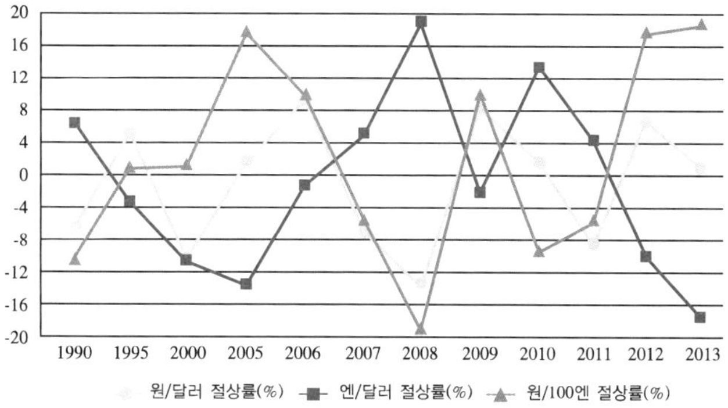

⑤

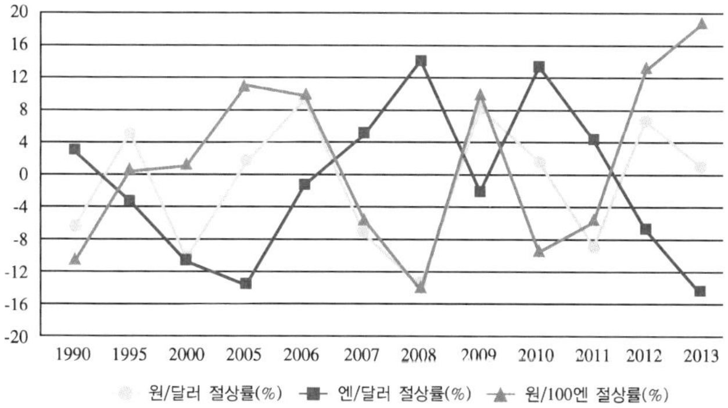

정답 및 해설

09 ②

09

오답분석

① 제시된 자료보다 2000년의 원/달러 절상률 수치가 낮다.

③ 제시된 자료보다 2008년의 엔/달러 절상률 수치는 낮고, 원/100엔 절상률 수치는 높다.

④ · ⑤ 제시된 자료에서 1995년은 원/100엔 절상률>원/달러 절상률>엔/달러 절상률 순서로 수치가 높다.

10 다음은 1997년부터 2005년까지 방송서비스 시장 매출액 관련 자료이다. 이를 변형했을 때 바르게 나타낸 것은?

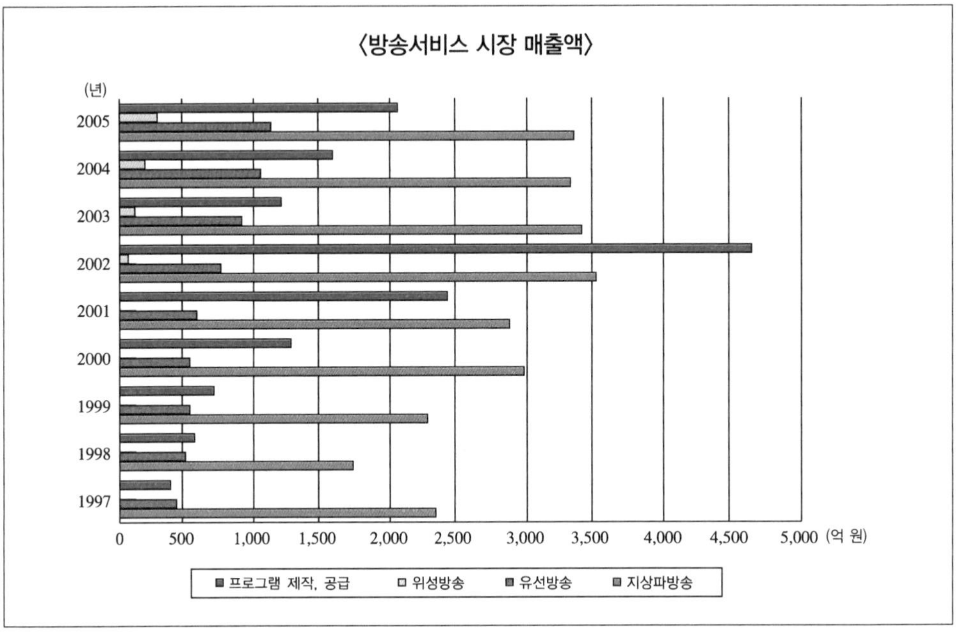

①
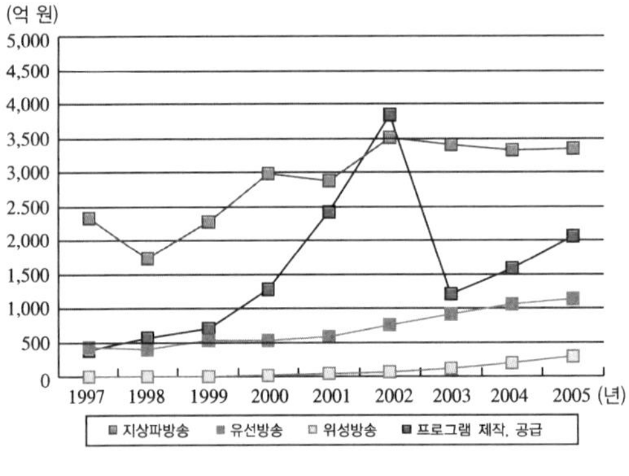

②
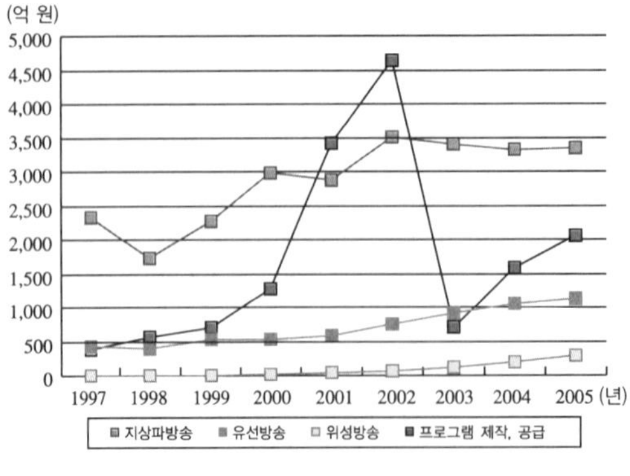

③
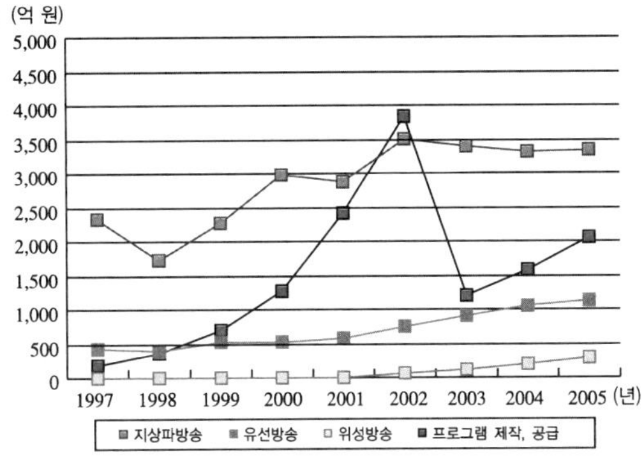

④
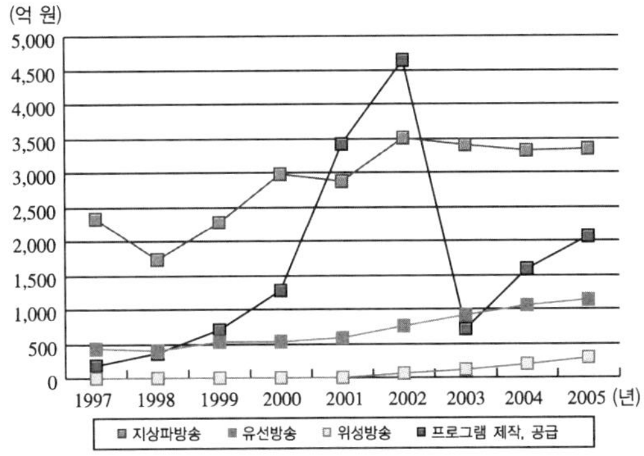

⑤
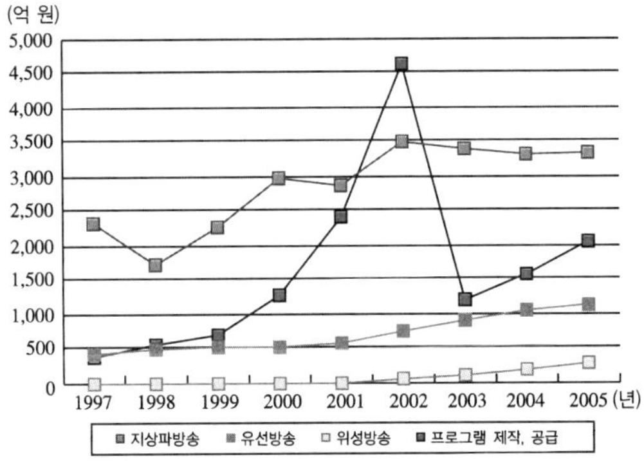

정답 및 해설

10 ⑤

10

오답분석

① · ③ 제시된 자료보다 2002년 프로그램 제작, 공급 수치가 낮다.

② · ④ 제시된 자료보다 2003년 유선방송 매출액이 프로그램 제작, 공급 매출액보다 많다.

PART 4

실전문제

정답 및 해설 p.016

01

자료계산

다음은 2021~2022년 9월 국제공항 운항 통계에 대한 자료이다. 2022년 운항편의 2021년 대비 증감률을 구할 때, 옳지 않은 것은?(단, 증감률은 소수점 둘째 자리에서 반올림한다)

〈2021~2022년 9월 국제공항 운항 통계〉

(단위 : 편, %)

구분	운항		증감률
	2021년	2022년	
일본	5,826	5,706	①
중국	6,853	7,322	②
미국	2,567	2,632	③
프랑스	193	225	④
인도네시아	309	289	⑤

① −2.1
② 6.8
③ 2.5
④ 16.6
⑤ −6.8

02

자료계산

다음은 각국의 인구대비 뇌사자 장기기증 비교 현황에 대한 자료이다. 빈칸에 들어갈 숫자로 옳지 않은 것은?(단, 총인구는 만의 자리에서, 뇌사 장기기증자 수는 소수점 첫째 자리에서, 인구 백만 명당 기증자 수는 소수점 셋째 자리에서 반올림한다)

〈각국 인구대비 뇌사자 장기기증 비교 현황〉

구분	한국	스페인	미국	영국	이탈리아
총인구(백만 명)	49.0	②	310.0	63.5	60.0
뇌사 장기기증자 수(명)	416	1,655	③	④	1,321
인구 백만 명당 기증자 수(명)	①	35.0	26.5	20.0	⑤

① 8.49
② 47.3
③ 8,215
④ 1,540
⑤ 22.02

03

자료계산

각 생산부서의 사업평가 자료를 취합하는 중에 커피를 흘려 일부 자료가 훼손되었다. 다음 빈칸에 들어갈 수치로 옳은 것은?(단, 인건비와 재료비 이외의 투입요소는 없다)

〈사업평가 자료〉

구분	목표량	인건비	재료비	산출량	효과성 순위	효율성 순위
A부서	(가)	200	50	500	3	2
B부서	1,000	(나)	200	1,500	2	1
C부서	1,500	1,200	(다)	3,000	1	3
D부서	1,000	300	500	(라)	4	4

※ (효과성)=(산출량)÷(목표량)
※ (효율성)=(산출량)÷(투입량)
※ (투입량)=(인건비)+(재료비)

	(가)	(나)	(다)	(라)
①	300	500	800	800
②	500	800	300	800
③	800	500	300	300
④	500	300	800	800
⑤	800	800	300	500

04

다음은 범죄유형별 발생 및 체포 건수에 대한 자료이다. 2014년부터 2017년까지 전년 대비 가장 큰 폭으로 증가한 범죄의 발생 건수 비율과 체포 건수 비율의 증가량의 차이는?

〈범죄유형별 발생 건수 비율〉

(단위 : %)

구분	2013년	2014년	2015년	2016년	2017년
흉악범죄	1.9	2.2	1.7	0.8	1.0
조폭범죄	3.4	2.6	1.6	1.4	1.3
절도죄	66.9	57.3	76.0	81.7	88.0
지능범죄	5.9	9.7	2.9	7.8	3.4
기타	21.9	28.2	17.8	8.3	6.3

〈범죄유형별 체포 건수의 비율〉

(단위 : %)

구분	2013년	2014년	2015년	2016년	2017년
흉악범죄	3.7	3.1	3.3	3.5	4.7
조폭범죄	5.3	3.6	3.5	4.6	5.0
절도죄	55.6	49.4	56.3	56.4	57.5
지능범죄	4.7	7.4	3.1	8.3	5.9
기타	30.7	36.5	33.8	27.2	26.2

① 11.7%p
② 11.8%p
③ 12.9%p
④ 13.0%p
⑤ 13.1%p

05

L사는 지속가능경영을 체계적으로 수행하기 위하여 CSM(Corporate Sustainability Management) 담당조직을 운영하고 있으며, 기획처 전략기획부에서 지속가능경영 업무를 총괄하고 있다. 전략기획부의 K사원은 2015년 지속가능경영 성과지표의 달성률을 구하는 업무를 수행하고 있다. 다음 (가)에 들어갈 값으로 옳은 것은?

〈지속가능경영 성과지표〉

성과지표	2015년 목표	2015년 성과	달성률(%)	2016년 목표	중장기 목표 (2020년)
부하율(%)	75.8	76.5	101	75.9	76.1
피크 감축량(만kW)	70	미시행	–	100	100
해외 매출액(조 원)	4.8	4.9	102	4.7	20(2025년)
핵심전략기술 확보 (건, 누계)	43	43	100	54	105
글로벌 미래인재 Pool(명)	2,100	2,203	105	전 직원 10% 이상	전 직원 10% 이상
배전 지중화율(%)	16.4	16.69	102	16.9	17.2
송배전 손실률(%)	3.7 이하	3.6	103	3.7 이하	3.7 이하
환경투자비용(억 원)	40,000	38,391	96	40,500	45,000
온실가스 배출량 (천 톤CO_2e)	1,600	1,309	(가)	1,610	1,610
고객만족도(점)	98.8	90.6	92	91.5	94.4
정전 시간(분)	10.53	10.26	103	9.9	7.91

※ 달성률 : 소수점 아래 첫째 자리에서 반올림함

※ 온실가스 배출량은 목표보다 성과가 작을수록 목표를 성공적으로 달성한 것임

① 82
② 88
③ 94
④ 102
⑤ 118

06

다음은 주요 대상국별 김치 수출액에 대한 자료이다. 기타를 제외하고 2016년 수출액이 3번째로 많은 국가의 2015년 대비 2016년 김치 수출액의 증감률은?(단, 소수점 셋째 자리에서 반올림한다)

〈주요 대상국별 김치 수출액〉

(단위 : 천 달러, %)

구분	2015년		2016년	
	수출액	점유율	수출액	점유율
일본	44,548	60.6	47,076	59.7
미국	5,340	7.3	6,248	7.9
호주	2,273	3.1	2,059	2.6
대만	3,540	4.8	3,832	4.9
캐나다	1,346	1.8	1,152	1.5
영국	1,919	2.6	2,117	2.7
뉴질랜드	773	1.0	1,208	1.5
싱가포르	1,371	1.9	1,510	1.9
네덜란드	1,801	2.4	2,173	2.7
홍콩	4,500	6.2	4,285	5.4
기타	6,093	8.3	7,240	9.2
합계	73,504	100	78,900	100

① −4.06%　　② −4.78%
③ −5.24%　　④ −6.82%
⑤ −7.02%

07

다음은 2018년부터 2022년까지 국내 오렌지 수입량 현황에 대한 자료이다. 빈칸에 들어갈 수치가 바르게 짝지어진 것은?(단, 각 수치는 매년 일정한 규칙으로 변화한다)

〈국가별 국내 오렌지 수입량〉

(단위 : 천 톤)

구분	2018		2019		2020		2021		2022	
	상반기	하반기	상반기	하반기	상반기	하반기	상반기	하반기	상반기	하반기
미국	2.7	2.8	2.6	2.4	2.5	2.6	2.7	2.7	2.4	2.7
필리핀	2.9	3.0	(ㄱ)	2.7	2.8	3.1	2.9	3.5	2.8	2.9
뉴질랜드	2.2	2.1	2.4	2.3	1.9	2.4	2.4	2.4	(ㄴ)	2.4
태국	1.5	1.9	2.0	2.1	1.7	2.1	2.0	2.0	1.9	2.0

	(ㄱ)	(ㄴ)
①	2.5	2.2
②	2.8	2.5
③	2.8	2.3
④	2.5	2.4
⑤	2.7	2.5

08

추론 / 분석

다음은 A~D사의 남녀 직원 비율에 대한 자료이다. 이에 대한 설명으로 옳지 않은 것은?

〈회사별 남녀 직원 비율〉

(단위 : %)

구분	A사	B사	C사	D사
남	54	48	42	40
여	46	52	58	60

① 여직원 대비 남직원 비율이 가장 높은 회사는 A이며, 가장 낮은 회사는 D이다.

② B, C, D사의 여직원 수의 합은 남직원 수의 합보다 크다.

③ A사의 남직원이 B사의 여직원보다 많다.

④ A사의 전체 직원 수가 B사 전체 직원 수의 2배라면, A, B사의 전체 직원 중 남직원이 차지하는 비율은 52%이다.

⑤ A, B, C사의 전체 직원 수가 같다면, A, C사 여직원 수의 합은 B사 여직원 수의 2배이다.

09

추론 / 분석

다음은 예식장 사업 형태에 대한 자료이다. 이에 대한 설명으로 옳지 않은 것은?

〈예식장 사업 형태〉

(단위 : 개, 백만 원, m^2)

구분	개인경영	회사법인	회사 이외의 법인	비법인 단체	합계
사업체 수	1,160	44	91	9	1,304
매출	238,789	43,099	10,128	791	292,807
비용	124,446	26,610	5,542	431	157,029
면적	1,253,791	155,379	54,665	3,534	1,467,369

※ $(\text{수익률})=\frac{(\text{매출})}{(\text{비용})}-1$

① 예식장 사업은 85% 이상 개인경영 형태로 이루어지고 있다.
② 사업체당 매출액이 평균적으로 제일 큰 것은 회사법인 예식장이다.
③ 예식장 사업은 매출액의 약 50% 정도가 수익이 되는 사업이다.
④ 수익률이 가장 높은 예식장 사업 형태는 회사법인 형태이다.
⑤ 사업체당 평균 면적이 가장 작은 것은 비법인 단체 형태이다.

10

추론 / 분석

다음은 사회지표 중 고령취업자에 대한 자료이다. 이에 대한 설명으로 옳지 않은 것은?

〈고령취업자 통계〉

(단위 : 천 명, %)

연도	고령취업자 수	고령취업자 비율				
		계	남	여	농가	비농가
2003년	1,688	11.3	10.8	12.0	24.3	6.8
2008년	2,455	13.6	13.1	14.3	35.9	8.3
2013년	3,069	15.0	14.4	16.0	46.5	10.1
2014년	3,229	15.5	15.0	16.2	48.2	10.7
2015년	3,465	16.3	15.9	17.1	50.2	11.6
2016년	3,273	16.4	15.9	17.0	52.0	10.9
2017년	3,351	16.5	15.8	17.5	53.0	11.4
전년 대비 (17/16)	2.4%p	0.1%p	− 0.1%p	0.5%p	1.0%p	0.5%p

※ (고령취업자 비율) $= \frac{\text{(고령취업자 수)}}{\text{(전체 취업자 수)}} \times 100$

① 2017년 농가에서의 고령취업자 비율은 53%로, 취업자 두 사람 중 한 명은 고령자이다.
② 2017년 고령취업률은 비농가보다 농가에서 높다.
③ 제시된 자료에서 2003년 이후 남녀 고령취업률을 비교하면 여성이 남성보다 높다.
④ 2017년 고령취업자 중 농가취업자 수가 전체의 약 82%를 차지한다.
⑤ 2013~2017년 농가의 고령취업률은 매년 상승했다.

11

다음은 주요 국가별 자국 영화 점유율에 대한 자료이다. 이에 대한 설명으로 옳지 않은 것은?

〈주요 국가별 자국 영화 점유율〉

(단위 : %)

구분	2017년	2018년	2019년	2020년
한국	50.8	42.1	48.8	46.5
일본	47.7	51.9	58.8	53.6
영국	28.0	31.1	16.5	24.0
독일	18.9	21.0	27.4	16.8
프랑스	36.5	45.3	36.8	35.7
스페인	13.5	13.3	16.0	12.7
호주	4.0	3.8	5.0	4.5
미국	90.1	91.7	92.1	92.0

① 자국 영화 점유율에서, 프랑스가 한국을 앞지른 해는 한 번도 없다.

② 지난 4년간 자국 영화 점유율이 매년 꾸준히 상승한 국가는 한 곳도 없다.

③ 2017년 대비 2020년 자국 영화 점유율이 가장 큰 폭으로 하락한 국가는 한국이다.

④ 2019년 자국 영화 점유율이 해당 국가의 4년간 통계에서 가장 높은 경우가 절반이 넘는다.

⑤ 2019년을 제외하고 영국, 독일, 프랑스, 스페인의 자국 영화 점유율 순위는 매년 동일하다.

12

다음은 2020년 하반기 8개국 수출수지에 대한 국제통계 자료이다. 이에 대한 설명으로 옳지 않은 것은?

〈8개국 수출수지〉

(단위 : 백만 USD)

구분	한국	그리스	노르웨이	뉴질랜드	대만	독일	러시아	미국
7월	40,882	2,490	7,040	2,825	24,092	106,308	22,462	125,208
8월	40,125	2,145	7,109	2,445	24,629	107,910	23,196	116,218
9월	40,846	2,656	7,067	2,534	22,553	118,736	25,432	122,933
10월	41,983	2,596	8,005	2,809	26,736	111,981	24,904	125,142
11월	45,309	2,400	8,257	2,754	25,330	116,569	26,648	128,722
12월	45,069	2,426	8,472	3,088	25,696	102,742	31,128	123,557

① 한국의 수출수지 중 전월 대비 수출수지 증가량이 가장 많았던 달은 11월이다.

② 뉴질랜드의 수출수지는 8월 이후 지속해서 증가하였다.

③ 그리스의 12월 수출수지 증가율은 전월 대비 약 1.1%이다.

④ 10월부터 12월 사이 한국의 수출수지 변화 추이와 같은 양상을 보이는 나라는 2개국이다.

⑤ 7월 대비 12월 수출수지가 감소한 나라는 그리스, 독일, 미국이다.

13

추론 / 분석

다음은 주요 온실가스의 연평균 농도 변화 추이에 대한 자료이다. 이에 대한 설명으로 옳지 않은 것은?

〈주요 온실가스 연평균 농도 변화 추이〉

구분	2014년	2015년	2016년	2017년	2018년	2019년	2020년
이산화탄소(ppm)	387.2	388.7	389.9	391.4	392.5	394.5	395.7
오존전량(DU)	331	330	328	325	329	343	335

① 이산화탄소의 농도는 계속해서 증가하고 있다.

② 오존전량은 계속해서 증가하고 있다.

③ 2020년 오존전량은 2014년의 오존전량보다 4DU 증가했다.

④ 2020년 이산화탄소의 농도는 2015년보다 7ppm 증가했다.

⑤ 이산화탄소의 전년 대비 2017년의 증가폭과 2015년의 증가폭은 같다.

14

추론 / 분석

다음은 A사의 부채 현황에 대한 자료이다. 이에 대한 내용으로 옳지 않은 것은?

〈A사 부채 현황〉

(단위 : 조 원)

회계연도		2007년	2008년	2009년	2010년	2011년	2012년	2013년	2014년	2015년	2016년
자산		65.6	66.9	70.0	92.3	94.8	96.2	97.6	99.7	106.3	105.3
부채	금융부채	14.6	19.0	22.0	26.4	30.0	34.2	35.4	32.8	26.5	22.4
	비금융부채	7.0	6.9	6.9	17.8	20.3	20.7	21.2	23.5	26.6	27.5
	합계	21.6	25.9	28.9	44.2	50.3	54.9	56.6	56.3	53.1	49.9
자본		44	41	41.1	48.1	44.5	41.3	41.0	43.4	53.2	55.4

※ [부채비율(%)]=(부채합계)÷(자본)×100

① 2013년도의 부채비율은 약 138%로 다른 연도에 비해 부채비율이 가장 높다.

② 2007년도부터 2015년도까지 자산은 꾸준히 증가해왔다.

③ 2007년도부터 2014년도까지 금융부채는 비금융부채보다 1.5배 이상 많다.

④ 부채는 2013년도 이후 줄어들고 있다.

⑤ 자본은 비금융부채보다 매년 1.5배 이상 많다.

15

추론 / 분석

다음은 어느 해 개최된 올림픽에 참가한 6개국의 성적이다. 이에 대한 설명으로 옳지 않은 것은?

〈각국의 올림픽 성적〉

(단위 : 명, 개)

구분	참가선수	금메달	은메달	동메달	메달 합계
A국	240	4	28	57	89
B국	261	2	35	68	105
C국	323	0	41	108	149
D국	274	1	37	74	112
E국	248	3	32	64	99
F국	229	5	19	60	84

① 획득한 금메달 수가 많은 국가일수록 획득한 은메달 수는 적었다.
② 금메달을 획득하지 못한 국가가 가장 많은 메달을 획득했다.
③ 참가선수의 수가 많은 국가일수록 획득한 동메달 수도 많았다.
④ 획득한 메달의 개수가 많은 국가일수록 참가선수의 수도 많았다.
⑤ 참가선수가 가장 적은 국가의 메달 합계는 전체 6위이다.

16

다음은 A~D기업의 주식정보에 대한 자료이다. 이에 대한 설명으로 옳은 것을 〈보기〉에서 모두 고르면?(단, 〈보기〉의 내용은 A, B, C, D기업의 예로 한정한다)

〈A~D기업의 주식정보〉

(단위 : 천 원)

구분	A	B	C	D
자기자본	100,000	500,000	250,000	80,000
액면가	5	5	0.5	1
순이익	10,000	200,000	125,000	60,000
주식가격	10	15	8	12

※ $(\text{자기자본 순이익률})=\frac{(\text{순이익})}{(\text{자기자본})}$

※ $(\text{주당 순이익})=\frac{(\text{순이익})}{(\text{발행 주식 수})}$

※ (자기자본)=(발행 주식 수)×(액면가)

보기

ㄱ. 주당 순이익은 A기업이 가장 낮다.
ㄴ. 주당 순이익이 높을수록 주식가격이 높다.
ㄷ. D기업의 발행 주식 수는 A기업의 발행 주식 수의 4배이다.
ㄹ. 자기자본 순이익률은 C기업이 가장 높고, A기업이 가장 낮다.

① ㄱ
② ㄴ
③ ㄱ, ㄹ
④ ㄴ, ㄷ
⑤ ㄱ, ㄷ, ㄹ

17

다음은 4대강 BOD 농도에 대한 자료이다. 이에 대한 설명으로 옳지 않은 것은?

〈4대강 BOD〉

(단위 : mg/L)

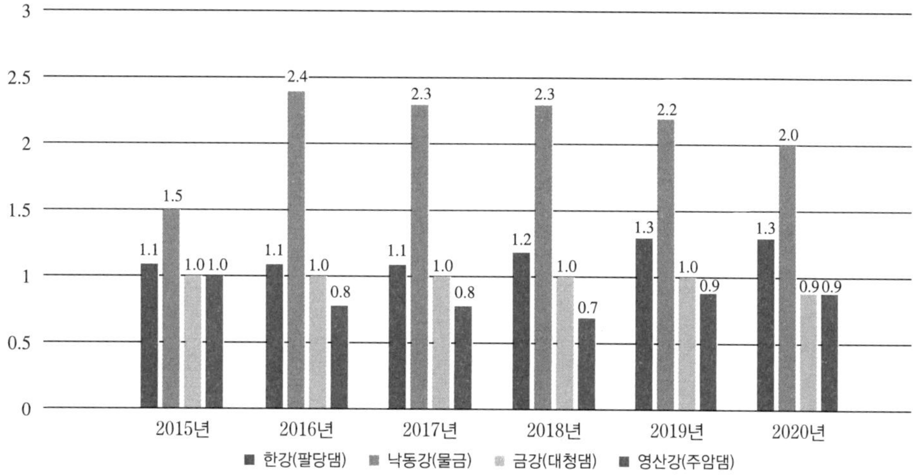

※ 생물학적 산소요구량(BOD)은 물속의 미생물이 유기물을 분해 · 안정화하는 데 필요한 산소의 양으로, 유기물질에 의한 오염 정도를 나타냄(수치가 클수록 오염이 심한 것임)

- BOD 1mg/L 이하인 경우 수질등급 : "매우 좋음"으로 용존산소가 풍부하고, 오염물질이 없는 청정상태의 생태계로 간단한 정수처리 후 생활용수로 사용할 수 있음
- BOD 2mg/L 이하인 경우 수질등급 : "좋음"으로 용존산소가 많은 편이며, 오염물질이 거의 없는 청정상태에 근접한 생태계로 볼 수 있음
- BOD 3mg/L 이하인 경우 수질등급 : "약간 좋음"으로 약간의 오염물질은 있으나, 용존산소가 많은 상태의 다소 좋은 생태계로 일반적 정수처리 후 생활용수 또는 수영용수로 사용할 수 있는 경우를 말함

① 내청댐은 "매우 좋음"의 수질등급을 유지하고 있다.

② 팔당댐을 제외한 3대강은 전년에 비해 BOD가 줄거나 동일하다.

③ 물속의 미생물이 유기물을 분해 · 안정화하는 데 필요한 산소의 양이 가장 많이 필요했던 것은 2016년 낙동강이었다.

④ 가장 적게 오염된 곳은 영산강이다.

⑤ 낙동강은 "좋음"과 "약간 좋음"의 등급을 넘나든다.

18

다음은 출생과 사망 추이에 대한 자료이다. 이에 대한 설명으로 옳지 않은 것은?(단, 모든 계산은 소수점 둘째 자리에서 반올림한다)

〈출생아 수와 합계 출산율〉

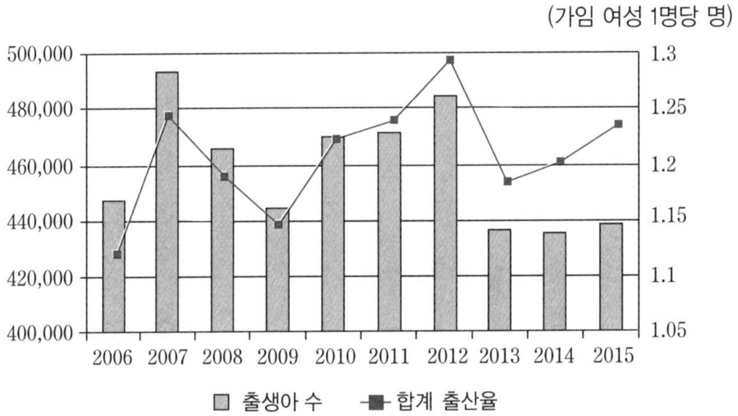

〈출생 · 사망 추이〉

구분		2010년	2011년	2012년	2013년	2014년	2015년
출생	출생아 수(명)	470,171	471,265	484,550	436,455	435,000	438,420
	조출생률 (인구 1천 명당 명)	9.4	9.4	9.6	8.6	8.6	8.6
사망	사망자 수(명)	255,405	257,396	267,221	259,257	260,000	275,800
	조사망률 (인구 1천 명당 명)	5.1	5.1	5.3	5.3	5.3	5.4
기대 수명	전체(년)	80.2	80.6	80.9	81.4	81.8	82.1
	남자(년)	76.8	77.3	77.6	78.1	78.6	79
	여자(년)	83.6	84	84.2	84.6	85	85.2

※ 합계 출산율 : 여성 1명이 평생 낳을 것으로 예상되는 평균 출생아 수

※ 기대수명 : 0세 출생자가 향후 생존할 것으로 기대되는 평균 생존연수로서, '0세의 기대여명'을 말함

① 2015년의 총출생아 수는 전년의 약 0.8%인 3,420명 증가했다.

② 합계 출산율은 2012년에서 2013년에 크게 감소했지만, 그 후에는 꾸준히 증가하고 있다.

③ 총사망자는 2013년 이후 지속적으로 증가하는 추세이며, 2015년에는 전년 대비 약 6.1% 정도 증가했다.

④ 출생아 수는 2007년부터 2011년까지 꾸준히 감소하다가 2012년에 급격히 증가한 후 다시 감소 추세를 보이고 있다.

⑤ 2015년 전체 기대수명은 82.1년으로 전년 대비 약 0.4%가 증가했다.

다음은 창업보육센터의 현황에 대한 자료이다. 이에 대한 설명으로 옳지 않은 것을 〈보기〉에서 모두 고르면?

〈연도별 창업보육센터 수 및 지원금액〉

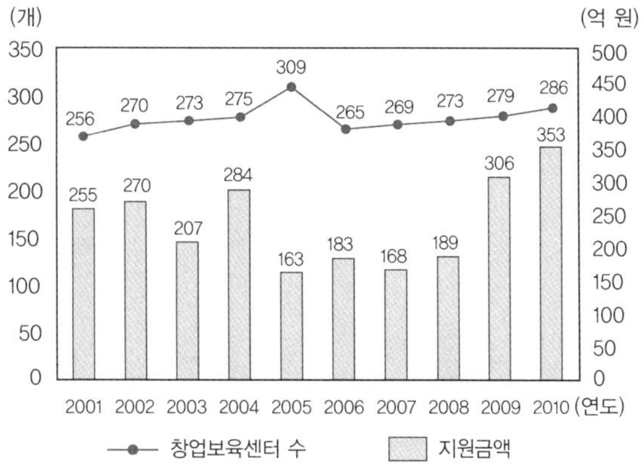

〈연도별 창업보육센터당 입주업체 수 및 매출액〉

(단위 : 개, 억 원)

구분 \ 연도	2008년	2009년	2010년
창업보육센터당 입주업체 수	16.6	17.0	16.8
창업보육센터당 입주업체 매출액	85.0	91.0	86.7

※ 한 업체는 1개의 창업보육센터에만 입주함

보기

ㄱ. 2010년 전년 대비 창업보육센터 지원금액 증가율은 2010년 전년 대비 창업보육센터 수 증가율의 5배 이상이다.

ㄴ. 2010년 칭업보육센터의 전체 입주업체 수는 전년보다 적다.

ㄷ. 창업보육센터당 지원금액이 가장 적은 해는 2005년이며, 가장 많은 해는 2010년이다.

ㄹ. 창업보육센터 입주업체의 전체 매출액은 2008년 이후 매년 증가하였다.

① ㄱ, ㄴ

② ㄱ, ㄷ

③ ㄴ, ㄷ

④ ㄴ, ㄹ

⑤ ㄷ, ㄹ

20

다음은 연도별 개인의 스팸 수신량에 대한 자료이다. 이에 대한 설명으로 옳지 않은 것은?

〈1인 1일 스팸 수신량〉

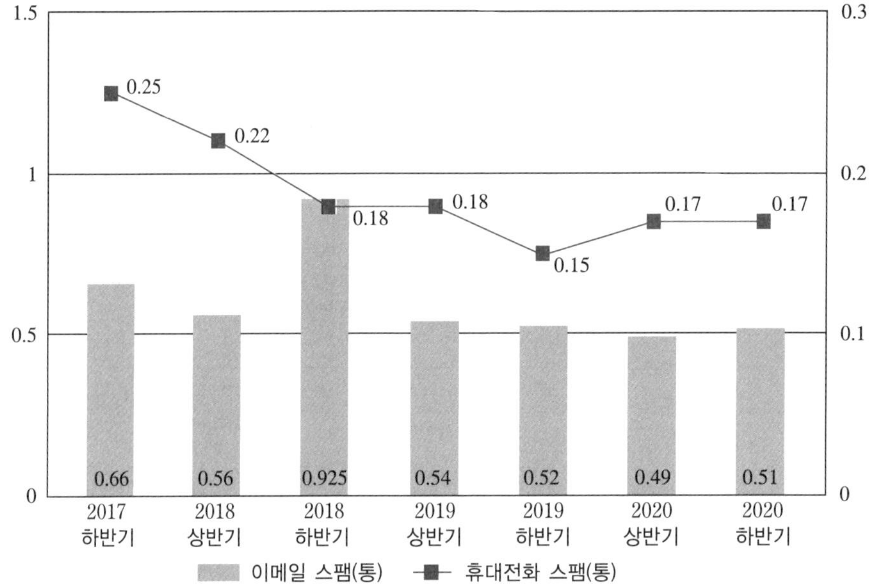

① 이메일과 휴대전화 모두 스팸 수신량이 가장 높은 시기는 2018년 하반기이다.
② 이메일 스팸 수신량이 휴대전화 스팸 수신량보다 항상 많다.
③ 이메일과 휴대전화 스팸 수신량 사이에 밀접한 관련이 있다고 보기 어렵다.
④ 이메일 스팸 총수신량의 평균은 휴대전화 스팸 총수신량 평균의 2배 이상이다.
⑤ 컴퓨터 사용량과 이메일 스팸 수신량이 정비례 관계에 있다고 한다면, 2018년 하반기 우리나라 국민의 평균 컴퓨터 사용량이 제일 높았을 것이다.

21

다음은 2015년부터 2017년까지 양파 재배면적조사 결과와 연도별 마늘 재배면적 및 가격 추이에 대한 자료이다. 이에 대한 설명으로 옳지 않은 것은?

〈양파 재배면적 조사 결과〉

(단위: ha, %)

구분	2015년	2016년 (A)	2017년 (B)	증감 (C=B−A)	증감률 (C/A)	비중
양파	18,015	19,896	19,538	−358	−1.8	100.0
조생종	2,013	2,990	2,796	−194	−6.5	14.3
중만생종	16,002	16,906	16,742	−164	−1.0	85.7

〈연도별 마늘 재배면적 및 가격 추이〉

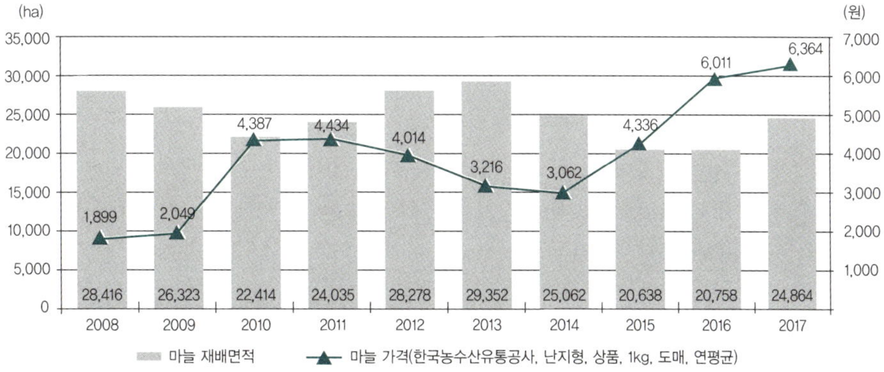

※ 마늘 가격은 연평균임(2017년은 1월부터 4월까지 평균임)

① 2017년 양파 재배면적의 증감률은 조생종이 중만생종보다 크다.
② 마늘 가격은 마늘 재배면적에 반비례한다.
③ 마늘의 재배면적은 2013년이 가장 넓다.
④ 2017년 재배면적은 작년보다 양파는 감소하였고, 마늘은 증가하였다.
⑤ 마늘 가격은 2014년 이래로 계속 증가하였다.

※ 다음 그래프에 대한 설명으로 옳은 것을 고르시오. [22~23]

22

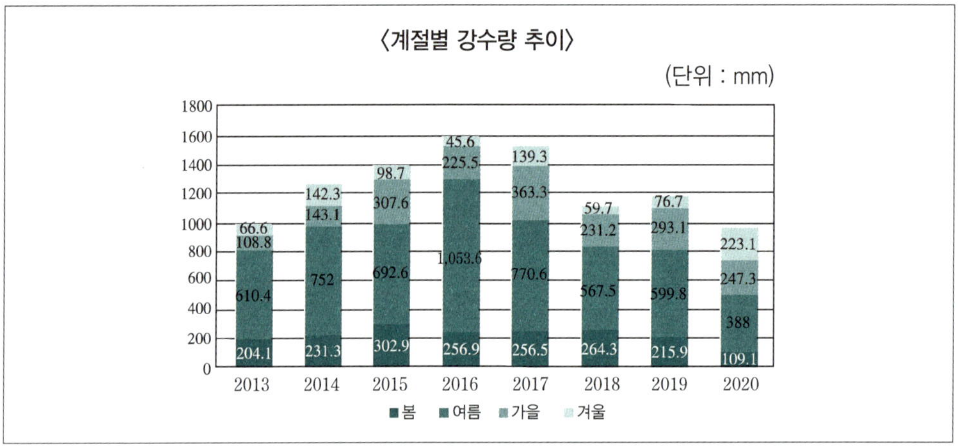

① 2013년부터 2020년까지 가을철 평균 강수량은 210mm 미만이다.

② 우리나라 여름철 강수량은 그 해 강수량의 50% 이상을 차지한다.

③ 강수량이 제일 낮은 해에 우리나라는 가뭄이었다.

④ 전년 대비 강수량의 변화가 가장 큰 때는 2018년이다.

⑤ 여름철 강수량이 두 번째로 높았던 해의 가을 · 겨울철 강수량의 합은 봄철 강수량의 2배 이상이다.

23

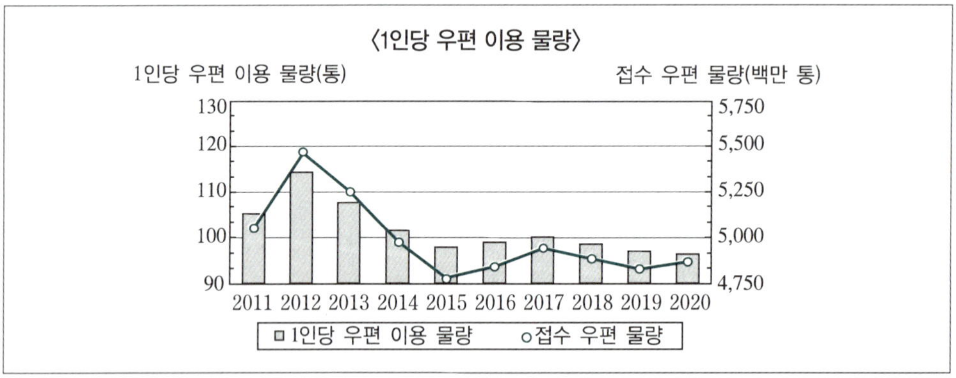

① 1인당 우편 이용 물량은 증가 추세에 있다.

② 1인당 우편 이용 물량은 2012년에 가장 높았고, 2015년에 가장 낮았다.

③ 매년 평균적으로, 1인당 4일에 한 통 이상은 우편물을 보냈다.

④ 1인당 우편 이용 물량과 접수 우편 물량 모두 2017년부터 2020년까지 지속적으로 감소하고 있다.

⑤ 접수 우편 물량이 가장 많은 해와 가장 적은 해의 차이는 약 900백만 통이다.

24

다음은 L사 직원들이 문화재 관광 콘텐츠의 개발방향을 찾기 위해 다음 자료를 바탕으로 나눈 대화이다. 이에 대해 설명한 내용으로 옳지 않은 것은?

〈궁능원 관람객 수 추이〉

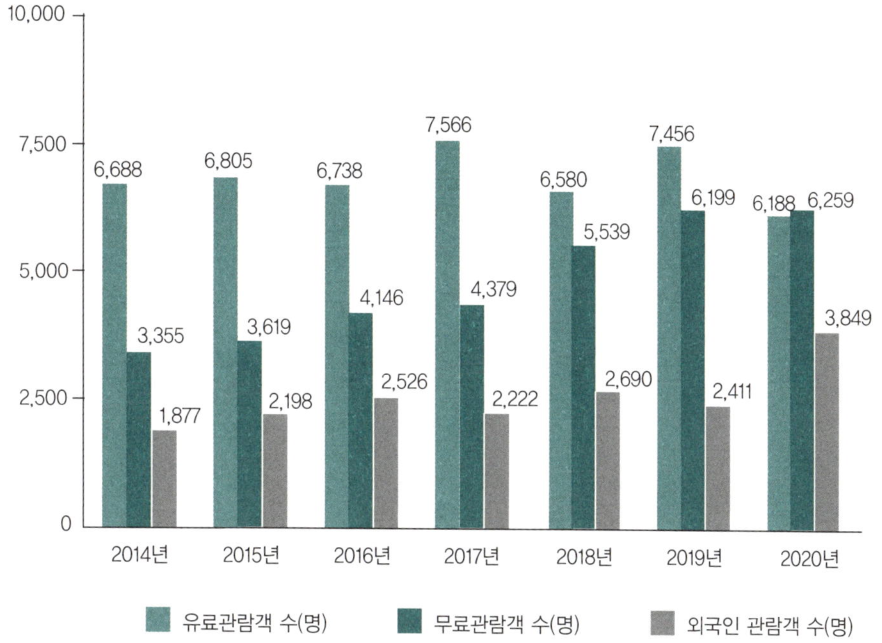

※ 외국인 관람객 수는 전체 관람객 수에 포함된 인원임

※ (전체 관람객 수)=(유료관람객 수)+(무료관람객 수)

① A씨 : 2020년 외국인 관람객 수는 2014년에 비해 102% 이상 증가했네요. 외국인 관람객에 대한 콘텐츠 개발을 더욱더 확충했으면 좋겠어요.

② B씨 : A씨의 의견이 맞는 것 같아요. 2020년의 전체 관람객 수에서 외국인 관람객이 차지한 비중이 2014년에 비해 15% 이상 증가했네요. 외국인 관람객을 위한 외국어 안내문과 팸플릿을 개선했으면 좋겠네요.

③ C씨 : 유료관람객은 2020년을 제외하고 항상 가장 높은 비중을 차지하고 있어요. 유료관람객 확대 유치를 위한 콘텐츠가 필요해요.

④ D씨 : C씨의 의견에 덧붙이자면, 유료관람객 수는 2014년 이후로 증가와 감소가 반복되고 있어요. 유료관람객 수의 지속적인 증가를 위해 지역주민에 대한 할인, 한복업체와 연계한 생활한복 무료대여 행사같이 여러 가지 이벤트를 개발했으면 좋겠어요.

⑤ E씨 : 무료관람객 수의 경우 2014년 이후 지속적으로 증가하는 양상을 보이네요. 2018년에 전년 대비 가장 많이 관람객이 증가했지만, 2020년에는 전년 대비 가장 적게 관람객이 증가했어요.

25

다음은 비만도 측정에 대한 자료와 학생 3명의 신체조건이다. 이에 대한 설명으로 옳지 않은 것은?(단, 비만도 계산 시 소수점은 버린다)

〈비만도 측정법〉

- (표준체중)=[(신장)−100]×0.9
- (비만도)=$\frac{\text{(현재체중)}}{\text{(표준체중)}}$×100

〈비만도 구분〉

구분	조건
저체중	90% 미만
정상체중	90% 이상 110% 이하
과체중	110% 초과 120% 이하
경도비만	120% 초과 130% 이하
중등도비만	130% 초과 150% 이하
고도비만	150% 이상 180% 이하
초고도비만	180% 초과

〈신체조건〉

- 혜지 : 키 158cm, 몸무게 58kg
- 기원 : 키 182cm, 몸무게 71kg
- 용준 : 키 175cm, 몸무게 96kg

① 혜지의 표준체중은 52.2kg이며 기원이의 표준체중은 73.8kg이다.
② 기원이가 과체중이 되기 위해서는 5kg 이상 체중이 증가하여야 한다.
③ 3명의 학생 중 정상체중인 학생은 기원이뿐이다.
④ 용준이가 약 22kg 이상 체중을 감량하면 정상체중 범주에 포함된다.
⑤ 혜지의 현재체중과 표준체중의 비만도 차이에 4배를 한 값은 용준이의 현재체중과 표준체중의 비만도 차이 값보다 더 크다.

26

다음은 A국의 최종에너지 소비량에 대한 자료이다. 이에 대한 설명으로 옳은 것을 〈보기〉에서 모두 고르면?

〈2008～2010년 유형별 최종에너지 소비량 비중〉

(단위 : %)

구분	석탄		석유제품	도시가스	전력	기타
	무연탄	유연탄				
2008년	2.7	11.6	53.3	10.8	18.2	3.4
2009년	2.8	10.3	54.0	10.7	18.6	3.6
2010년	2.9	11.5	51.9	10.9	19.1	3.7

〈2010년 부문별 · 유형별 최종에너지 소비량〉

(단위 : 천 TOE)

구분	석탄		석유제품	도시가스	전력	기타	합계
	무연탄	유연탄					
산업	4,750	15,317	57,451	9,129	23,093	5,415	115,155
가정 · 상업	901	4,636	6,450	11,105	12,489	1,675	37,256
수송	0	0	35,438	188	1,312	0	36,938
기타	0	2,321	1,299	669	152	42	4,483
합계	5,651	22,274	100,638	21,091	37,046	7,132	193,832

보기

ㄱ. 2008～2010년 동안 전력 소비량은 매년 증가한다.
ㄴ. 2010년 산업부문의 최종에너지 소비량은 전체 최종에너지 소비량의 50% 이상을 차지한다.
ㄷ. 2008～2010년 동안 석유제품 소비량 대비 전력 소비량의 비율이 매년 증가한다.
ㄹ. 2010년에는 산업부문과 가정 · 상업부문에서 유연탄 소비량 대비 무연탄 소비량의 비율은 25% 이하이다.

① ㄱ, ㄴ
② ㄱ, ㄹ
③ ㄴ, ㄷ
④ ㄴ, ㄹ
⑤ ㄷ, ㄹ

27

다음은 국가 연도별 주택용 전기요금과 월간 전기사용량에 대한 자료이다. 이에 대한 설명으로 옳지 않은 것은?

〈국가 및 연도별 주택용 전기요금〉

(단위 : 원/kWh)

구분	2018년	2019년	2020년
한국	200	192	187
미국	138	132	128
프랑스	248	246	250
일본	268	278	277

〈국가 및 연도별 월간 주택용 전기사용량〉

(단위 : kWh/가구)

구분	2018년	2019년	2020년
한국	320	335	369
미국	364	378	397
프랑스	355	366	365
일본	362	341	357

※ (가구당 월간 전기요금)=(주택용 전기요금)×(월간 주택용 전기 사용량)

① 2019년에 주택용 전기요금이 가장 높은 국가의 같은 해 월간 주택용 전기사용량은 두 번째로 적다.

② 2018~2020년 주택용 전기요금이 가장 낮은 국가의 주택용 월간 전기사용량은 네 국가 중 가장 많다.

③ 한국의 2018년 가구당 월간 전기요금이 2019년보다 높다.

④ 프랑스의 2019년 월간 주택용 전기사용량은 같은 해 일본의 월간 주택용 전기사용량보다 5% 이상 더 사용하였다.

⑤ 2018~2020년 한국의 주택용 전기요금과 월간 주택용 전기사용량의 증감 추이는 반대이다.

28

다음은 A사에서 서울 및 수도권 지역의 가구를 대상으로 난방방식 현황 및 난방연료 사용현황에 대해 조사한 자료이다. 이에 대한 설명으로 옳은 것은?

〈난방방식 현황〉

(단위 : %)

구분	서울	인천	경기남부	경기북부	전국 평균
중앙난방	22.3	13.5	6.3	11.8	14.4
개별난방	64.3	78.7	26.2	60.8	58.2
지역난방	13.4	7.8	67.5	27.4	27.4

※ 경기지역은 남부와 북부로 나눠 조사함

〈난방연료 사용현황〉

(단위 : %)

구분	서울	인천	경기남부	경기북부	전국 평균
도시가스	84.5	91.8	33.5	66.1	69.5
LPG	0.1	0.1	0.4	3.2	1.4
등유	2.4	0.4	0.8	3.0	2.2
열병합	12.6	7.4	64.3	27.1	26.6
기타	0.4	0.3	1.0	0.6	0.3

① 경기북부지역의 경우 도시가스를 사용하는 가구 수가 등유를 사용하는 가구 수의 30배 이상이다.

② 다른 난방연료와 비교했을 때 서울과 인천지역에서는 등유를 사용하는 비율이 가장 낮다.

③ 지역난방을 사용하는 가구 수는 서울이 인천의 약 1.7배이다.

④ 경기지역은 남부가 북부보다 지역난방을 사용하는 비율이 낮다.

⑤ 경기남부의 가구 수가 경기북부의 가구 수의 2배라면 경기지역에서 개별난방을 사용하는 가구 수의 비율은 약 37.7%이다.

다음 지문의 내용을 변환한 그래프로 옳은 것은?

2020년을 기준으로 신규 투자액은 평균 43.48백만 원으로 나타났으며, 유지보수 비용으로는 평균 32.29백만 원을 사용한 것으로 나타났다. 반면, 2021년 예상 투자액의 경우 신규투자는 10.93백만 원 감소한 ㉠원으로 예상하였으며, 유지보수 비용의 경우 0.11백만 원 증가한 ㉡원으로 예상하고 있다.

①

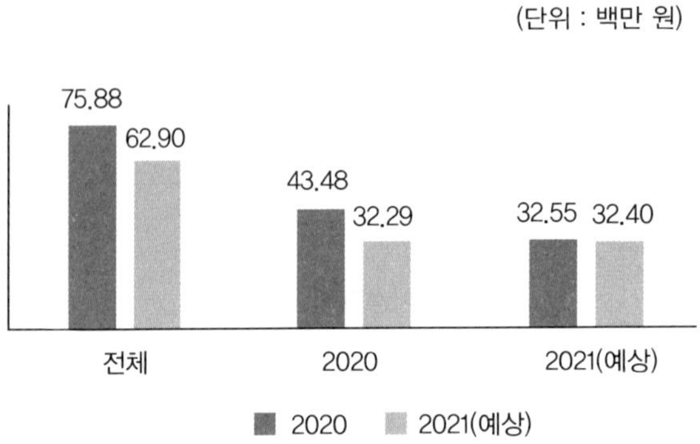

②

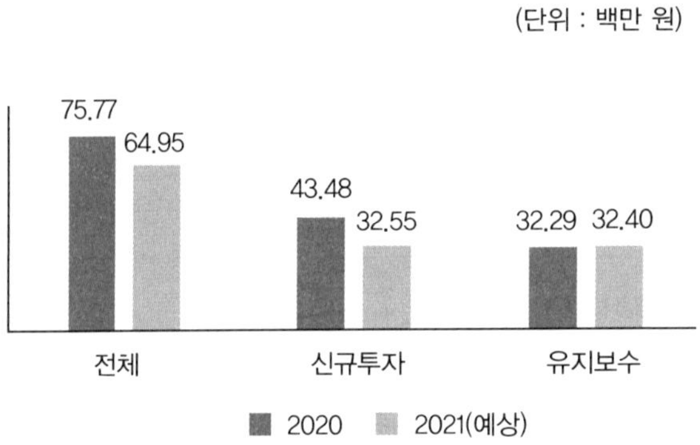

③

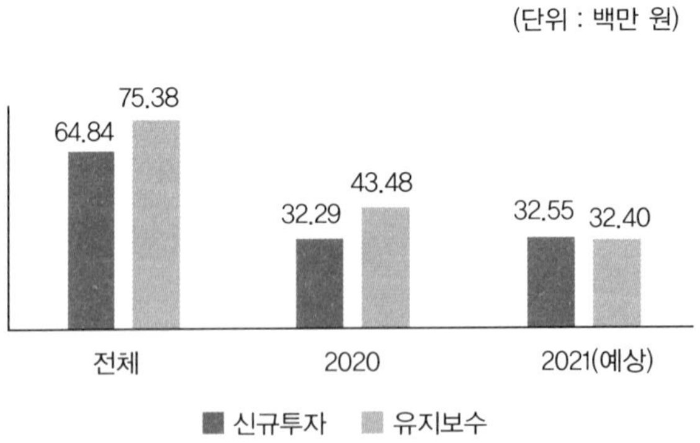

④ (단위 : 백만 원)

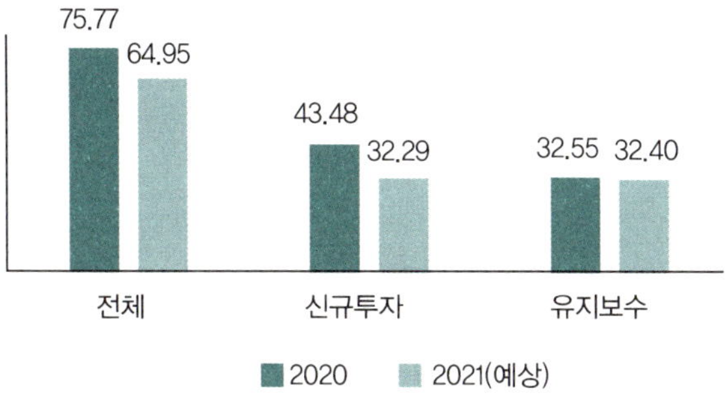

⑤ (단위 : 백만 원)

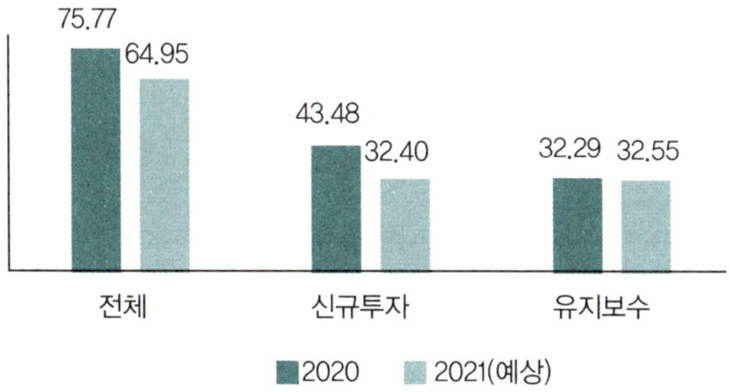

30

다음은 1998년부터 2008년까지 매체별 광고비 현황에 대한 자료이다. 이를 변환한 그래프로 옳은 것은?

〈매체별 광고비 현황〉

(단위 : 억 원)

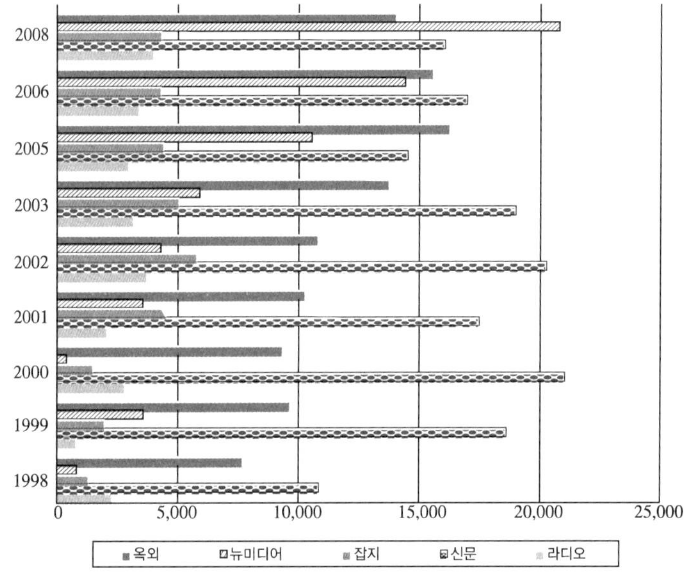

①

(단위 : 억 원)

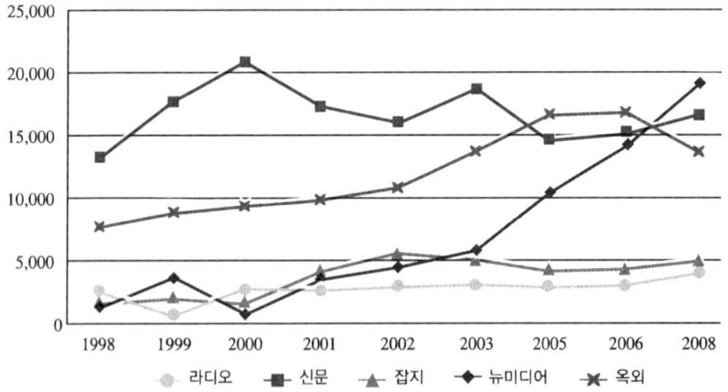

②

(단위 : 억 원)

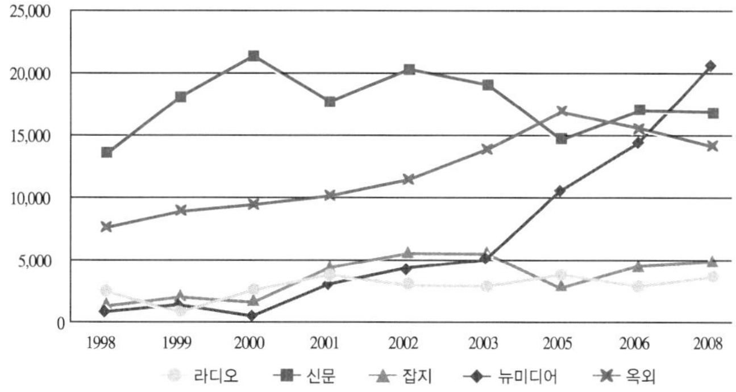

③

(단위 : 억 원)

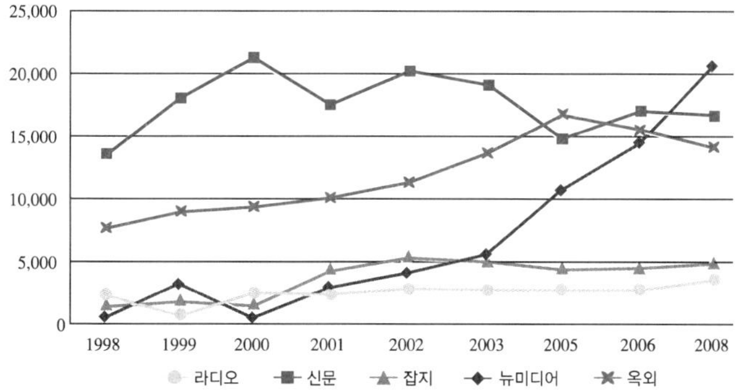

④

(단위 : 억 원)

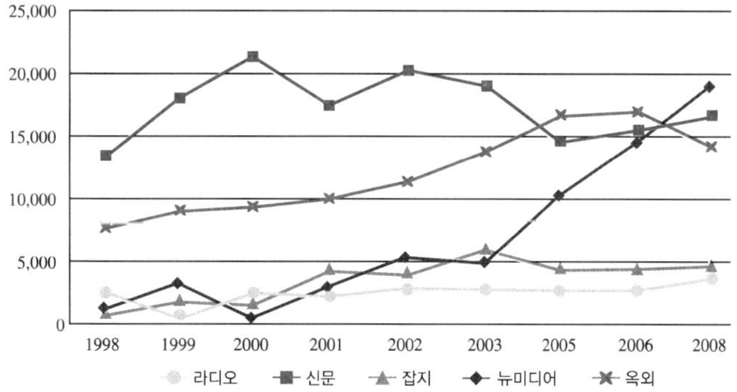

⑤

(단위 : 억 원)

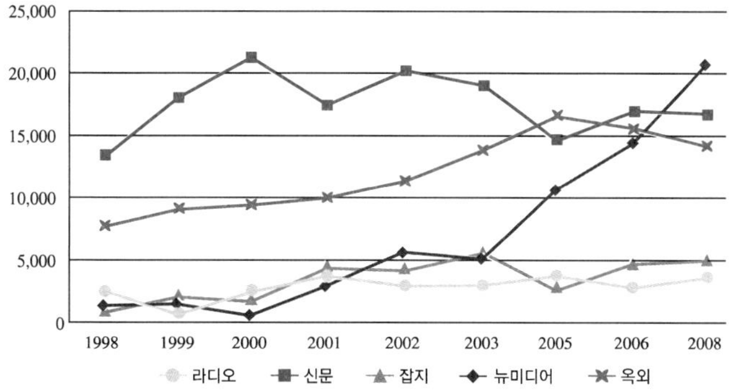

M E M O

PART 5
실전모의고사

제1회
실전모의고사

모바일 OMR

정답 및 해설 p.027

응시시간 : 80분 | **문항 수** : 50문항

※ 다음 식을 계산한 값으로 옳은 것을 고르시오. [1~3]

01

$$454{,}469 \div 709 + 879$$

① 1,471 ② 1,492
③ 1,520 ④ 1,573

02

$$(425 + 850 - 375 - 125) \div 25$$

① 30 ② 31
③ 32 ④ 33

03

$$(78{,}201 + 76{,}104) \div 405$$

① 271 ② 298
③ 381 ④ 397

※ 다음 보기에서 주어진 식과 계산 결과가 같은 것을 고르시오. [4~6]

04

$23\times5+352\div11$

① $25\times4+7\times7-2$
② $26\times3+72$
③ $984\div4-74$
④ $72\times2+8$

PART 5

05

$(178-302)\div(-1)$

① $571+48-485$
② $95+147-118$
③ $78\times2-48\div2$
④ $36+49+38$

06

$36\times145+6{,}104$

① $901\times35+27$
② $385\times12+5{,}322$
③ $16{,}212\div28+8{,}667$
④ $516\times31-4{,}672$

※ 다음 식을 계산할 때 ( )에 들어갈 기호로 옳은 것을 고르시오. [7~9]

07

$$0.25 \div 5(\quad)3.24 - 0.15 = 3 + 0.07 \times 2$$

① ＋
② －
③ ×
④ ÷

08

$$3.514 \div 0.4 + 3.1(\quad)8.455 = 3.43$$

① ＋
② －
③ ×
④ ÷

09

$$\frac{15}{7} \times \frac{3}{11} + \frac{17}{4}(\quad)\frac{12}{21} = \frac{232}{77}$$

① ＋
② －
③ ×
④ ÷

※ 다음 빈칸에 들어갈 수로 옳은 것을 고르시오. [10~12]

10

$$129-\square+18=-165$$

① 298
② 302
③ 308
④ 312

11

$$66+77-88\times\square=-825$$

① 11
② 22
③ 33
④ 44

12

$$\frac{3}{5}+\frac{1}{4}-\square=\frac{11}{60}$$

① $\frac{1}{2}$
② $\frac{1}{3}$
③ $\frac{2}{3}$
④ 1

13 어느 해의 8월 19일이 월요일이라면, 30일 후는 무슨 요일인가?

① 수요일
② 목요일
③ 금요일
④ 토요일
⑤ 일요일

14 집에서 자전거를 타고 20km/h의 속력으로 내리막길을 달린 후 18km/h의 속력으로 평탄한 길을 달려 체육관까지 가는 데 32분이 걸렸다. 돌아올 때도 동일한 경로와 방법으로 15km/h의 속력으로 평탄한 길을 달린 후 4km/h의 속력으로 오르막길을 달려 집까지 왔더니 1시간 24분이 걸렸다. 이때 집에서 체육관까지의 거리는?

① 6km
② 8km
③ 10km
④ 13km
⑤ 15km

15 누리와 다빈이는 여의도 공원에서 운동을 하기로 했다. 누리는 뛰어서, 다빈이는 걸어서 공원을 돌고, 여의도 공원 입구에서 같은 방향으로 가면 10분 만에 다시 만난다. 서로 다른 방향으로 가면 5분 만에 다시 만날 때, 여의도 공원의 둘레가 2km라면 누리가 뛰는 속력은?(단, 누리의 속력은 다빈이의 속력보다 빠르며, 두 사람은 동시에 출발한다)

① 100m/min
② 200m/min
③ 300m/min
④ 400m/min
⑤ 500m/min

16 철수는 아버지와 25살 차이가 난다. 3년 후엔 아버지의 나이가 철수 나이의 2배가 된다고 할 때, 현재 철수의 나이는?

① 20세
② 22세
③ 24세
④ 26세
⑤ 28세

17 민수가 아이들에게 남는 노트가 없이 노트를 나눠주려고 한다. 7권씩 나눠주면 13명이 노트를 못 받고, 마지막으로 노트를 받은 아이는 2권밖에 받지 못한다. 그래서 6권씩 나눠주었더니 10명이 노트를 못 받고, 마지막으로 노트를 받은 아이는 2권밖에 받지 못했다. 그렇다면 몇 권씩 나눠주어야 노트가 남지 않으면서 공평하게 나눠줄 수 있겠는가?

① 2권 ② 3권
③ 4권 ④ 5권
⑤ 6권

18 전교생이 1,000명이고, 이 중 남학생이 여학생보다 200명이 많은 어느 학교에서 안경을 쓴 학생 수를 조사하였더니 안경을 쓴 학생은 그렇지 않은 학생보다 300명이 적었다. 안경을 쓴 남학생의 수는 안경을 쓴 여학생의 수의 1.5배였다면, 안경을 쓴 여학생은 몇 명인가?

① 120명 ② 140명
③ 160명 ④ 180명
⑤ 200명

19 영미가 혼자 하면 4일, 민수가 혼자 하면 6일이 걸리는 일이 있다. 영미가 먼저 2일을 일하고, 남은 양을 민수 혼자 끝내려고 한다. 민수는 며칠 동안 일을 해야 하는가?

① 2일 ② 3일
③ 4일 ④ 5일
⑤ 6일

20 100L 물통에 물을 채우기 위해 큰 호스를 연결했더니 30분 만에 물통이 가득 찼다. 이 물통에 물을 좀 더 빨리 받기 위해서 큰 호스와 1시간에 50L의 물이 나오는 작은 호스로 동시에 물을 채운다면 물통에 물이 가득 차는 데 시간이 얼마나 걸리겠는가?

① 16분 ② 20분
③ 24분 ④ 30분
⑤ 35분

21 농도 10%의 소금물 100g에 소금을 더 넣었더니 농도가 25%인 소금물이 되었다. 더 넣은 소금의 양은?

① 10g ② 20g
③ 30g ④ 35g
⑤ 40g

22 농도가 9%인 묽은 염산 100g이 있다. 이때 농도 6%의 묽은 염산을 만들고자 한다면, 몇 g의 물을 더 넣어야 하는가?

① 10g ② 30g
③ 50g ④ 70g
⑤ 90g

23 현재 통장에 동생은 10,000원이 있고, 형은 0원이 있다. 형은 한 달에 2,000원씩 저금하고, 동생은 1,500원씩 저금한다고 한다. 몇 개월 후에 형의 통장 잔액이 동생보다 많아지는가?

① 21개월 ② 26개월
③ 31개월 ④ 32개월
⑤ 34개월

24 경기도 A시에는 세계 4대 테마파크로 꼽히는 E랜드가 있다. E랜드는 회원제 시스템을 운영 중이다. 비회원은 매표소에서 자유이용권 1장을 20,000원에 구매할 수 있고, 회원은 자유이용권 1장을 20% 할인된 가격에 구매할 수 있다. 회원 가입비가 50,000원이라고 할 때, E랜드를 최소 몇 번 이용해야 회원인 것이 이익인가?(단, 회원 1인당 1회 방문 시 자유이용권 1장을 구매할 수 있다)

① 11번 ② 12번
③ 13번 ④ 14번
⑤ 15번

25 10명으로 구성된 팀이 2대의 차에 나눠 타고 야유회를 가려고 한다. 차량은 각각 5인승과 7인승이고, 운전을 할 수 있는 사람은 2명이다. 10명의 팀원이 차에 나눠 타는 모든 경우의 수는?(단, 차량 내 좌석은 구분하지 않는다)

① 77가지
② 96가지
③ 128가지
④ 154가지
⑤ 308가지

26 주머니 속에 흰 공 5개, 검은 공 4개가 들어 있다. 여기에서 2개의 공을 꺼낼 때, 모두 흰 공이거나 모두 검은 공일 확률은?

① $\frac{2}{5}$
② $\frac{4}{9}$
③ $\frac{3}{5}$
④ $\frac{5}{9}$
⑤ $\frac{4}{5}$

PART 5

27 상자에 빨간색 수건이 3장, 노란색 수건이 4장, 파란색 수건이 3장 들어있는데 두 번에 걸쳐 1장씩 뽑으려고 한다. 이때 처음에 빨간색 수건을, 다음에 파란색 수건을 뽑을 확률은?(단, 한 번 꺼낸 수건은 다시 넣지 않는다)

① $\frac{9}{100}$
② $\frac{1}{10}$
③ $\frac{11}{100}$
④ $\frac{2}{15}$
⑤ $\frac{3}{10}$

※ 일정한 규칙으로 문자나 수를 나열할 때, 빈칸에 들어갈 문자나 수로 옳은 것을 고르시오. [28~38]

28

3 8 28 108 ( ) 1,708

① 398
② 408
③ 418
④ 428
⑤ 438

29

4 4 8 24 96 ( )

① 480
② 460
③ 440
④ 420
⑤ 410

30

B C E I Q ( )

① K
② J
③ I
④ H
⑤ G

31

( ) 15 35 50 85 135

① 20
② 15
③ 10
④ 5
⑤ 1

32

$-2 \quad 1 \quad -10 \quad 10 \quad -50 \quad 100 \quad -250 \quad (\ )$

① 150
② 200
③ 500
④ 1,000
⑤ 1,500

33

1 3 4 ( ) 10 19 19 27

① 11
② 12
③ 13
④ 14
⑤ 15

34

$\frac{5}{3} \quad \frac{7}{8} \quad \frac{9}{15} \quad (\ ) \quad \frac{13}{35}$

① $\frac{11}{17}$
② $\frac{11}{20}$
③ $\frac{12}{20}$
④ $\frac{10}{24}$
⑤ $\frac{11}{24}$

35

1 3 5 7 ( ) 131 373

① 9
② 11
③ 22
④ 33
⑤ 77

PART 5

36

5 1 2 3 9 4 8 ( ) 6

① 2
② 7
③ 10
④ 11
⑤ 12

37

2 1 3 6 4 5 2 11 5 6 2 ( )

① 10
② 11
③ 12
④ 13
⑤ 14

38

1	1	1	1
2	3	4	5
3	6	10	15
4	10	( )	35

① 10
② 15
③ 20
④ 25
⑤ 30

39 어느 해 K씨는 미국에서 사업을 하고 있는 지인으로부터 투자 제의를 받았다. 투자성이 높다고 판단한 K씨는 5월 3일에 지인에게 1,000만 원을 달러로 환전하여 송금하였다. 이후 5월 20일에 지인으로부터 원금과 함께 투자수익으로 원금의 10%를 달러로 돌려받고 당일 원화로 환전하였다. K씨는 원화기준으로 원금 대비 몇 %의 투자수익을 달성하였는가?(단, 매매기준율로 환전하며 기타수수료는 발생하지 않고, 환전 시 소수점은 절사한다)

〈어느 해 5월 원/달러 매매기준율 추이(휴일 제외)〉

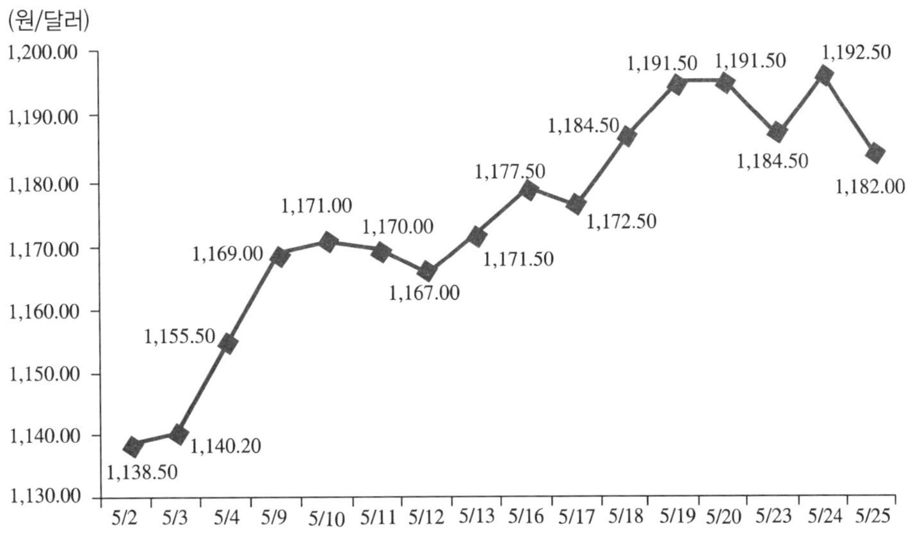

① 약 10%
② 약 13%
③ 약 15%
④ 약 18%
⑤ 약 20%

40 다음은 선박종류별 기름 유출사고 발생 현황에 대한 자료이다. 이에 대한 설명으로 옳은 것은?

〈선박종류별 기름 유출사고 발생 현황〉

(단위 : 건, KL)

구분		유조선	화물선	어선	기타	전체
2011년	사고 건수	37	53	151	96	337
	유출량	956	584	53	127	1,720
2012년	사고 건수	28	70	250	120	463
	유출량	21	50	160	151	387
2013년	사고 건수	27	61	272	123	483
	유출량	3	187	181	212	583
2014년	사고 건수	32	33	218	102	385
	유출량	38	23	105	244	410
2015년	사고 건수	39	39	149	116	343
	유출량	1,223	66	30	143	1,462

① 2011년부터 2015년 사이의 전체 기름 유출사고 건수와 전체 유출량은 비례한다.
② 연도별 전체 사고 건수에 대한 유조선 사고 건수 비율은 매년 감소하고 있다.
③ 각 연도에서 사고 건수에 대한 유출량 비율이 가장 낮은 선박종류는 어선이다.
④ 유출량을 가장 많이 줄이는 방법은 화물선 사고 건수를 줄이는 것이다.
⑤ 전체 유출량이 가장 적은 연도에서 기타를 제외하고 사고 건수에 대한 유출량 비율이 가장 낮은 선박종류는 어선이다.

41 다음은 2014년부터 2020년까지의 시 · 도별 인구변동 현황에 대한 자료이다. 이에 대한 설명으로 옳은 것을 〈보기〉에서 모두 고르면?

〈시 · 도별 인구변동 현황〉

(단위 : 천 명)

구분	2014년	2015년	2016년	2017년	2018년	2019년	2020년
서울	10,173	10,167	10,181	10,193	10,201	10,208	10,312
부산	3,666	3,638	3,612	3,587	3,565	3,543	3,568
대구	2,525	2,511	2,496	2,493	2,493	2,489	2,512
인천	2,579	2,600	2,624	2,665	2,693	2,710	2,758
광주	1,401	1,402	1,408	1,413	1,423	1,433	1,455
대전	1,443	1,455	1,466	1,476	1,481	1,484	1,504
울산	1,081	1,088	1,092	1,100	1,112	1,114	1,126
경기	10,463	10,697	10,906	11,106	11,292	11,460	11,787

보기

㉠ 서울 인구와 경기 인구의 차이는 2014년에 비해 2020년에 더 커졌다.
㉡ 2014년과 비교했을 때, 2020년 인구가 감소한 지역은 부산뿐이다.
㉢ 전년 대비 인구의 증가 수를 비교했을 때, 광주는 2020년에 가장 많이 증가했다.
㉣ 대구는 2016년부터 인구가 꾸준히 감소했다.

① ㉠, ㉡
② ㉠, ㉢
③ ㉠, ㉡, ㉢
④ ㉡, ㉣
⑤ ㉠, ㉢, ㉣

42 다음은 우리나라의 쌀 생산량 및 1인당 소비량에 대한 자료이다. 이 자료에 대한 설명으로 〈보기〉 중 적절한 것을 모두 고르면?

〈쌀 생산량 및 1인당 소비량〉

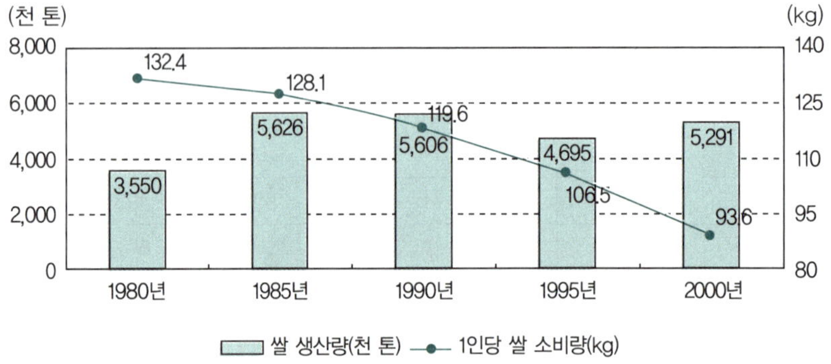

〈1인당 쌀 소비량〉

(단위 : kg, 천 명)

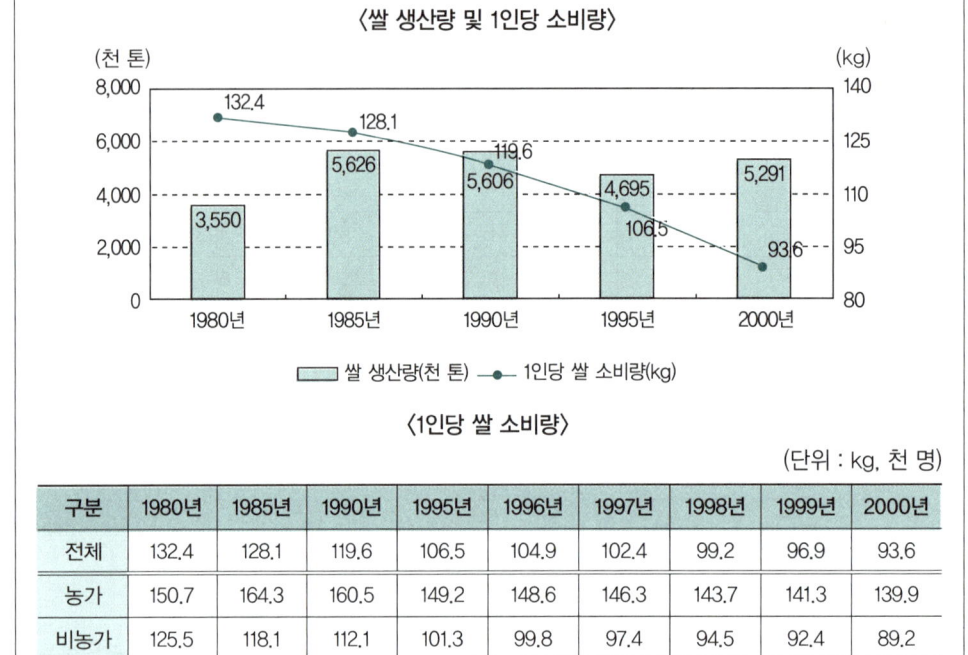

구분	1980년	1985년	1990년	1995년	1996년	1997년	1998년	1999년	2000년
전체	132.4	128.1	119.6	106.5	104.9	102.4	99.2	96.9	93.6
농가	150.7	164.3	160.5	149.2	148.6	146.3	143.7	141.3	139.9
비농가	125.5	118.1	112.1	101.3	99.8	97.4	94.5	92.4	89.2
인구	–	40,806	42,824	44,600	45,300	45,991	46,425	46,858	47,000

보기

㉠ 1980년의 전체 쌀 소비량 중 50% 이상이 농가에서 소비되어 왔다.
㉡ 2000년 전체 쌀 소비량은 약 440만 톤이다.
㉢ 1995년에는 쌀 생산량이 쌀 소비량보다 적었다.

① ㉠
② ㉠, ㉡
③ ㉠, ㉢
④ ㉡, ㉢
⑤ ㉠, ㉡, ㉢

43 다음은 대형마트 이용자를 대상으로 한 소비자 만족도 조사 결과이다. 이에 대한 설명으로 옳은 것은?

〈대형마트 업체별 소비자 만족도〉

(단위 : 점/5점 만점)

구분	종합 만족도	서비스 품질					서비스 쇼핑 체험
		쇼핑 체험 편리성	상품 경쟁력	매장환경/시설	고객접점 직원	고객관리	
A마트	3.72	3.97	3.83	3.94	3.70	3.64	3.48
B마트	3.53	3.84	3.54	3.72	3.57	3.58	3.37
C마트	3.64	3.96	3.73	3.87	3.63	3.66	3.45
D마트	3.56	3.77	3.75	3.44	3.61	3.42	3.33

〈대형마트 인터넷/모바일쇼핑 소비자 만족도〉

(단위 : 점/5점 만점)

구분	이용률	A마트	B마트	C마트	D마트
인터넷쇼핑	65.4%	3.88	3.80	3.88	3.64
모바일쇼핑	34.6%	3.95	3.83	3.91	3.69

① 종합만족도는 5점 만점에 평균 3.61이며, 업체별로는 A마트가 가장 높고, C마트, B마트 순으로 나타났다.

② 서비스 품질에서 세부 항목별로 살펴보면 A마트가 모든 항목에서 1위로 조사되었다.

③ 서비스 품질 부문에 있어 대형마트는 평균적으로 쇼핑 체험 편리성에 대한 만족도가 상대적으로 가장 높게 평가되었으며, 반대로 고객접점직원 서비스가 가장 낮게 평가되었다.

④ 대형마트를 이용하면서 느낀 감정이나 기분을 반영한 서비스 쇼핑 체험 부문의 만족도는 평균 3.41 정도로 서비스 품질 부문들보다 낮았다.

⑤ 대형마트 인터넷쇼핑몰 이용률이 65.4%로 모바일쇼핑에 비해 높으나, 만족도에서는 모바일쇼핑이 평균 0.1점 이상 높게 평가되었다.

44 다음은 OECD 주요 국가별 삶의 만족도 및 관련 지표에 대한 자료이다. 이에 대한 설명으로 옳지 않은 것은?

〈OECD 주요 국가별 삶의 만족도 및 관련 지표〉

(단위 : 점, %, 시간)

국가 \ 구분	삶의 만족도	장시간 근로자 비율	여가 · 개인 돌봄시간
덴마크	7.6	2.1	16.1
아이슬란드	7.5	13.7	14.6
호주	7.4	14.2	14.4
멕시코	7.4	28.8	13.9
미국	7.0	11.4	14.3
영국	6.9	12.3	14.8
프랑스	6.7	8.7	15.3
이탈리아	6.0	5.4	15.0
일본	6.0	22.6	14.9
한국	6.0	28.1	14.9
에스토니아	5.4	3.6	15.1
포르투갈	5.2	9.3	15.0
헝가리	4.9	2.7	15.0

※ 장시간 근로자 비율은 전체 근로자 중 주 50시간 이상 근무한 근로자의 비율임

① 삶의 만족도가 가장 높은 국가는 장시간 근로자 비율이 가장 낮다.

② 한국의 장시간 근로자 비율은 삶의 만족도가 가장 낮은 국가의 장시간 근로자 비율의 10배 이상이다.

③ 삶의 만족도가 한국보다 낮은 국가들의 장시간 근로자 비율 평균은 이탈리아의 장시간 근로자 비율보다 높다.

④ 여가 · 개인 돌봄시간이 가장 긴 국가와 가장 짧은 국가의 삶의 만족도 차이는 0.3점 이하이다.

⑤ 장시간 근로자 비율이 미국보다 낮은 국가의 여가 · 개인 돌봄시간은 모두 미국의 여가 · 개인 돌봄시간보다 길다.

45 다음은 2012년부터 2015년까지 A국 기업의 남성육아휴직제 시행 현황에 대한 자료이다. 이에 대한 설명으로 옳은 것은?

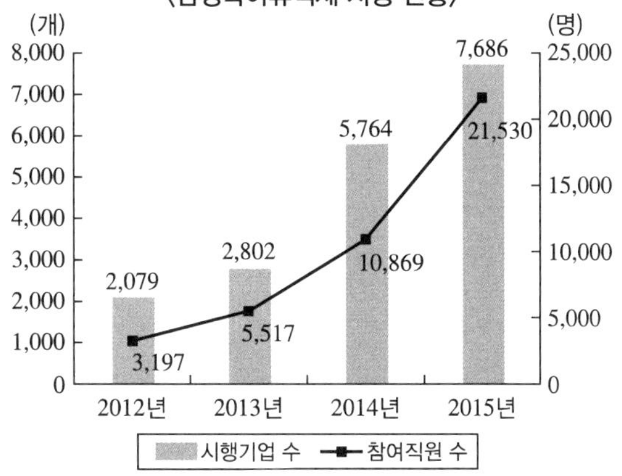

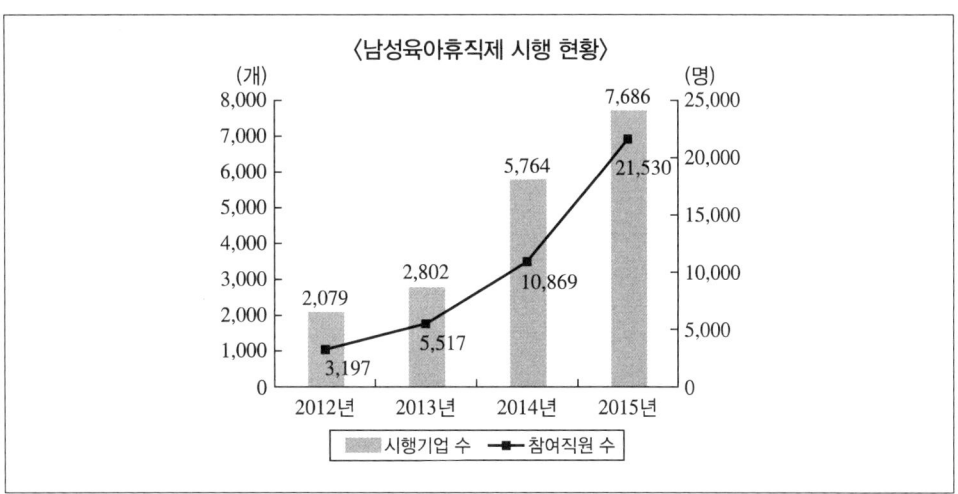

① 2015년 남성육아휴직제 참여직원 수는 2013년의 4배 이상이다.

② 시행기업당 참여직원 수가 가장 많은 해는 2013년이다.

③ 2013년 대비 2015년 시행기업 수의 증가율은 참여직원 수의 증가율보다 낮다.

④ 2012년부터 2015년까지 참여직원 수 연간 증가 인원의 평균은 5,000명 정도이다.

⑤ 2013년 이후 전년보다 참여직원 수가 가장 많이 증가한 해는 2015년이고, 시행기업 수가 가장 많이 증가한 해는 2013년이다.

PART 5

46 다음은 우리나라 지역의 기상실황에 대한 자료이다. 이에 대한 설명으로 옳지 않은 것은?

〈기상실황표〉

구분	시정(km)	현재기온(℃)	이슬점 온도(℃)	불쾌지수	습도(%)	풍향	풍속(m/s)	기압(hPa)
서울	6.9	23.4	14.6	70	58	동	1.8	1,012.7
백령도	0.4	16.1	15.2	61	95	동남동	4.4	1,012.6
인천	10.0	21.3	15.3	68	69	서남서	3.8	1,012.9
수원	7.7	23.8	16.8	72	65	남서	1.8	1,012.9
동두천	10.1	23.6	14.5	71	57	남남서	1.5	1,012.6
파주	20.0	20.9	14.7	68	68	남남서	1.5	1,013.1
강화	4.2	20.7	14.8	67	67	남동	1.7	1,013.3
양평	6.6	22.7	14.5	70	60	동남동	1.4	1,013.0
이천	8.4	23.7	13.8	70	54	동북동	1.4	1,012.8

① 시정이 가장 좋은 곳은 파주이다.
② 이슬점 온도가 가장 높은 지역은 불쾌지수 또한 가장 높다.
③ 불쾌지수가 70을 초과한 지역은 2곳이다.
④ 현재기온이 가장 높은 지역은 이슬점 온도와 습도 또한 가장 높다.
⑤ 시정이 가장 좋지 않은 지역은 풍속이 가장 강하다.

47 다음은 어느 국가의 2000년부터 2013년까지 알코올 관련 질환 사망자 수에 대한 자료이다. 이에 대한 설명으로 옳은 것은?

〈알코올 관련 질환 사망자 수〉

(단위 : 명)

구분	남성		여성		전체	
	사망자 수	인구 10만 명당 사망자 수	사망자 수	인구 10만 명당 사망자 수	사망자 수	인구 10만 명당 사망자 수
2000년	2,542	10.7	154	0.7	2,696	5.9
2001년	2,870	11.9	199	0.8	3,069	6.3
2002년	3,807	15.8	293	1.2	4,100	8.4
2003년	4,400	18.2	340	1.4	4,740	9.8
2004년	4,674	19.2	374	1.5	5,048	10.2
2005년	4,289	17.6	387	1.6	4,676	9.6
2006년	4,107	16.8	383	1.6	4,490	9.3
2007년	4,305	17.5	396	1.6	4,701	9.5
2008년	4,243	17.1	400	1.6	4,643	9.3
2009년	4,010	16.1	420	1.7	4,430	8.9
2010년	4,111	16.5	424	1.7	(　)	9.1
2011년	3,996	15.9	497	2.0	4,493	9.0
2012년	4,075	16.2	474	1.9	(　)	9.1
2013년	3,955	15.6	521	2.1	4,476	8.9

※ 인구 10만 명당 사망자 수는 소수점 둘째 자리에서 반올림한 값임

① 2010년과 2012년의 전체 사망자 수는 같다.

② 여성 사망자 수는 매년 증가한다.

③ 매년 남성 인구 10만 명당 사망자 수는 여성 인구 10만 명당 사망자 수의 8배 이상이다.

④ 남성 인구 10만 명당 사망자 수가 가장 많은 해의 전년 대비 남성 사망자 수 증가율은 5% 이상이다.

⑤ 전체 사망자 수의 전년 대비 증가율은 2001년이 2003년보다 높다.

PART 5

48 다음은 어느 해 소양강댐의 수질정보에 대한 자료이다. 이에 대한 내용으로 옳지 않은 것은?

〈소양강댐의 수질정보〉

(단위 : ℃, mg/L)

구분	수온	DO	BOD	COD
1월	5	12.0	1.4	4.1
2월	5	11.5	1.1	4.5
3월	8	11.3	1.3	5.0
4월	13	12.1	1.5	4.6
5월	21	9.4	1.5	6.1
6월	23	7.9	1.3	4.1
7월	27	7.3	2.2	8.9
8월	29	7.1	1.9	6.3
9월	23	6.4	1.7	6.6
10월	20	9.4	1.7	6.9
11월	14	11.0	1.5	5.2
12월	9	11.6	1.4	6.9

※ DO : 용존산소량

※ BOD : 생화학적 산소요구량

※ COD : 화학적 산소요구량

① 조사기간 중 8월의 수온이 가장 높았다.

② DO가 가장 많았을 때와 가장 적었을 때의 차는 5.7mg/L이다.

③ 소양강댐의 COD는 항상 DO보다 적었다.

④ 7월 대비 12월의 소양강댐의 BOD 감소율은 30% 이상이다.

⑤ DO는 대체로 여름철보다 겨울철에 더 높았다.

49 다음은 D시의 인구 구성에 대한 자료이다. 이를 변환한 그래프로 옳지 않은 것은?

〈D시의 연령별 · 성별 인구〉

(단위 : 명)

구분	2013년		2014년		2015년	
	남	여	남	여	남	여
합계	310,127	308,873	324,164	325,836	326,887	329,113
0~9세	36,532	34,196	36,783	34,780	37,199	35,201
10~19세	41,256	38,838	41,467	38,970	40,682	38,618
20~29세	35,853	33,614	38,286	35,828	38,965	36,335
30~39세	49,970	52,626	49,704	52,928	48,836	51,364
40~49세	60,786	56,860	62,266	60,600	63,150	60,950
50~59세	45,448	43,571	48,187	46,954	50,575	48,425
60~69세	22,914	25,007	28,875	29,128	27,510	30,090
70~79세	13,713	17,316	14,602	18,142	15,547	19,153
80세 이상	3,655	6,845	3,994	8,506	4,423	8,977

① 2014년 19세 이하의 남녀 비율

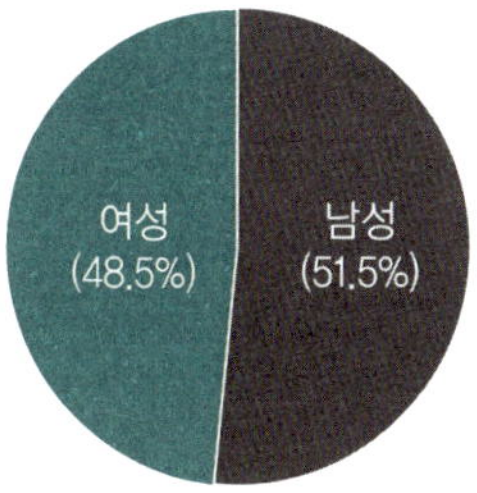

② D시의 총인구 변화

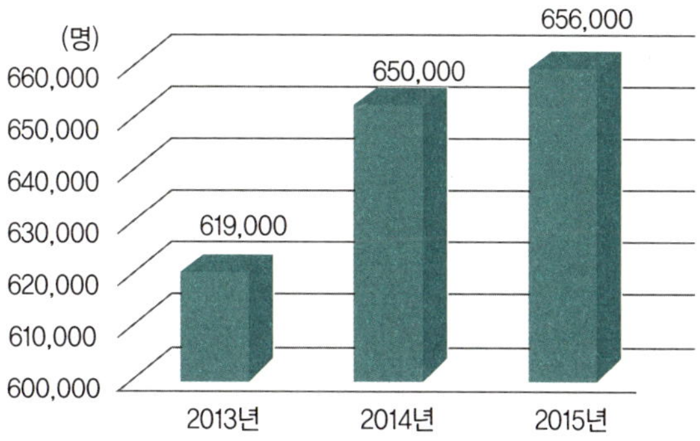

③ 60세 이상 인구의 변화

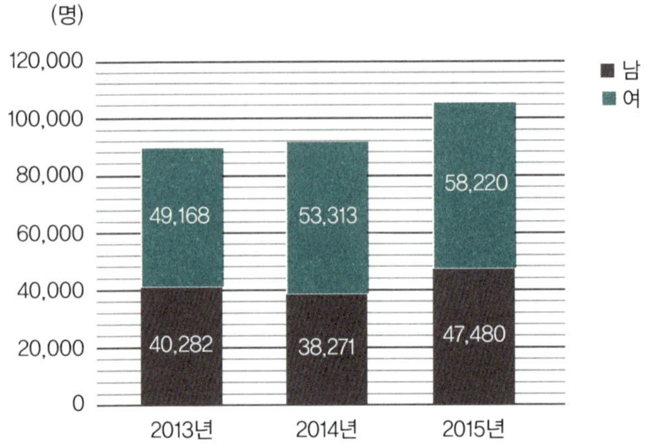

④ 80대 이상이 차지하는 비율 변화

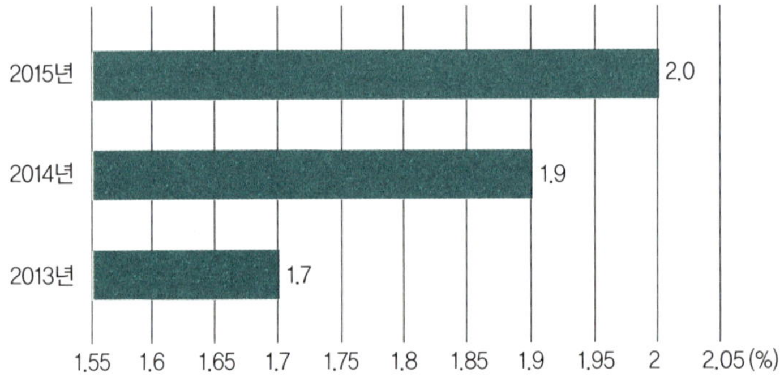

⑤ 2015년 연령대별 구성 비율

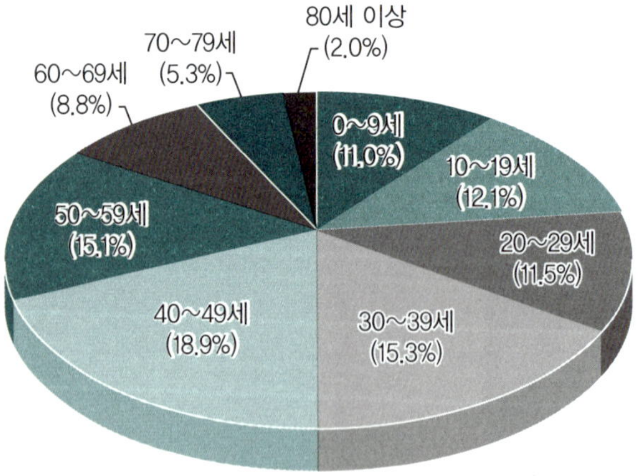

50 다음은 2016년 지역별 국내 백미 생산량에 대한 자료이다. 이를 변환한 그래프로 옳지 않은 것은?

〈지역별 국내 백미 생산량〉

(단위 : ha, 톤)

구분	논벼		밭벼	
	면적	생산량	면적	생산량
서울 · 인천 · 경기	89,998	459,996	2	4
강원	31,000	166,500	0	0
충북	39,997	214,995	3	5
세종 · 대전 · 충남	153,989	857,979	11	21
전북	129,990	727,069	10	31
광주 · 전남	171,295	872,011	705	1,662
대구 · 경북	115,497	650,000	3	7
부산 · 울산 · 경남	78,189	405,974	11	26
제주	45	41	505	244

① 지역별 논벼 면적의 구성비

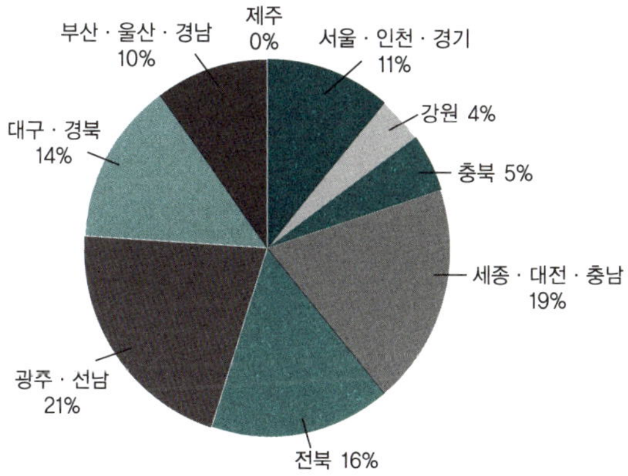

② 제주 지역 백미 생산면적 구성비

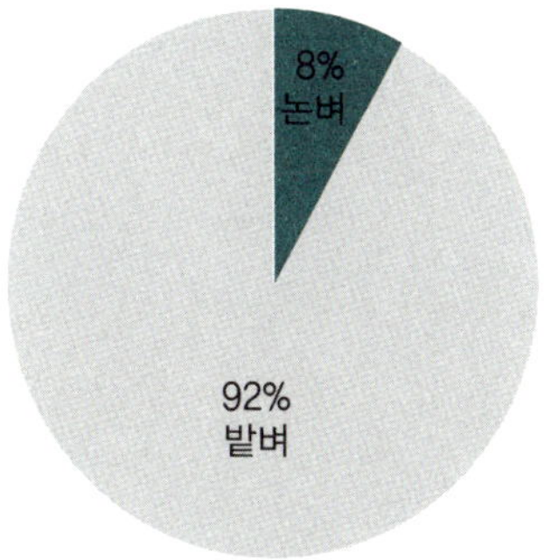

PART 5

③ 제주를 제외한 지역별 1ha당 백미 생산량

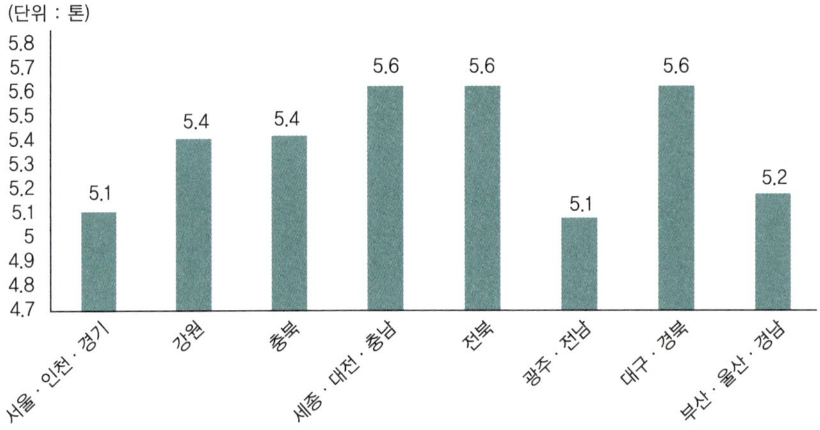

④ 논벼와 밭벼의 백미 생산량 비교

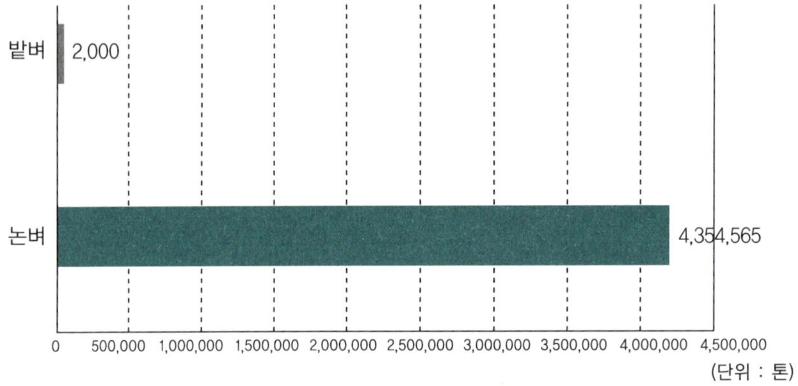

⑤ 광주 · 전남 지역과 그 외 지역 밭벼의 생산비

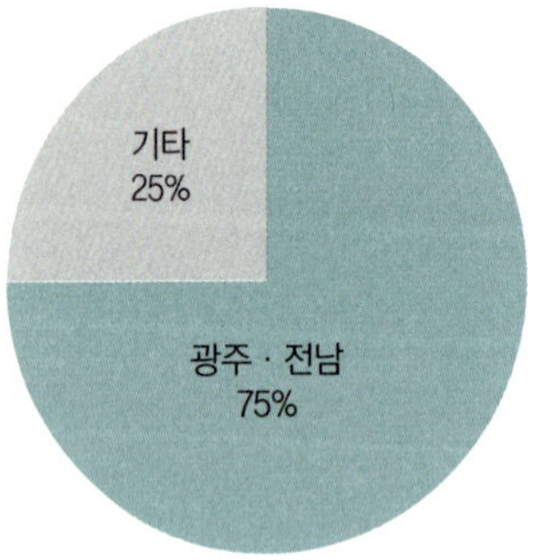

모바일 OMR

정답 및 해설 p.041

제2회 실전모의고사

응시시간 : 80분 | **문항 수** : 50문항

※ 다음 식을 계산한 값으로 옳은 것을 고르시오. [1~3]

01

$$15\times15-300\div3+7$$

① 132　② 137
③ 142　④ 147

02

$$9.4\times4.8\div1.2$$

① 36　② 37.6
③ 38　④ 39.2

03

$$3\times\{(21+5)\div2+5\}-5$$

① 46　② 47
③ 48　④ 49

※ 다음 보기에서 주어진 식과 계산 결과가 같은 것을 고르시오. [4~6]

04

$3 \times 8 \div 2$

① $7+6$
② $77 \div 7$
③ $3 \times 9 - 18 + 3$
④ $1+2+3+4$

05

$\frac{7}{6} \div \frac{14}{9} + \frac{1}{2}$

① $\left(\frac{1}{2}+2\right) \div 2$
② $\left(\frac{5}{4}+\frac{1}{2}\right) \times 2$
③ $\frac{13}{4} - \frac{1}{2} \div 2$
④ $\frac{2}{9} - \frac{1}{5} \times 2$

06

$23 \times 34 - 23 \times 13$

① $286 \div 11 + 176$
② $13 \times 5 \times 8$
③ $28 \times 20 - 60$
④ $3 \times (15 \times 10 + 11)$

※ 다음 식을 계산할 때 (　)에 들어갈 기호로 옳은 것을 고르시오. [7~9]

07

$$\frac{1}{2}\times\frac{6}{5}+\frac{3}{8}(\quad)\frac{15}{16}=1$$

① $+$　　② $-$
③ $\times$　　④ $\div$

08

$$493(\quad)24\times5=393$$

① $+$　　② $-$
③ $\times$　　④ $\div$

09

$$\frac{8}{5}+3.8-8.4(\quad)2=1.2$$

① $+$　　② $-$
③ $\times$　　④ $\div$

※ 다음 빈칸에 들어갈 수로 옳은 것을 고르시오. [10~12]

10

$$28\times22+328\div(24-\square)=657$$

① 15　② 16
③ 17　④ 18

11

$$2.6\times\square\div2+0.1=4$$

① 2　② 3
③ 4　④ 5

12

$$85.65+25.37-68.94=42.\square8$$

① 3　② 2
③ 1　④ 0

13　어느 해의 3월 1일이 금요일이라면, 그해의 5월 25일은 무슨 요일인가?

① 목요일　② 금요일
③ 토요일　④ 일요일
⑤ 월요일

14 둘레의 길이가 1km인 공원이 있다. 철수와 영희는 같은 지점에서 출발해 서로 반대 방향으로 걸어가서 만나기로 했다. 철수는 1분에 70m를 걷고, 영희는 1분에 30m를 걸을 때, 두 사람이 처음 만날 때까지 걸린 시간은?

① 5분
② 10분
③ 20분
④ 30분
⑤ 35분

15 거리가 30km인 A, B 두 점 사이에 P점이 있다. A점에서 P점까지 3km/h의 속력으로, P점에서 B점까지 4km/h의 속력으로 갔더니 총 9시간이 걸렸다. A점에서 P점 사이의 거리는?

① 12km
② 15km
③ 18km
④ 21km
⑤ 24km

PART 5

16 아버지, 어머니, 나, 동생의 나이의 합은 132세이다. 어머니는 가족의 평균 나이보다 10세 더 많고, 나와 동생의 나이의 합보다 2세 더 많다. 아버지는 동생 나이의 두 배보다 10세 더 많고, 내 나이의 두 배보다 4세 더 많다. 이때 동생의 나이는?

① 16세
② 17세
③ 18세
④ 19세
⑤ 20세

17 어떤 회사의 신입사원 채용시험 응시자가 200명이었다. 시험점수의 전체평균은 55점, 합격자의 평균은 70점, 불합격자의 평균은 40점이었다. 합격한 사람은 몇 명인가?

① 70명
② 80명
③ 90명
④ 100명
⑤ 110명

18 아이들이 어떤 의자에 8명씩 앉을 경우 남는 의자가 없이 2명의 아이가 남는다. 또한 9명씩 앉을 경우 마지막 의자에는 4명의 아이가 앉을 수 있고 의자 2개가 남는다. 아이들은 총 몇 명인가?

① 102명
② 152명
③ 202명
④ 252명
⑤ 303명

19 대리 혼자서 프로젝트를 진행하면 16일이 걸리고 사원 혼자 진행하면 48일이 걸릴 때, 두 사람이 함께 프로젝트를 진행하는 데 소요되는 기간은?

① 12일
② 13일
③ 14일
④ 15일
⑤ 16일

20 어떤 물통에 물을 가득 채우는 데 A관은 10분, B관은 15분이 걸린다. 이 물통에 A관으로 4분 동안 채운 후 남은 양을 B관으로 채우려 할 때, B관을 열어야 하는 시간은?

① 5분
② 6분
③ 7분
④ 8분
⑤ 9분

21 농도 6%의 소금물 700g에서 한 컵의 소금물을 퍼내고, 퍼낸 양만큼 농도 13%의 소금물을 넣었더니 농도 9%의 소금물이 되었다. 이때 퍼낸 소금물의 양은?

① 300g
② 320g
③ 350g
④ 390g
⑤ 450g

22 농도 8%의 소금물 600g에 소금을 더 넣어 농도 18%의 소금물을 만들려고 할 때, 필요한 소금의 양은?(단, 소수점 둘째 자리에서 반올림한다)

① 72.7g ② 73.2g
③ 73.8g ④ 74.2g
⑤ 74.5g

23 500개의 계란을 개당 10원에 매입하였다. 그중 10%가 깨져도 전체적으로 10% 이상의 이익을 올리려면 계란의 개당 정가를 적어도 얼마로 책정해야 하는가?

① 13원 ② 14원
③ 15원 ④ 16원
⑤ 17원

PART 5

24 K사원은 입사 후 저축 계획을 세우려고 한다. K사원의 월급이 270만 원이고 처음 몇 달 동안은 월급의 50%를 저축한다. 이후에는 월급의 60%를 저축해서 1년 동안 1,800만 원 이상 저축하고자 한다. 이때 월급의 60%를 저축해야 하는 최소 기간은?

① 6개월 ② 7개월
③ 8개월 ④ 9개월
⑤ 10개월

25 L사원이 처리해야 할 업무는 발송업무, 비용정산업무 외에 5가지가 있다. 이 중에서 발송업무, 비용정산업무를 포함한 5가지의 업무를 오늘 처리하려고 하는데 상사의 지시로 발송업무를 비용정산업무보다 먼저 처리해야 한다. 오늘 처리할 업무를 택하고, 택한 업무의 처리 순서를 정하는 경우의 수는?

① 600가지 ② 720가지
③ 840가지 ④ 960가지
⑤ 1,080가지

26

주머니 속에 빨간색 구슬 3개, 초록색 구슬 4개, 파란색 구슬 5개가 있다. 여기에서 2개의 구슬을 꺼낼 때 모두 빨간색이거나 모두 초록색 또는 모두 파란색일 확률은?

① $\frac{3}{11}$
② $\frac{19}{66}$
③ $\frac{10}{33}$
④ $\frac{7}{22}$
⑤ $\frac{7}{44}$

27

귤이 들어있는 귤 상자가 2개 있다. 한 상자당 귤이 안 익었을 확률이 10%, 썩었을 확률이 15%이고 나머지는 잘 익은 귤이다. 2명이 각각 다른 상자에서 귤을 꺼낼 때 1명은 잘 익은 귤을 꺼내고, 다른 1명은 잘 익지 않은 귤을 꺼낼 확률은?

① 31.5%
② 33.5%
③ 35.5%
④ 37.5%
⑤ 39.5%

※ 일정한 규칙으로 문자나 수를 나열할 때, 빈칸에 들어갈 문자나 수로 옳은 것을 고르시오. [28~38]

28

1 3 11 43 171 ( )

① 232
② 459
③ 683
④ 855
⑤ 881

29

( ) 243 81 27 9 3

① 333
② 460
③ 542
④ 633
⑤ 729

30

I J M R ( ) H

① W
② X
③ Y
④ Z
⑤ A

31

2 4 6 10 16 26 ( )

① 34
② 38
③ 42
④ 46
⑤ 50

32

2 83 10 90 50 97 ( ) 104

① 150
② 200
③ 250
④ 300
⑤ 350

33

9 −3 20 −9 42 −27 ( )

① 84
② 85
③ 86
④ 87
⑤ 88

34

121 144 169 ( ) 225 256

① 182
② 186
③ 192
④ 196
⑤ 198

35

$\frac{3}{2}$ $\frac{5}{6}$ $\frac{7}{12}$ $\frac{9}{20}$ $\frac{11}{30}$ ( )

① $\frac{12}{42}$
② $\frac{13}{36}$
③ $\frac{12}{36}$
④ $\frac{13}{42}$
⑤ $\frac{14}{35}$

36

<u>−7 3 2</u> <u>( ) −4 −13</u> <u>27 5 −16</u>

① 2
② 15
③ 25
④ 30
⑤ 35

37

<u>6 6 4 8</u> <u>3 5 7 1</u> <u>9 4 3 ( )</u>

① 10
② 11
③ 12
④ 13
⑤ 14

38

1	3	5	7
2	6	10	14
4	12	20	28
8	( )	40	56

① 24
② 25
③ 26
④ 27
⑤ 28

PART 5

39 다음은 우리나라의 LPCD(Liter Per Capita Day)에 대한 자료이다. 1인 1일 사용량에서 영업용 사용량이 차지하는 비중과 1인 1일 가정용 사용량 중 상위 두 항목이 차지하는 비중을 순서대로 바르게 나열한 것은?(단, 소수점 셋째 자리에서 반올림한다)

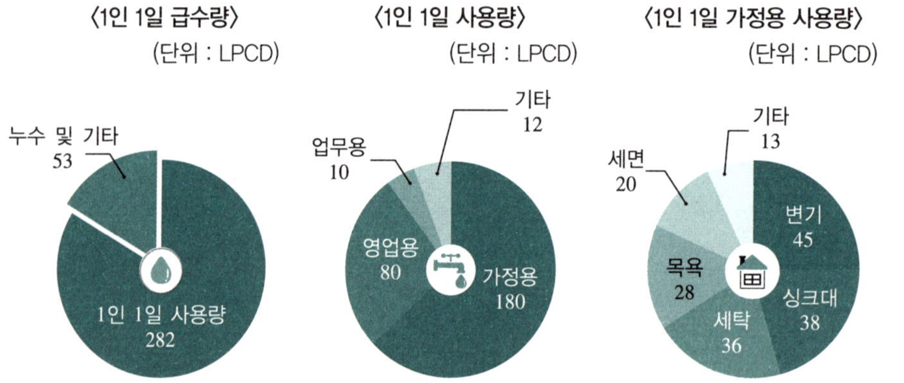

※ LPCD(Liter Per Capita Day) : 1인 1일 물사용량으로 지역 · 국가 간 물 사용량을 비교할 수 있게 하고, 수자원을 효율적으로 활용할 수 있게 하는 지표

① 27.57%, 46.11%
② 27.57%, 48.24%
③ 28.37%, 46.11%
④ 28.37%, 48.24%
⑤ 30.56%, 46.11%

40 취업준비생 C와 D는 A사의 채용 일정을 확인하러 홈페이지에 들어갔다가 신규채용 현황을 보게 되었다. 이를 보고 나눌 수 있는 대화로 가장 적절한 것은?

〈신규채용 현황〉

(단위 : 명)

구분	2010년	2011년	2012년	2013년	2014년	2015년	2016년
총신규채용	132	211	683	1,295	1,169	1,725	2,375
시간선택제 인원수	–	18	–	–	29	44	–
시간선택제 전일제환산	–	9	–	–	14	22	63
여성	7	28	84	229	187	251	537
장애인	1	4	10	17	6	11	501
이공계	96	53	362	400	385	587	194
비수도권 지역인재	15	50	182	350	311	480	709
이전지역 지역인재	5	9	15	61	51	110	174
고졸인재	8	40	30	238	186	220	197

① 채용인원 중 이공계의 비율이 가장 높은 해는 2012년이야.

② 전년 대비 2012년 비수도권 지역인재 채용인원이 여성의 채용인원보다 증가율이 더 낮아.

③ 2010년부터 2013년까지 총신규채용 수는 꾸준히 증가하다 2014년에 감소한 후 다시 증가하네.

④ 비수도권 지역인재는 이전지역 지역인재와 고졸인재의 수를 합한 수보다 늘 적군.

⑤ 고졸인재의 신규채용은 매년 꾸준히 증가하는군.

PART 5

41 다음은 2005년부터 2010년까지 사법시험 현황에 대한 자료이다. 이에 대한 설명으로 옳지 않은 것은?

〈사법시험 현황〉

(단위 : 명)

구분		2005년	2006년	2007년	2008년	2009년	2010년
1차 응시현황	계	17,642	17,290	18,114	17,829	17,972	17,028
	남자	12,599	11,955	12,291	12,004	11,912	10,914
	여자	5,043	5,335	5,823	5,825	6,060	6,114
최종 합격현황	계	1,001	994	1,011	1,005	997	814
	남자	678	619	657	623	642	476
	여자	323	375	354	382	355	338

※ (합격률)=(최종 합격자 수)÷(1차 응시자 수)×100

① 1차 응시현황과 최종 합격현황 모두 여자의 비중이 2005년에 비해 2010년에 더 높아졌다.

② 여자의 합격률은 2006년과 2007년을 비교했을 때, 2007년에 더 높다.

③ 1차 응시현황을 볼 때, 남자의 비중은 2005년부터 계속해서 감소하고 있다.

④ 2005년과 비교했을 때, 2010년에 남자 최종 합격자 수는 감소했지만, 여자 최종 합격자 수는 증가했다.

⑤ 남자 최종 합격자 비중은 매년 50% 이상을 차지하는 경향을 보이고 있다.

42 다음은 보건복지부에서 집계한 연도별 주요 암 조발생 추이에 대한 자료이다. 이에 대한 설명으로 옳지 않은 것은?

〈연도별 주요 암 조발생 추이〉

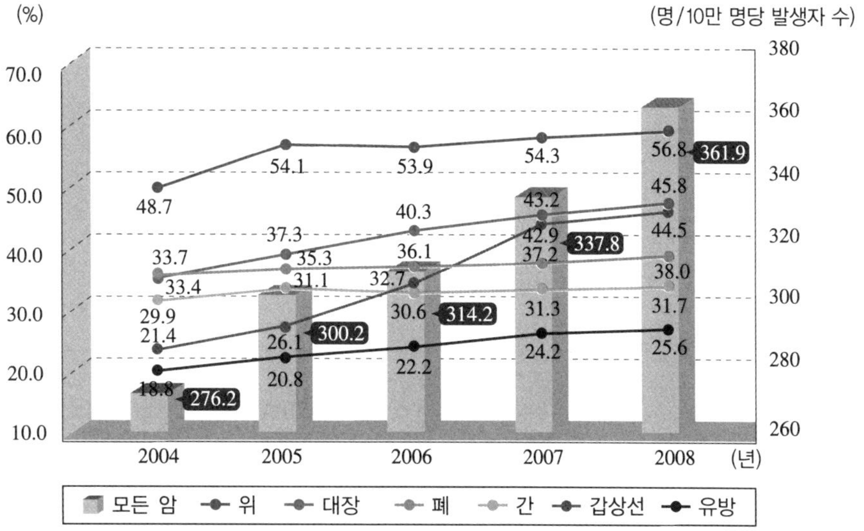

※ 2004~2008년의 매년 인구증가율 평균 : 1.54%

① 2004년 대비 2008년의 증가폭이 가장 낮은 암은 간암이다.

② 전체 암의 증가율은 매년 인구증가율의 평균보다 높다.

③ 조발생률이 가장 낮은 암과 가장 높은 암의 차이가 가장 큰 해는 2005년이다.

④ 어떤 종류의 암은 전년 대비 조발생률이 낮아진 것도 있다.

⑤ 매년 가장 많이 증가하고 있는 암은 갑상선암이다.

43 다음은 우리나라의 신생아 사망률에 대한 자료이다. 이에 대한 설명으로 옳은 것은?

〈생후 1주 이내 성별 · 생존기간별 신생아 사망률〉

구분	남		여	
1시간 이내	31명	2.7%	35명	3.8%
1~12시간	308명	26.5%	249명	27.4%
13~24시간	97명	8.3%	78명	8.6%
25~48시간	135명	11.6%	102명	11.2%
49~72시간	166명	14.3%	114명	12.5%
73~168시간	272명	23.4%	219명	24.1%
미상	153명	13.2%	113명	12.4%
전체	1,162명	100.0%	910명	100.0%

〈생후 1주 이내 산모연령별 출생아 수 · 신생아 사망률〉

구분	출생아 수	신생아 사망률
19세 미만	6,356명	8.8%
20~24세	124,956명	6.3%
25~29세	379,209명	6.8%
30~34세	149,760명	9.4%
35~39세	32,560명	13.5%
40세 이상	3,977명	21.9%
전체	696,818명	66.7%

① 생후 첫날 여자신생아 사망률은 남자신생아 사망률보다 낮다.
② 생후 1주 내 신생아 사망자 수가 가장 많은 산모 연령대는 40세 이상이다.
③ 생후 1주 내에서 첫날의 신생아 사망률은 약 50%이다.
④ 생후 1주 내 신생아 사망률 중 셋째 날 신생아 사망률은 약 13.5%이다.
⑤ 생후 1주 내 신생아 사망률 중 둘째 날 남자신생아 사망률은 약 8.5%이다.

44 다음은 지역별 마약류 단속에 대한 자료이다. 이에 대한 설명으로 옳은 것은?

〈지역별 마약류 단속 건수〉

(단위 : 건, %)

구분	대마	마약	향정신성의약품	합계	
					비중
서울	49	18	323	390	22.1
인천 · 경기	55	24	552	631	35.8
부산	6	6	166	178	10.1
울산 · 경남	13	4	129	146	8.3
대구 · 경북	8	1	138	147	8.3
대전 · 충남	20	4	101	125	7.1
강원	13	0	35	48	2.7
전북	1	4	25	30	1.7
광주 · 전남	2	4	38	44	2.5
충북	0	0	21	21	1.2
제주	0	0	4	4	0.2
전체	167	65	1,532	1,764	100.0

※ 수도권은 서울과 인천 · 경기를 합한 지역임

※ 마약류는 대마, 마약, 향정신성의약품으로만 구성됨

① 대마 단속 전체 건수는 마약 단속 전체 건수의 3배 이상이다.

② 수도권의 마약류 단속 건수는 마약류 단속 전체 건수의 50% 이상이다.

③ 마약 단속 건수가 없는 지역은 5곳이다.

④ 향정신성의약품 단속 건수는 대구 · 경북 지역이 광주 · 전남 지역의 4배 이상이다.

⑤ 강원 지역은 향정신성의약품 단속 건수가 대마 단속 건수의 3배 이상이다.

PART 5

45 다음은 2006년부터 2015년까지의 물이용부담금 총액에 대한 자료이다. 이에 대한 설명으로 옳지 않은 것을 〈보기〉에서 모두 고르면?

〈물이용부담금 총액〉

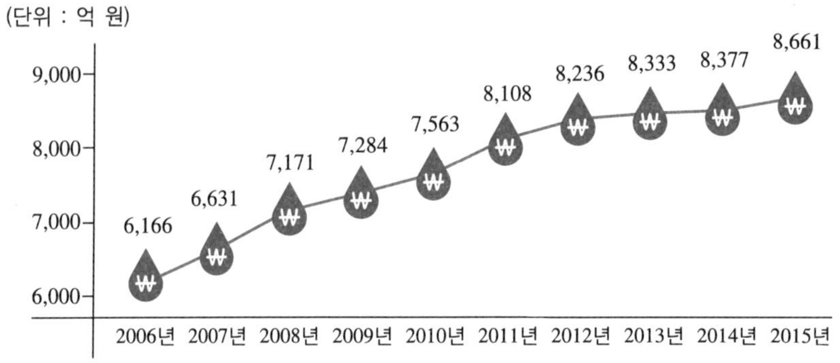

※ 상수원 상류지역에서의 수질개선 및 주민지원 사업을 효율적으로 추진하기 위한 재원 마련을 위해 최종수요자에게 물 사용량에 비례하여 물이용부담금 부과

※ 한강, 낙동강, 영 · 섬유역의 물이용부담금 단가는 170원/m^3, 금강유역은 160원/m^3

보기

㉠ 물이용부담금 총액은 지속적으로 증가하는 추세를 보이고 있다.

㉡ 2007~2015년 중 물이용부담금 총액이 전년 대비 가장 많이 증가한 해는 2008년이다.

㉢ 2015년 물이용부담금 총액에서 금강유역 물이용부담금 총액이 차지하는 비중이 20%라면, 2015년 금강유역에서 사용한 물의 양은 약 10.83억m^3이다.

㉣ 2015년 물이용부담금 총액은 전년 대비 약 3.2% 이상 증가했다.

① ㉠　　② ㉡

③ ㉢　　④ ㉠, ㉣

⑤ ㉡, ㉢

46 다음은 세계 주요 터널 화재 사고 A~F에 대한 자료이다. 이에 대한 설명으로 옳은 것은?

〈세계 주요 터널 화재 사고 통계〉

구분	터널길이(km)	화재규모(MW)	복구비용(억 원)	복구기간(개월)	사망자 수(명)
사고 A	50.5	350	4,200	6	1
사고 B	11.6	40	3,276	36	39
사고 C	6.4	120	72	3	12
사고 D	16.9	150	312	2	11
사고 E	0.2	100	570	10	192
사고 F	1.0	20	18	8	0

※ (사고비용)=(복구비용)+[(사망자 수)×5억 원]

① 터널길이가 길수록 사망자가 많다.
② 화재규모가 클수록 복구기간이 길다.
③ 사고 A를 제외하면 복구기간이 길수록 복구비용이 크다.
④ 사망자가 가장 많은 사고 E는 사고비용도 가장 크다.
⑤ 사망자가 30명 이상인 사고를 제외하면 화재규모가 클수록 복구비용이 크다.

PART 5

47 다음은 A, B국가의 사회이동에 따른 계층 구성의 비율 변화에 대한 자료이다. 1997년과 비교한 2017년에 대한 설명으로 옳은 것은?

〈1997년〉

구분	A국가	B국가
상층	7%	17%
중층	67%	28%
하층	26%	55%

〈2017년〉

구분	A국가	B국가
상층	18%	23%
중층	23%	11%
하층	59%	66%

① A국가의 상층 비율은 9%p 증가하였다.

② 두 국가의 중층 비율 증감폭이 같다.

③ A국가의 하층 비율 증가폭은 B국가의 증가폭보다 크다.

④ B국가에서 가장 높은 비율을 차지하는 계층이 바뀌었다.

⑤ B국가의 하층 비율은 20년 동안 10%p 증가하였다.

48 다음은 여러 국가의 자동차 보유 대수에 대한 자료이다. 이에 대한 설명으로 옳은 것은?

〈자동차 보유 대수 현황〉

(단위 : 천 대)

구분	합계	승용차	트럭 · 버스
미국	129,943	104,898	25,045
독일	18,481	17,356	1,125
프랑스	17,434	15,100	2,334
영국	15,864	13,948	1,916
이탈리아	15,673	14,259	1,414
캐나다	10,029	7,823	2,206
호주	5,577	4,506	1,071
네덜란드	3,585	3,230	355

① 자동차 보유 대수에서 승용차가 차지하는 비율이 가장 높은 나라는 프랑스이다.

② 자동차 보유 대수에서 트럭 · 버스가 차지하는 비율이 가장 높은 나라는 미국이다.

③ 자동차 보유 대수에서 승용차가 차지하는 비율이 가장 낮은 나라는 호주지만, 그래도 90%를 넘는다.

④ 캐나다와 프랑스는 승용차와 트럭 · 버스의 비율이 3 : 1로 거의 비슷하다.

⑤ 독일, 프랑스는 미국, 캐나다, 호주와 비교했을 때 자동차 보유 대수에서 승용차가 차지하는 비율이 높다.

PART 5

49 다음은 2002년부터 2009년까지 A상의 수상 결과에 대한 자료이다. 전체 수상 횟수를 나타낸 그래프로 옳은 것은?

〈기간별 · 분야별 A상 수상 결과〉

(단위 : 회, %)

구분	전체 수상 횟수	분야별 공동 수상 횟수				공동 수상 비율
		생리 · 의학	물리학	화학	합계	
2002년	30	2	3	0	5	16.7
2003년	15	0	1	1	2	13.3
2004년	27	3	2	1	6	22.2
2005년	24	3	3	4	10	41.7
2006년	30	6	8	3	17	56.7
2007년	( )	9	5	4	18	50.0
2008년	30	9	9	5	23	76.7
2009년	( )	9	10	8	27	60.0

※ [공동 수상 비율(%)] $= \frac{\text{(공동 수상 횟수)}}{\text{(전체 수상 횟수)}} \times 100$

※ 공동 수상 비율은 소수점 아래 둘째 자리에서 반올림한 값임

①

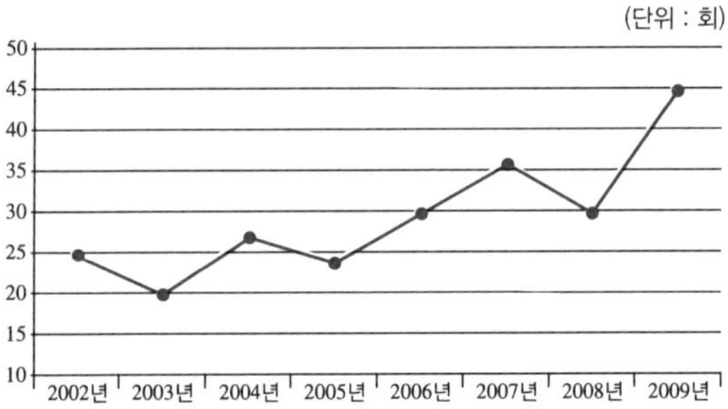

②

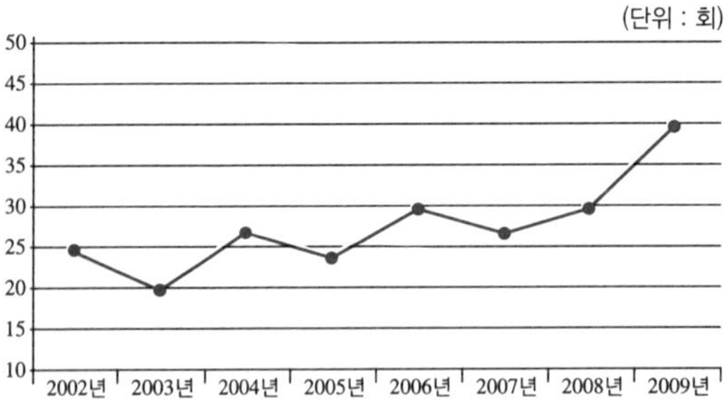

③

(단위 : 회)

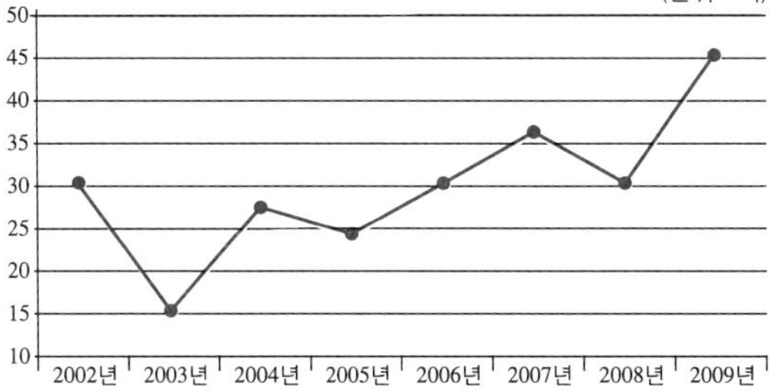

④

(단위 : 회)

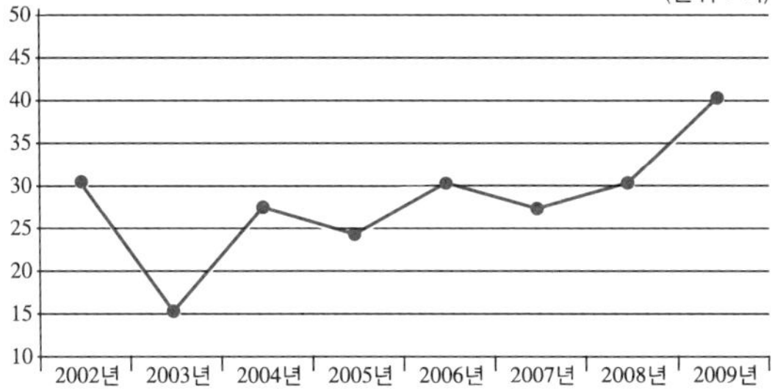

⑤

(단위 : 회)

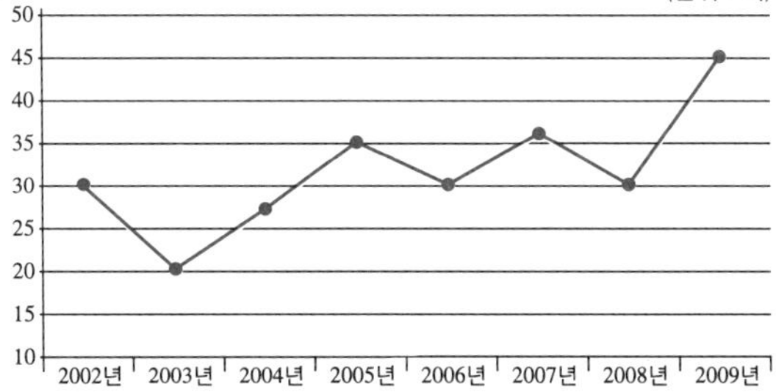

PART 5

50 다음은 2005년과 2010년에 시행된 수도권 전체(서울, 인천, 경기) 주민들에 대한 통행특성 조사의 응답자 특성 및 조사 결과이다. 이를 나타낸 그래프로 옳지 않은 것은?

〈수도권 주민 통행특성 조사의 응답자 특성〉

(단위 : 명, 대)

연도	구분		지역			수도권 전체
			서울	인천	경기	
2005년	응답자 수		240,000	80,000	250,000	570,000
	운전면허 보유 여부	보유	113,000	35,000	104,000	252,000
		비보유	127,000	45,000	146,000	318,000
	응답자 중 취업자 수		99,000	29,000	96,000	224,000
	가구당 평균 차량 대수		0.72	0.74	0.83	0.77
2010년	응답자 수		317,000	73,000	320,000	710,000
	운전면허 보유 여부	보유	157,000	33,000	155,000	345,000
		비보유	160,000	40,000	165,000	365,000
	응답자 중 취업자 수		142,000	29,000	139,000	310,000
	가구당 평균 차량 대수		0.75	0.83	0.85	0.80

〈응답자 통행특성 조사 결과〉

구분	일일 평균 통행시간(분)		일일 평균 통행거리(km)		일일 평균 통행횟수(회)	
	2005년	2010년	2005년	2010년	2005년	2010년
서울	83.41	83.48	21.13	20.40	2.64	2.59
인천	75.79	75.65	19.41	19.16	2.62	2.60
경기	76.29	78.52	22.45	24.54	2.57	2.58
수도권 전체	79.23	80.44	21.49	22.13	2.61	2.59

① 응답자의 지역별 구성비(2005년)

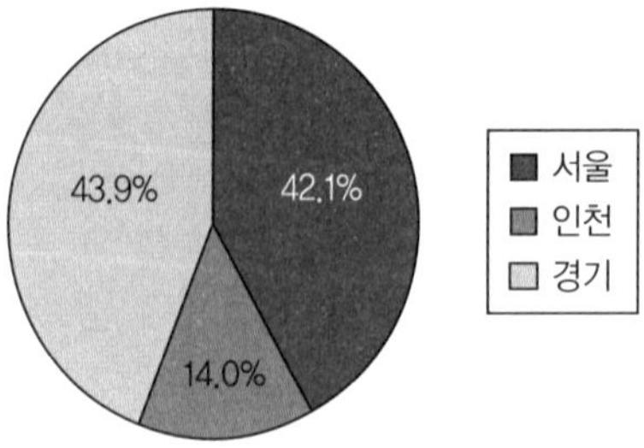

② 지역별 응답자의 운전면허 보유율

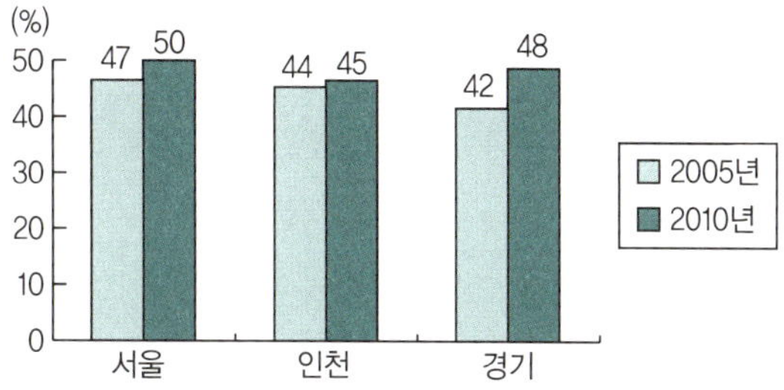

③ 응답자 중 취업자의 지역별 구성비

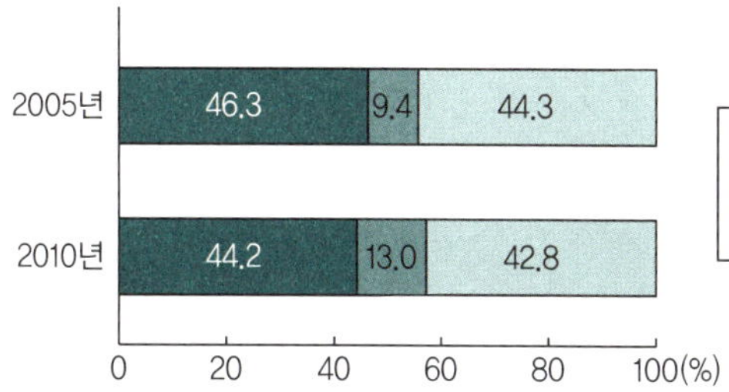

④ 지역별 응답자의 가구당 평균 차량 대수

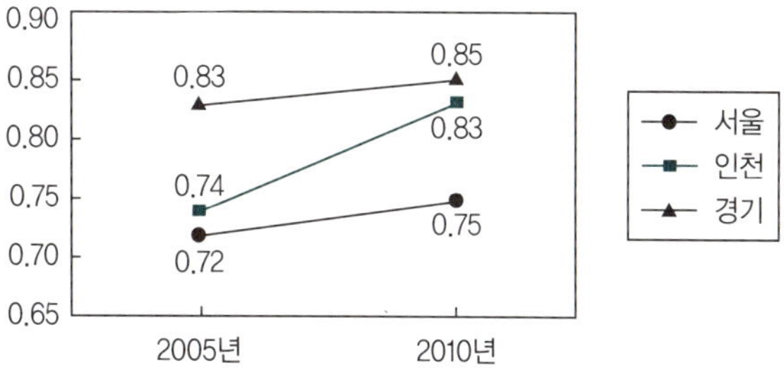

⑤ 지역별 응답자의 일일 평균 통행거리

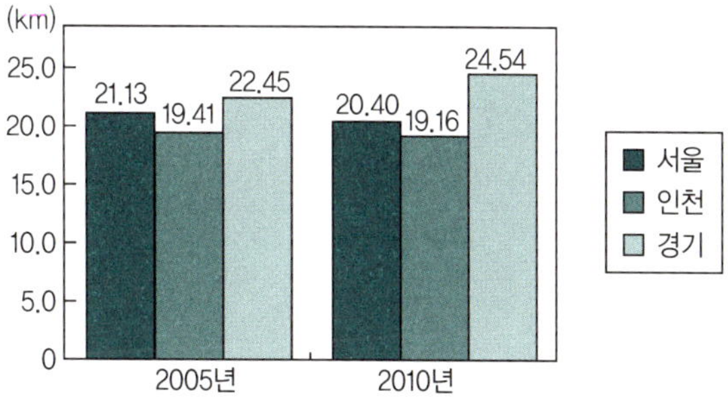

PART 5

M E M O

시대에듀

M E M O

답안채점 • 성적분석 서비스

모바일 OMR

1. 도서 내 모의고사 우측 상단에 위치한 QR코드 찍기
2. 로그인 하기
3. '시작하기' 클릭
4. '응시하기' 클릭
5. 나의 답안을 모바일 OMR 카드에 입력
6. '성적분석 & 채점결과' 클릭
7. 현재 내 실력 확인하기

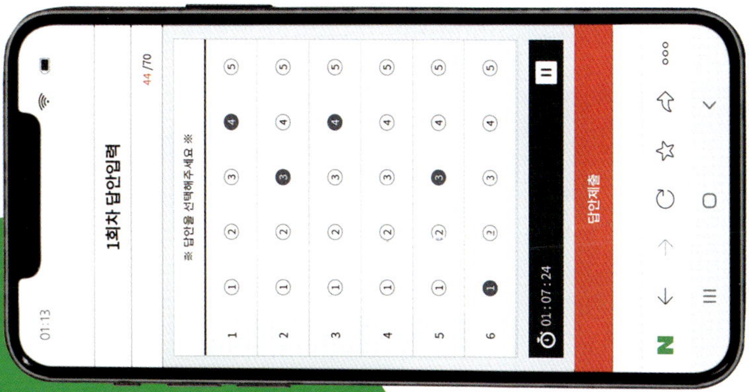

도서에 수록된 모의고사에 대한
객관적인 결과(정답률, 순위)를
종합적으로 분석하여 제공합니다.

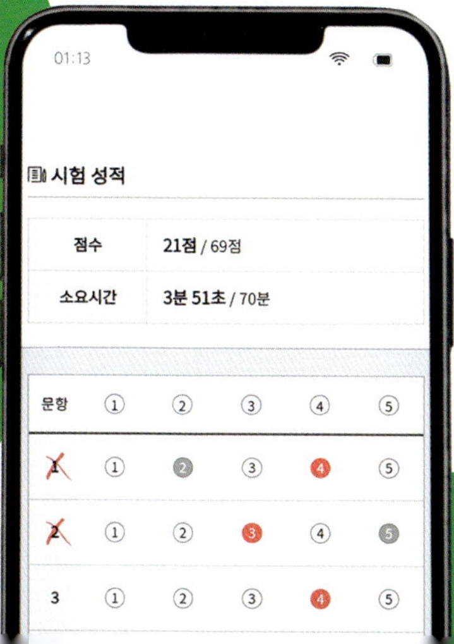

※OMR 답안채점 / 성적분석 서비스는 등록 후 30일간 사용 가능합니다.

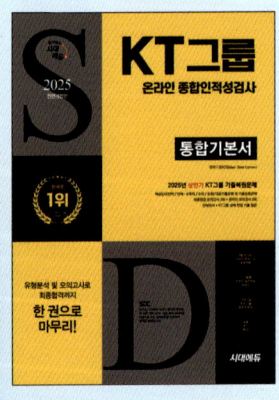

누적 판매량
1위
대기업 인적성검사 시리즈

유튜브로 쉽게 끝내는

인적성검사 수리 완성

2025 ~ 2024년 삼성, LG, SK, 포스코, KT 기출복원문제 수록

정답 및 해설

편저 | SDC(Sidae Data Center)

SDC는 시대에듀 데이터 센터의 약자로
약 30만 개의 NCS · 적성 문제 데이터를
바탕으로 최신 출제경향을 반영하여 문제를 출제합니다.

기본연산부터 **자료해석**까지
빅데이터로 **자주 출제되는 유형**만 담았다!

시대에듀

정답 및 해설

PART 1

기본연산

문제 p.010

01	02	03	04	05	06	07	08	09	10
①	④	②	①	③	①	④	③	③	③
11	12	13	14	15	16	17	18	19	20
①	③	③	③	①	③	②	①	②	②
21	22								
③	②								

01

정답 ①

$\{85-(10+15)\div5\}\times30$
$=(85-25\div5)\times30$
$=(85-5)\times30$
$=80\times30$
$=2{,}400$

02

정답 ④

$2{,}852+1{,}005\times30$
$=2{,}852+30{,}150$
$=33{,}002$

03

정답 ②

$95{,}484\div146=654$

04

정답 ①

$184{,}860\div237=780$

05

정답 ③

$(16+4\times5)\div4$
$=(16+20)\div4$
$=36\div4$
$=9$

06

정답 ①

- $70.668\div151+6.51=0.468+6.51=6.978$
- $3.79\times10-30.922=37.9-30.922=6.978$

오답분석

② $6.1\times1.2-1.163=7.32-1.163=6.157$
③ $89.1\div33+5.112=2.7+5.112=7.812$
④ $9.123-1.5\times1.3=9.123-1.95=7.173$

07

정답 ④

- $41+42+43=126$
- $3\times2\times21=126$

오답분석

① $6\times6\times6=216$
② $5\times4\times9=180$
③ $7\times2\times3=42$

08

정답 ③

- $128\div3\times12=128\times12\times\frac{1}{3}=512$
- $4\times8\times16=512$

오답분석

① $3\times15\times4=180$
② $2\times16\times2=64$
④ $5\times4\times12=240$

09

정답 ③

3(　)15+4×13=97

→ 3(　)15=97−4×13

→ 3(　)15=45

∴ (　)=×

10

정답 ③

114+95−27(　)2=155

→ 209−27(　)2=155

→ −27(　)2=−54

∴ (　)=×

11

정답 ①

41−12(　)5×2=39

→ −12(　)5×2=39−41

→ −12(　)5×2=−2

∴ (　)=+

12

정답 ③

9(　)3+14÷2=34

→ 9(　)3+7=34

→ 9(　)3=34−7

→ 9(　)3=27

∴ (　)=×

13

정답 ③

81(　)2÷9+3=21

→ 81(　)2÷9=21−3

→ 81(　)2=18×9

∴ (　)=×

14

정답 ③

$76\square\div24\times\frac{57}{2}=912$

→ $76\square\div24=912\times\frac{2}{57}$

→ 76□=32×24

→ 76□=768

∴ □=8

15

정답 ①

66−□÷6+16=78

→ −□÷6=78−66−16

→ −□÷6=−4

→ −□=(−4)×6

→ −□=−24

∴ □=24

16

정답 ③

□+7×(7−14)+98=4×15

→ □+7×(−7)+98=60

→ □−49+98=60

→ □=60−98+49

∴ □=11

17

정답 ②

8,510÷□+1,048=5,303

→ 8,510÷□=5,303−1,048

→ □=8,510÷4,255

∴ □=2

18

정답 ①

□=15×108−303÷3+7

→ □=1,620−101+7

∴ □=1,526

19

정답 ②

24×8−□÷2=190

→ −□÷2=190−24×8

→ −□÷2=−2

∴ □=4

20

정답 ②

$\square=\frac{33}{14}-\frac{16}{5}\times\frac{15}{28}$

→ $\square=\frac{33}{14}-\frac{12}{7}=\frac{33-24}{14}$

∴ $\square=\frac{9}{14}$

정답 및 해설

21

정답 ③

$A=108\times(10^3+1)=108\times1,001=108,108$

$B=468\times231=108,108$

$\therefore\ A=B$

22

정답 ②

$A=\frac{7}{3}+\frac{4}{5}=\frac{47}{15}=\frac{94}{30}$

$B=\frac{3}{2}+\frac{32}{15}=\frac{109}{30}$

$\therefore\ A<B$

PART 2 응용수리

문제 p.064

01	02	03	04	05	06	07	08	09	10
③	②	①	②	③	④	②	④	⑤	②
11	12	13	14	15	16	17	18	19	20
③	⑤	⑤	②	④	④	④	③	④	③
21	22	23	24	25	26	27	28	29	30
②	③	③	③	②	①	④	④	②	②

01

정답 ③

2주 동안 듣는 강연은 총 5회이다. 그러므로 금요일 강연이 없는 주의 월요일에 첫 강연을 들었다면 5주 차 월요일 강연을 듣기 전까지 10개의 강연을 듣게 된다. 그 주 월요일, 수요일 강연을 듣고 그 다음 주 월요일의 강연이 13번째 강연이 된다. 따라서 6주 차 월요일이 13번째 강연을 듣는 날이므로 8월 1일 월요일을 기준으로 35일 후가 된다. 8월은 31일까지 있기 때문에 $1+35-31=5$일, 즉 9월 5일이 된다.

02

정답 ②

P점으로부터 멀리 있는 물체를 A, 가까이 있는 물체를 B라고 하자. P점으로부터 B까지의 거리를 $x$km라고 하면, A까지의 거리는 $4x$km이다. 13시간 후 P점으로부터 A까지의 거리는 $(4x+13)$km, B까지의 거리는 $(x+13)$km이다.

$(4x+13):(x+13)=7:5$

$\rightarrow 7(x+13)=5(4x+13)$

$\rightarrow 13x=26$

$\therefore x=2$

따라서 현재 P점으로부터 두 물체까지의 거리는 각각 $2\times4=8$km, $2\times1=2$km이다.

03

정답 ①

갑의 현재 나이를 x세, 을의 현재 나이를 y세라고 하자. 갑과 을의 현재 나이의 비는 3 : 1이므로 다음 식이 성립한다.

$x:y=3:1$

$\therefore x=3y$ … ㉠

11년 후 갑과 을의 나이 비는 10 : 7이므로

$(x+11):(y+11)=10:7$

$\rightarrow 7(x+11)=10(y+11)$ … ㉡

㉠과 ㉡을 연립하면 $x=9$, $y=3$이다.

따라서 갑의 현재 나이는 9세, 을의 현재 나이는 3세이다.

04

정답 ②

총 9장의 손수건을 구매했으므로 B손수건 3장을 제외한 나머지 A, C, D손수건은 각각 $\frac{9-3}{3}=2$장씩 구매하였다. 먼저 3명의 친구들에게 서로 다른 손수건을 3장씩 나눠줘야 하므로 B손수건을 1장씩 나눠준다. 나머지 A, C, D손수건을 서로 다른 손수건으로 2장씩 나누면 (A, C), (A, D), (C, D)로 묶을 수 있다. 이 세 묶음을 3명에게 나눠주는 방법은 $3!=3\times2\times1=6$가지가 나온다. 따라서 친구 3명에게 종류가 다른 손수건 3장씩 나눠주는 경우의 수는 6가지이다.

05

정답 ③

커피 한 잔의 원가를 x원이라고 하면 커피의 가격은 다음과 같다.

$\left(1+\frac{a}{100}\right)x=2,000$ … ㉠

판매 가격을 a% 인하해서 1,500원에 판매하므로 다음 식이 성립한다.

$2,000\times\left(1-\frac{a}{100}\right)=1,500$

$\rightarrow 1-\frac{a}{100}=\frac{1,500}{2,000}=\frac{3}{4}$

$\therefore a=25$

a의 값을 ㉠에 대입하면 다음과 같다.

$\left(1+\frac{25}{100}\right)x=2,000$

$\therefore x=1,600$

따라서 커피 한 잔의 원가는 1,600원이다.

06 정답 ④

밭을 가는 전체 일의 양을 1이라고 하면 갑과 을이 하루에 할 수 있는 일의 양은 각각 $\frac{1}{12}$, $\frac{1}{10}$이다.

둘이 함께 일한 날의 수를 x일이라고 하자.

$\left(\frac{1}{12}+\frac{1}{10}\right)\times x+\frac{1}{12}\times(7-x)=1$

$\rightarrow 11x+5(7-x)=60$

$\therefore x=\frac{25}{6}=4\frac{1}{6}$

따라서 둘이 함께 일한 날은 5일이다.

07 정답 ②

처음 퍼낸 설탕물의 양을 xg이라고 하자.

농도 4% 설탕물의 양은 $400-\{(300-x)+x\}=100$이다.

설탕의 양은 $\frac{(\text{농도})}{100}\times(\text{설탕물의 양})$이므로

$\frac{8}{100}\times(300-x)+\frac{4}{100}\times100=\frac{6}{100}\times400$

$\rightarrow 2,400-8x+400=2,400$

$\rightarrow 8x=400$

$\therefore x=50$

따라서 처음 퍼낸 설탕물의 양은 50g이다.

08 정답 ④

세 자연수 3, 9, 11의 최소공배수는 99이고 나머지가 1이므로 최소공배수 99에 나머지 1을 더하면 100이다.

따라서 가장 작은 자연수는 100이 된다.

09 정답 ⑤

매년 초에 일정 연금(x)을 n년 동안 받아 일정한 이자율(r)로 은행에 적립하였을 때 금액의 합(S)은 다음과 같다.

$S=\frac{x(1+r)\{(1+r)^n-1\}}{r}$

연이율 r은 10%이고, 매년 초에 500만 원씩 10년 동안 받는 상품이라고 했으므로 다음과 같은 식이 성립한다.

$S=\frac{500\times(1+0.1)\times\{(1+0.1)^{10}-1\}}{0.1}$

$=\frac{500\times1.1\times(2.5-1)}{0.1}=8,250$

일시불로 받을 연금을 y만 원이라고 하면 다음과 같다.

$y(1.1)^{10}=8,250$

$\therefore y=\frac{8,250}{2.5}=3,300$

따라서 올해 초에 일시불로 받을 연금은 3,300만 원이다.

10 정답 ②

가위바위보 게임에서 A가 이긴 횟수를 x회, 진 횟수를 y회라고 하자.

- A가 받은 금액
  : $10x-7y=49-20 \rightarrow 10x-7y=29$ … ㉠
- B가 받은 금액
  : $10y-7x=15-20 \rightarrow -7x+10y=-5$ … ㉡

㉠과 ㉡을 연립하면 다음과 같다.

$100x-49x=290-35$

$\rightarrow 51x=255$

$\therefore x=5$

따라서 A는 게임에서 5회 이겼다.

11 정답 ③

사원 수와 임원 수를 각각 x명, y명이라고 하자(단, x, y는 자연수).

사원 x명을 발탁할 때 업무 효율과 비용은 각각 $3x$point, $4x$point이고, 임원 y명을 발탁할 때 업무 효율과 비용은 각각 $4y$point, $7y$point이므로 다음과 같은 식이 성립한다.

$3x+4y=60$

$\rightarrow x=-\frac{4}{3}y+20$ … ㉠

$\rightarrow 4x+7y\leq100$ … ㉡

㉠을 ㉡에 대입하면

$4\left(-\frac{4}{3}y+20\right)+7y\leq100$

$5y\leq60$

$\therefore y\leq12$

x와 y는 자연수이므로 ㉠에 따라 가능한 x, y값을 순서쌍으로 나타내면 (4, 12), (8, 9), (12, 6), (16, 3)이다.

따라서 임원과 사원 수를 합한 최솟값은 $4+12=16$이다.

12

정답 ⑤

10인 단체 티켓의 가격은 $10\times16{,}000\times(1-0.25)=120{,}000$원이다.
놀이공원에 방문하는 부서원 수를 x명이라고 하자.
부서원이 10인 이상이라면 10인 단체 티켓 1장과 개인 티켓을 구매하는 방법이 있고, 10인 단체 티켓 2장을 구매하는 방법이 있다.
10인 단체 티켓 2장을 구매하는 것이 더 유리하기 위해서는 $16{,}000\times(x-10)>120{,}000 \rightarrow x>17.5$를 만족해야 한다.
따라서 부서원이 18명 이상일 때 단체 티켓 2장을 구매하는 것이 개별로 구매하는 것보다 더 유리하다.

13

정답 ⑤

임원진 1명이 원탁의 아홉 자리 중 하나에 앉는 방법은 1가지이며, 이때 다른 임원진 한 명은 그 임원진의 왼쪽 혹은 오른쪽에 앉게 되므로 경우의 수는 2가지이다. 또한 외부인사들끼리 일렬로 앉게 하는 방법은 $3!=6$가지이며, 팀장들끼리 일렬로 앉게 하는 방법은 $4!=24$가지이다.
따라서 전원이 앉을 수 있는 경우의 수는 $1\times2\times6\times24=288$가지이다.

14

정답 ②

한 주에 2명의 사원이 당직 근무를 하므로 3주 동안 총 6명의 사원이 당직 근무를 하게 된다.

- B팀의 8명의 사원 중 6명을 뽑는 경우의 수
  : ${}_8C_6={}_8C_2=\frac{8\times7}{2\times1}=28$가지
- 6명의 사원을 2명씩 3조로 나누는 경우의 수
  : ${}_6C_2\times{}_4C_2\times{}_2C_2\times\frac{1}{3!}=\frac{6\times5}{2\times1}\times\frac{4\times3}{2\times1}\times1\times\frac{1}{6}=15$가지
- 3조를 한 주에 한 조씩 배치하는 경우의 수
  : $3!=3\times2\times1=6$가지

따라서 가능한 모든 경우의 수는 $28\times15\times6=2{,}520$가지이다.

15

정답 ④

첫 번째 날 또는 일곱 번째 날에 총무부 소속 팀이 봉사활동을 하게 될 사건을 A라고 하고, 사건 A^c는 첫 번째 날과 일곱 번째 날 모두 마케팅부가 봉사활동을 할 사건이라고 하자.
7팀의 봉사활동 순서를 정하는 경우의 수는 7!가지이다.
이때, 마케팅부의 5팀 중 첫 번째 날과 일곱 번째 날에 봉사활동을 할 팀을 배치하는 순서의 경우의 수는 ${}_5P_2=5\times4=20$가지이고, 총무부 2팀을 포함한 5팀을 배치하는 경우의 수는 5!가지이다.

$$P(A^c)=\frac{20\times5!}{7!}=\frac{20\times5\times4\times3\times2\times1}{7\times6\times5\times4\times3\times2\times1}=\frac{10}{21}$$

$$\therefore P(A)=1-\frac{10}{21}=\frac{11}{21}$$

따라서 구하는 확률은 $\frac{11}{21}$이다.

16

정답 ④

- A만 문제를 풀 확률 : $\frac{1}{4}\times\frac{2}{3}\times\frac{1}{2}=\frac{1}{12}$
- B만 문제를 풀 확률 : $\frac{3}{4}\times\frac{1}{3}\times\frac{1}{2}=\frac{1}{8}$
- C만 문제를 풀 확률 : $\frac{3}{4}\times\frac{2}{3}\times\frac{1}{2}=\frac{1}{4}$

∴ 한 사람만 문제를 풀 확률 : $\frac{1}{12}+\frac{1}{8}+\frac{1}{4}=\frac{11}{24}$

따라서 구하는 확률은 $\frac{11}{24}$이다.

17

정답 ④

진수, 민영, 지율, 보라 네 명의 최고점을 각각 a, b, c, d점이라고 하자.
$a+2b=10$ … ㉠
$c+2d=35$ … ㉡
$2a+4b+5c=85$ … ㉢
㉢과 ㉠을 연립하면
$2\times10+5c=85 \rightarrow 5c=65 \rightarrow c=13$
c의 값을 ㉡에 대입하여 d를 구하면
$13+2d=35 \rightarrow 2d=22 \rightarrow d=11$
따라서 보라의 최고점은 11점이다.

18

정답 ③

혜주의 속력을 $2x$m/min이라고 하자(단, $x>0$). 이때 승혜와 민정이의 속력은 각각 $3x$m/min, $4x$m/min이다.
학교에서 도서관까지의 거리를 ym라고 하자.

$\frac{y}{3x}=\frac{y}{4x}+3$ … ㉠

혜주의 이동시간과 승혜의 이동시간은 같으므로

$\frac{y}{3x}=\frac{y-300}{2x}$

$\rightarrow 2y=3y-900$

$\therefore y=900$ … ㉡

㉡을 ㉠에 대입하면

$\frac{300}{x}=\frac{225}{x}+3$

$\rightarrow 300=225+3x$

$\therefore x=25$

따라서 승혜의 속력은 $25\times3=75$m/min이다.

19

정답 ④

아버지의 나이를 x세, 형의 나이를 y세라고 하자.

동생의 나이는 $(y-2)$세이므로

$y+(y-2)=40$

$\therefore y=21$

어머니의 나이는 $(x-4)$세이므로

$x+(x-4)=6\times21$

$\rightarrow 2x=130$

$\therefore x=65$

따라서 아버지의 나이는 65세이다.

20

정답 ③

작년 남성 지원자 수를 x명, 여성 지원자 수를 y명이라고 하자.

작년 전체 지원자 수는 1,000명이므로

$x+y=1{,}000$ … ㉠

작년에 비하여 남성과 여성의 지원율이 각각 2%, 3% 증가하여 총 24명이 증가하였으므로

$\frac{2}{100}x+\frac{3}{100}y=24 \rightarrow 2x+3y=2{,}400$ … ㉡

㉠과 ㉡을 연립하면 $x=600$, $y=400$이다.

따라서 올해 남성 지원자 수는 $600\times(1+0.02)=612$명이다.

21

정답 ②

상품의 원가를 x원이라고 하자.

$a=1.1(x+1{,}000)$

$\rightarrow \frac{10}{11}a=x+1{,}000$

$\therefore x=\frac{10}{11}a-1{,}000$

따라서 상품의 원가는 $\left(\frac{10}{11}a-1{,}000\right)$원이다.

22

정답 ③

A기계 1대와 B기계 1대가 1시간 동안 담는 비타민제 통의 개수를 각각 a개, b개라 하자.

A기계 3대와 B기계 2대를 작동할 때 담을 수 있는 비타민제는 1,600통이므로

$3a+2b=1{,}600$ … ㉠

A기계 2대와 B기계 3대를 작동했을 때 담을 수 있는 비타민제는 1,500통이므로

$2a+3b=1{,}500$ … ㉡

㉠과 ㉡을 연립하면 $a=360$, $b=260$이다.

$\therefore a+b=360+260=620$

따라서 총 620개를 담을 수 있다.

23

정답 ③

수영장에 물이 가득 찼을 때의 양을 1이라고 하면, 1시간에 수도관 A로는 $\frac{1}{6}$, 수도관 B로는 $\frac{1}{4}$을 채울 수 있다.

A, B 두 수도관을 모두 사용하여 수영장에 물을 가득 채우는 데 걸리는 시간을 x시간이라고 하자.

$\left(\frac{1}{6}+\frac{1}{4}\right)\times x=1$

$\rightarrow \frac{5}{12}x=1$

$\therefore x=\frac{12}{5}=2\frac{2}{5}$

따라서 물을 가득 채우는 데 2시간 24분이 걸린다.

24

정답 ③

농도 4%의 소금물의 양을 xg이라고 하자.

이때 10%의 소금물의 양은 $(600-x)$g이다.

$\frac{4}{100}x+\frac{10}{100}(600-x)=\frac{8}{100}\times600$

$\rightarrow 4x+10(600-x)=4{,}800$

$\rightarrow -6x=-1{,}200$

$\therefore x=200$

따라서 처음 컵에 들어있던 농도 4%의 소금물의 양은 200g이다.

25

정답 ②

음식점까지의 거리를 $x$km라고 하자.

역에서 음식점까지 왕복하는 데 걸리는 시간과 음식을 포장하는 데 걸리는 시간이 1시간 30분 이내여야 하므로 다음과 같은 조건을 만족해야 한다.

$\frac{x}{3}+\frac{15}{60}+\frac{x}{3}\le\frac{3}{2}$

$\rightarrow 20x+15+20x\le 90$

$\rightarrow 40x\le 75$

$\therefore x\le\frac{75}{40}=1.875$

즉, 역과 음식점 사이 거리는 1.875km 이내여야 하므로 갈 수 있는 음식점은 'N버거'와 'B도시락'이다.

따라서 K사원이 구입할 수 있는 음식은 도시락과 햄버거이다.

26

정답 ①

농도가 5%인 묽은 염산의 양을 xg이라고 하자.

농도 20%의 묽은 염산과 농도 5%의 묽은 염산을 섞었을 때 농도가 10%보다 작거나 같아야 하므로 다음과 같은 조건을 만족해야 한다.

$\frac{20}{100}\times 300+\frac{5}{100}\times x\le\frac{10}{100}(300+x)$

$\rightarrow 6{,}000+5x\le 10(300+x)$

$\rightarrow 5x\ge 3{,}000$

$\therefore x\ge 600$

따라서 필요한 농도가 5%인 묽은 염산의 최소량은 600g이다.

27

정답 ④

희진이가 반죽을 만드는 데 걸리는 시간이 12분이므로 빵을 만드는 데 쓸 수 있는 시간은 48분이다.

단팥빵을 x개, 크림빵을 y개 만들었다면 걸린 시간은 $3x+7y=48$로 나타낼 수 있다.

이를 만족하는 x, y를 순서쌍으로 나타내면 (2, 6), (9, 3)이다.

- $x=2$, $y=6$인 경우 : $\frac{8!}{2!\times 6!}=28$가지
- $x=9$, $y=3$인 경우 : $\frac{12!}{9!\times 3!}=220$가지

따라서 희진이가 빵 굽는 순서를 다르게 할 수 있는 방법은 $28+220=248$가지이다.

28

정답 ④

창고를 모두 가득 채웠을 때 보관 가능한 컨테이너 박스의 수는 $10\times 10=100$개이다.

- 9개 창고에 10개씩, 1개 창고에 8개를 보관하는 경우의 수 : ${}_{10}C_1=10$가지
- 8개 창고에 10개씩, 2개 창고에 9개씩 보관하는 경우의 수 : ${}_{10}C_2=\frac{10\times 9}{2!}=45$가지

따라서 전체 경우의 수는 $10+45=55$가지이다.

29

정답 ②

- 흰 구슬, 흰 구슬, 검은 구슬 순서로 뽑을 경우
  : $\frac{3}{8}\times\frac{2}{7}\times\frac{5}{6}=\frac{5}{56}$
- 흰 구슬, 검은 구슬, 흰 구슬 순서로 뽑을 경우
  : $\frac{3}{8}\times\frac{5}{7}\times\frac{2}{6}=\frac{5}{56}$
- 검은 구슬, 흰 구슬, 흰 구슬 순서로 뽑을 경우
  : $\frac{5}{8}\times\frac{3}{7}\times\frac{2}{6}=\frac{5}{56}$

따라서 구하는 확률은 $\frac{5}{56}+\frac{5}{56}+\frac{5}{56}=\frac{15}{56}$이다.

30

정답 ②

(1, 2, 3이 적힌 카드 중 하나 이상을 뽑을 확률)은 1−(세 번 모두 4~10이 적힌 카드를 뽑을 확률)이다.

- 세 번 모두 4~10이 적힌 카드를 뽑을 확률
  : $\frac{7}{10}\times\frac{6}{9}\times\frac{5}{8}=\frac{7}{24}$
- 1, 2, 3이 적힌 카드 중 하나 이상을 뽑을 확률
  : $1-\frac{7}{24}=\frac{17}{24}$

따라서 구하는 확률은 $\frac{17}{24}$이다.

PART 3

수열추리

문제 p.092

01	02	03	04	05	06	07	08	09	10
⑤	③	④	④	②	④	④	②	②	④
11	12	13	14	15	16	17	18	19	20
⑤	④	⑤	③	②	②	①	②	③	②
21	22	23	24	25	26	27	28	29	30
②	②	①	④	③	⑤	⑤	③	③	②

01

정답 ⑤

2　4　11　6　12　19　14　(28)　35　30

×2　+7　−5　×2　+7　−5　×2　+7　−5

앞의 항에 ×2, +7, −5가 반복되는 수열이다.

따라서 ( )$=14\times2=28$이다.

02

정답 ③

1　6　−4　(11)　−9　16

+5　−10　+15　−20　+25

앞의 항에 $(-1)^0\times5\times1$, $(-1)^1\times5\times2$, $(-1)^2\times5\times3$, $(-1)^3\times5\times4$, $(-1)^4\times5\times5$, …을 더하는 수열이다.

$a_1=1$, $a_{n+1}=a_n+(-1)^{n-1}\times5n$ (단, n은 자연수)

따라서 ( )$=(-4)+(-1)^2\times15=11$이다.

03

정답 ④

0　3　8　(15)　24　35　48

+3　+5　+7　+9　+11　+13

앞의 항에 $2\times1+1$, $2\times2+1$, $2\times3+1$, $2\times4+1$, …을 더하는 수열이다.

$a_1=0$, $a_{n+1}=a_n+2n+1$ (단, n은 자연수)

따라서 ( )$=8+7=15$이다.

04

정답 ④

2　2　4　12　16　(80)　86

×1　+2　×3　+4　×5　+6

앞의 항에 ×1, +2, ×3, +4, ×5, +6, …을 하는 수열이다.

$a_1=2$, $a_{2n}=a_{2n-1}\times(2n-1)$, $a_{2n+1}=a_{2n}+2n$ (단, n은 자연수)
따라서 ( )$=16\times5=80$이다.

05

정답 ②

3 1 −1 (−7) −33 −171

×1−2 ×2−3 ×3−4 ×4−5 ×5−6

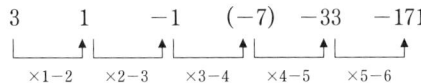

앞의 항에 ×1−2, ×2−3, ×3−4, ×4−5, ×5−6, …을 하는 수열이다.
따라서 ( )$=(-1)\times3-4=-7$이다.

06

정답 ④

0.7 0.9 1.15 1.45 1.8 (2.2)

+0.2 +0.25 +0.3 +0.35 +0.4

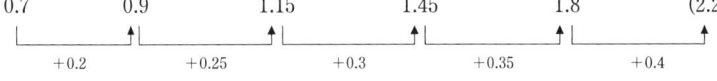

앞의 항에 0.2, 0.2+0.05, 0.2+0.05×2, 0.2+0.05×3, 0.2+0.05×4, …을 더하는 수열이다.
$a_1=0.7$, $a_{n+1}=a_n+0.2+0.05\times(n-1)$ (단, n은 자연수)
따라서 ( )$=1.8+0.2+0.05\times4=2.2$이다.

07

정답 ④

2 7 17 37 77 157 317 (637)

+5 +10 +20 +40 +80 +160 +320

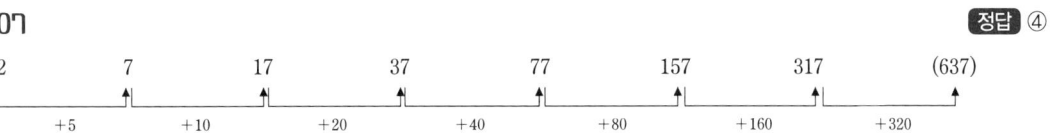

앞의 항에 5×2^0, 5×2^1, 5×2^2, 5×2^3, 5×2^4, 5×2^5, 5×2^6, …을 더하는 수열이다.
$a_1=2$, $a_{n+1}=a_n+5\times2^{n-1}$ (단, n은 자연수)
따라서 ( )$=317+5\times2^6=637$이다.

08

정답 ②

$\frac{4}{3}$ $\frac{4}{3}$ $\left(\frac{8}{3}\right)$ 8 32 160

×1 ×2 ×3 ×4 ×5

앞의 항에 1, 2, 3, 4, 5, …을 곱하는 수열이다.
$a_1=\frac{4}{3}$, $a_{n+1}=a_n\times n$ (단, n은 자연수)
따라서 ( )$=\frac{4}{3}\times2=\frac{8}{3}$이다.

09

정답 ②

1 2 8 (33) 148 765 4,626

×1+1 ×2+4 ×3+9 ×4+16 ×5+25 ×6+36

앞의 항에 $\times1+1^2$, $\times2+2^2$, $\times3+3^2$, $\times4+4^2$, $\times5+5^2$, $\times6+6^2$, …을 하는 수열이다.

$a_1=1$, $a_{n+1}=a_n\times n+n^2$ (단, n은 자연수)
따라서 ( )$=8\times3+9=33$이다.

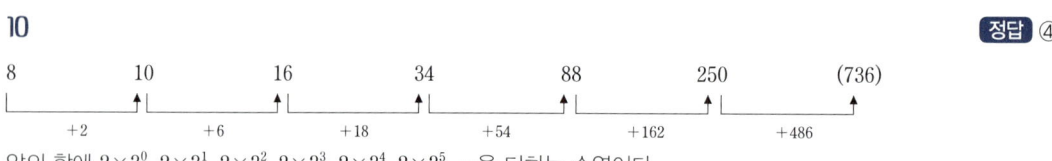

10

정답 ④

8 10 16 34 88 250 (736)

+2 +6 +18 +54 +162 +486

앞의 항에 2×3^0, 2×3^1, 2×3^2, 2×3^3, 2×3^4, 2×3^5, …을 더하는 수열이다.
$a_1=8$, $a_{n+1}=a_n+2\times3^{n-1}$ (단, n은 자연수)
따라서 ( )$=250+2\times3^5=736$이다.

11

정답 ⑤

0 4 11 (21) 34 50 69

+4 +7 +10 +13 +16 +19

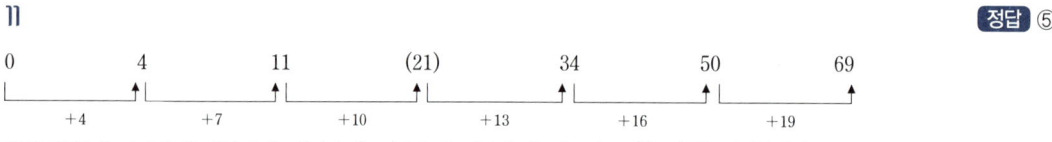

앞의 항에 $3\times1+1$, $3\times2+1$, $3\times3+1$, $3\times4+1$, $3\times5+1$, $3\times6+1$, …을 더하는 수열이다.
$a_1=0$, $a_{n+1}=a_n+3n+1$ (단, n은 자연수)
따라서 ( )$=11+9+1=21$이다.

12

정답 ④

1 6 4 6 7 6 (10) 6

+3 +3 +3

홀수 항은 3을 더하는 수열이고, 짝수 항은 6인 수열이다.
$a_1=1$, $a_{2n+1}=a_{2n-1}+3$, $a_{2n}=6$ (단, n은 자연수)
따라서 ( )$=7+3=10$이다.

13

정답 ⑤

+1 +2 +3 +4

1 1 3 2 5 4 7 (7) 9 11

+2 +2 +2 +2

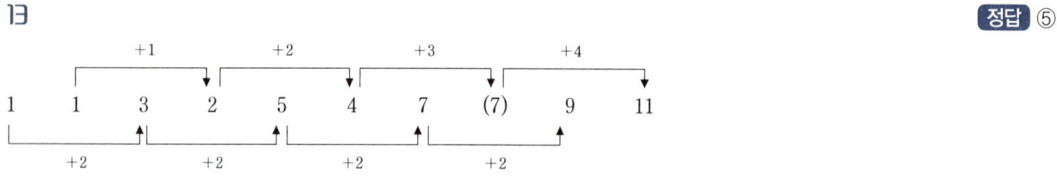

홀수 항은 2를 더하는 수열이고, 짝수 항은 1, 2, 3, …을 더하는 수열이다.
$a_1=1$, $a_2=1$, $a_{2n+1}=a_{2n-1}+2$, $a_{2n+2}=a_{2n}+n$ (단, n은 자연수)
따라서 ( )$=4+3=7$이다.

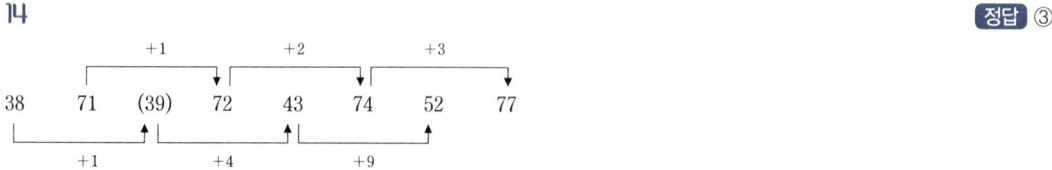

14

정답 ③

+1 +2 +3

38 71 (39) 72 43 74 52 77

+1 +4 +9

홀수 항은 1^2, 2^2, 3^2, …을 더하는 수열이고, 짝수 항은 1, 2, 3, …을 더하는 수열이다.
$a_1=38$, $a_2=71$, $a_{2n+1}=a_{2n-1}+n^2$, $a_{2n+2}=a_{2n}+n$ (단, n은 자연수)
따라서 (　)=38+1=39이다.

15

정답 ②

+3　　+3　　+3

8　9　10　12　(12)　15　14　18

+2　　+2　　+2

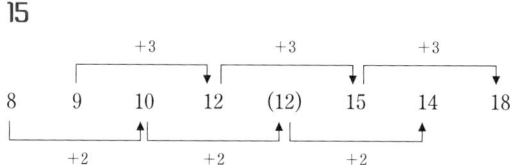

홀수 항은 2를 더하는 수열이고, 짝수 항은 3을 더하는 수열이다.
$a_1=8$, $a_2=9$, $a_{2n+1}=a_{2n-1}+2$, $a_{2n+2}=a_{2n}+3$ (단, n은 자연수)
따라서 (　)=10+2=12이다.

16

정답 ②

÷5　　÷5　　÷5

(−1)　125　3　25　−9　5　27　1

×(−3)　　×(−3)　　×(−3)

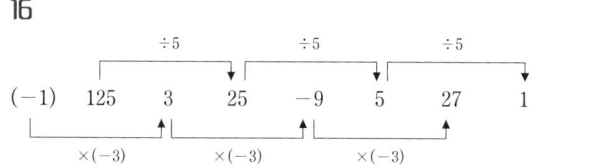

홀수 항은 −3을 곱하는 수열이고, 짝수 항은 5로 나누는 수열이다.
$a_1=-1$, $a_2=125$, $a_{2n+1}=a_{2n-1}\times(-3)$, $a_{2n+2}=a_{2n}\div5$ (단, n은 자연수)
따라서 (　)=3÷(−3)=−1이다.

17

정답 ①

+1　　+4　　+7

−7　3　−2　4　(3)　8　8　15

+5　　+5　　+5

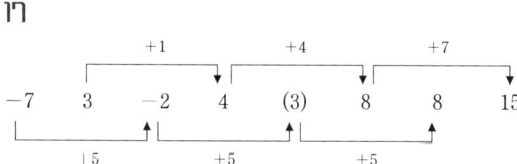

홀수 항은 5를 더하는 수열이고, 짝수 항은 1, 4, 7, …을 더하는 수열이다.
$a_1=-7$, $a_2=3$, $a_{2n+1}=a_{2n-1}+5$, $a_{2n+2}=a_{2n}+1+3(n-1)$ (단, n은 자연수)
따라서 (　)=(−2)+5=3이다.

18

정답 ②

−2　　−2　　−2

23　25　(20)　23　17　21　14　19　11

−3　　−3　　−3　　−3

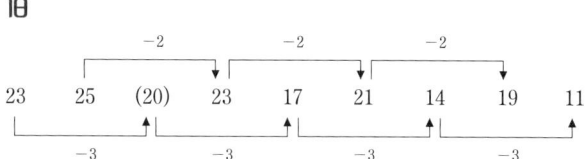

홀수 항은 −3을 더하는 수열이고, 짝수 항은 −2를 더하는 수열이다.
$a_1=23$, $a_2=25$, $a_{2n+1}=a_{2n-1}-3$, $a_{2n+2}=a_{2n}-2$ (단, n은 자연수)
따라서 (　)=23−3=20이다.

19

정답 ③

×(−10)　×(−10)　×(−10)

$-23 \quad 1 \quad -\frac{13}{2} \quad -10 \quad \frac{7}{4} \quad 100 \quad \left(\frac{47}{8}\right) \quad -1{,}000$

+10÷2　+10÷2　+10÷2

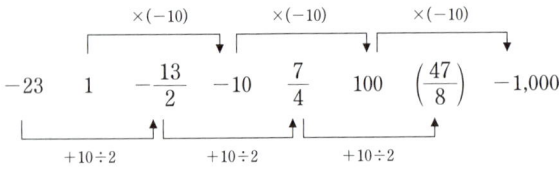

홀수 항은 10을 더한 후 2로 나누는 수열이고, 짝수 항은 −10을 곱하는 수열이다.

$a_1=-23$, $a_2=1$, $a_{2n+1}=(a_{2n-1}+10)\div 2$, $a_{2n+2}=a_{2n}\times(-10)$ (단, n은 자연수)

따라서 ( )$=\left(\frac{7}{4}+10\right)\div 2=\frac{47}{8}$이다.

20

정답 ②

$\underline{A\ B\ C} \rightarrow A+B-1=C$

따라서 ( )$=12+7-1=18$이다.

21

정답 ②

$\underline{A\ B\ C} \rightarrow A^B=C\times 2$

$2^{(\ )}=16\times 2=32=2^5$

따라서 ( )$=5$이다.

22

정답 ②

$\underline{A\ B\ C} \rightarrow A\times B=C$

따라서 ( )$=14\div 2=7$이다.

23

정답 ①

$\underline{A\ B\ C} \rightarrow A+2C=3B$

따라서 ( )$=(3\times 9-5)\div 2=22\div 2=11$이다.

24

정답 ④

$\underline{A\ B\ C} \rightarrow \sqrt{A}+\sqrt{B}=C$

따라서 ( )$=\sqrt{1}+\sqrt{1}=2$이다.

25

정답 ③

홀수 항은 ×2, 짝수 항은 −3을 적용하는 문자열이다.

E	N	(J)	K	T	H	N	E
5	14	(10)	11	20	8	40	5

26

정답 ⑤

앞의 항에 $+1$, $+3$, $+5$, $+7$, $+9$, …을 적용하는 문자열이다.

나	다	바	카	(라)	파
2	3	6	11	(18)	27

27

정답 ⑤

앞의 항에 $+2$, -3, $+4$, -5, $+6$, …을 적용하는 문자열이다.

D	F	C	G	(B)	H
4	6	3	7	(2)	8

28

정답 ③

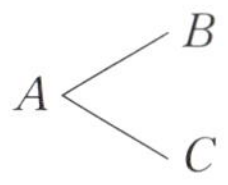

$\rightarrow \dfrac{B+C}{2}=A$

$\rightarrow \dfrac{(\quad)+4}{2}=6$

따라서 ( )=8이다.

29

정답 ③

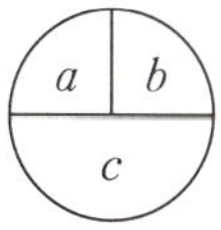

$\rightarrow 2a\times b=c$

따라서 ( )$=2\times5\times6=60$이다.

30

정답 ②

굵은 선으로 이루어진 도형 안의 숫자의 합이 22이다.

$-9+22+(-8)+(\quad)=22$

$\rightarrow (\quad)=22-22+8+9$

따라서 ( )=17이다.

PART 4

자료해석

문제 p.148

01	02	03	04	05	06	07	08	09	10
⑤	④	④	②	⑤	②	③	③	④	④
11	12	13	14	15	16	17	18	19	20
①	②	②	③	③	④	②	④	④	①
21	22	23	24	25	26	27	28	29	30
②	④	③	②	②	③	③	⑤	②	③

01

정답 ⑤

• 인도네시아 : $\frac{289-309}{309}\times100\fallingdotseq-6.5\%$

오답분석

① 일본 : $\frac{5,706-5,826}{5,826}\times100\fallingdotseq-2.1\%$

② 중국 : $\frac{7,322-6,853}{6,853}\times100\fallingdotseq6.8\%$

③ 미국 : $\frac{2,632-2,567}{2,567}\times100\fallingdotseq2.5\%$

④ 프랑스 : $\frac{225-193}{193}\times100\fallingdotseq16.6\%$

02

정답 ④

영국의 뇌사 장기기증자 수를 x명이라고 하면, $\frac{x}{63.5}=20.0$이므로 $x=20.0\times63.5=1,270$명이다.

오답분석

① 한국의 인구 백만 명당 기증자 수를 x명이라고 하면, $x=\frac{416}{49.0}\fallingdotseq8.49$명이다.

② 스페인의 총인구를 x백만 명이라고 하면, $\frac{1,655}{x}=35.0$이므로 $x=\frac{1,655}{35.0}\fallingdotseq47.3$명이다.

③ 미국의 뇌사 장기기증자 수를 x명이라고 하면, $\frac{x}{310.0}=26.5$이므로 $x=26.5\times310.0=8,215$명이다.

⑤ 이탈리아의 인구 백만 명당 기증자 수를 x명이라고 하면, $x=\frac{1,321}{60.0}\fallingdotseq22.02$명이다.

03

정답 ④

정확한 값을 찾으려 계산하기보다 우선 자료에서 해결 실마리를 찾아 옳지 않은 선택지를 제거하는 방식으로 접근하는 것이 좋다.

먼저 효과성을 기준으로 살펴보면, 1순위인 C부서의 효과성은 3,000÷1,500=2이고, 2순위인 B부서의 효과성은 1,500÷1,000=1.5이다. 따라서 효과성이 커지면 순위가 높아지고 3순위 A부서의 효과성은 1.5보다 낮아야 한다는 것을 알 수 있다. 그러므로 A부서의 목표량 (가)는 500÷(가)<1.5 → (가)>333.3…으로 적어도 333보다는 커야 한다. 따라서 (가)가 300인 선택지 ①은 정답에서 제외된다.

효율성을 기준으로 살펴보면, 2순위인 A부서의 효율성은 500÷(200+50)=2이다. (라)는 효과성이 4순위이므로 (라)÷1,000<1.5이고 (라)<1,500이다. 따라서 4순위인 D부서의 효율성은 (라)÷(300+500)<1,500÷(300+500)<2이므로 효율성이 커지면 순위가 높아지고 1순위인 B부서의 효율성은 2보다 커야 한다는 것을 알 수 있다. 그러므로 B부서의 인건비 (나)는 1,500÷[(나)+200]>2 → (나)<550으로 적어도 550보다는 낮아야 한다. 따라서 (나)가 800인 선택지 ②·⑤는 제외된다.

남은 것은 선택지 ③과 ④가 있는데, 먼저 ③부터 대입해보면 C의 효율성이 3,000÷(1,200+300)=2로 2순위인 A부서의 효율성과 같다. 따라서 정답은 ④이다.

04

정답 ②

범죄의 발생 건수와 체포 건수의 비율이 전년 대비 가장 큰 폭으로 증가한 것은 모두 2015년 절도죄로,
각각 76.0−57.3=18.7%p, 56.3−49.4=6.9%p 증가했다.
따라서 절도죄의 발생 건수 비율과 체포 건수 비율의 증가량 차이는 18.7−6.9=11.8%p이다.

05

정답 ⑤

온실가스 배출량은 2015년도 목표 대비 −291천 톤CO_2e의 성과를 이뤘다.

온실가스 배출량의 달성률은 목표 대비 $\frac{1,600-1309}{1,600}\times 100=\frac{291}{1,600}\times 100 \fallingdotseq 18\%$ 초과 달성했다.

따라서 (가)에 들어갈 값은 118이다.

06

정답 ②

기타를 제외하고 2016년 김치 수출액이 3번째로 많은 국가는 홍콩이다.

따라서 홍콩의 2015년 대비 2016년 수출액의 증감률은 $\frac{4,285-4,500}{4,500}\times 100 \fallingdotseq -4.78\%$이다.

07

정답 ③

매년 상반기와 하반기를 합한 오렌지 수입량이 많은 국가 순서는 '필리핀−미국−뉴질랜드−태국'으로 일정하다.
따라서 빈칸에 들어갈 수치로 옳은 것은 (ㄱ)−2.8, (ㄴ)−2.3이다.

정답 및 해설

08

정답 ③

A사와 B사의 전체 직원 수를 알 수 없으므로, 비율만으로는 판단할 수 없다.

오답분석

① 여직원 대비 남직원 비율은 여직원 비율이 높을수록, 남직원 비율이 낮을수록 값이 작아진다. 따라서 여직원 비율이 가장 높으면서, 남직원 비율이 가장 낮은 D사가 여직원 대비 남직원 비율이 최저이고, 남직원 비율이 여직원 비율보다 높은 A사가 여직원 대비 남직원 비율이 최고이다.

② B, C, D사 각각 남직원보다 여직원의 비율이 높다. 즉, B, C, D사 모두에서 남직원 수보다 여직원 수가 많다. 따라서 B, C, D사의 직원 수를 다 합했을 때도 남직원 수는 여직원 수보다 적다.

④ B사의 전체 직원 수를 a명, A사의 전체 직원 수를 $2a$명이라고 하면, B사의 남직원 수는 $0.48a$명, A사의 남직원 수는 $0.54\times2a=1.08a$명이다.

따라서 $\frac{0.48a+1.08a}{a+2a}\times100=\frac{1.56}{3}\times100=52\%$이다.

⑤ A, B, C사의 전체 직원 수를 a명이라고 하면, 여직원의 수는 각각 $0.46a$, $0.52a$, $0.58a$명이다.
따라서 $0.46a+0.58a=2\times0.52a$명이므로 옳은 설명이다.

09

정답 ④

수익률은 개인경영, 회사법인, 회사 이외의 법인, 비법인 단체 순서대로 각각 $\frac{238,789}{124,446}-1$, $\frac{43,099}{26,610}-1$, $\frac{10,128}{5,542}-1$, $\frac{791}{431}-1$이다. 수익률은 매출이 클수록, 비용이 적을수록 높아지므로 분자가 분모의 거의 두 배가 되는 $\frac{238,789}{124,446}-1$이 가장 크다. 따라서 수익률이 가장 높은 예식장 사업 형태는 개인경영이다.

오답분석

① 전체 사업체 1,304개 중 개인경영이 1,160개를 차지하므로 $\frac{1,160}{1,304}\times100≒89\%$가 개인경영의 형태라고 볼 수 있다.

② 개인경영, 회사법인, 회사 이외의 법인, 비법인 단체의 사업체당 평균 매출액은 각각 $\frac{238,789}{1,160}$, $\frac{43,099}{44}$, $\frac{10,128}{91}$, $\frac{791}{9}$백만 원이고, 이를 대략적으로 계산해보면 각각 $\frac{238,000}{1,000}=238$, $\frac{43,000}{50}=860$, $\frac{10,000}{100}=100$, $\frac{790}{10}=79$백만 원이므로 사업체당 평균 매출액이 가장 큰 것은 회사법인 예식장이다.

③ 전체 사업의 매출액은 292,807백만 원이고 비용은 157,029백만 원이므로, 매출액의 절반 이상이 수익이 된다.

⑤ 개인경영, 회사법인, 회사 이외의 법인, 비법인 단체의 사업체당 평균 면적은 각각 $\frac{1,253,791}{1,160}$, $\frac{155,379}{44}$, $\frac{54,665}{91}$, $\frac{3,534}{9}\text{m}^2$이고, 대략적으로 계산해보면 각각 $\frac{1,253,000}{1,000}=1,253$, $\frac{155,000}{50}=3,100$, $\frac{54,000}{100}=540$, $\frac{3,530}{10}=353\text{m}^2$이므로 비법인 단체가 사업체당 평균 면적이 가장 작다.

10

정답 ④

고령취업자의 농가 비율이 53%이고 비농가 비율이 11.4%이므로 단순 비율계산을 통해 전체 고령취업자 중 농가의 취업자 수가 약 82%라고 생각하기 쉽지만, 이러한 계산은 농가의 전체 취업자 수와 비농가의 전체 취업자 수가 같을 때에만 성립하므로 옳지 않다.

오답분석

① 고령취업자 비율은 (고령취업자 수)÷(전체 취업자 수)×100이고 2017년 농가의 고령취업자 비율이 53%이므로 고령취업자 수보다 전체 취업자 수가 약 두 배 많다. 따라서 2017년 농가의 취업자 두 사람 중 1명은 고령자이다.

② 2017년 농가의 고령취업률은 53%로, 비농가의 고령취업률 11.4%보다 높다.

③ 2003년 이후 여성의 고령취업률이 남성의 고령취업률보다 높다.
⑤ 2013년부터 2017년까지 농가의 고령취업률은 46.5%에서 53%까지 매년 상승했다.

11

정답 ①

2018년 프랑스의 자국 영화 점유율은 한국보다 높다.

오답분석

② 자료를 통해 확인할 수 있다.
③ 2017년 대비 2020년 자국 영화 점유율이 하락한 국가는 한국, 영국, 독일, 프랑스, 스페인이고, 이 중 한국이 4.3%p으로 가장 큰 폭으로 하락하였다.
④ 8개국 중 일본, 독일, 스페인, 호주, 미국 5개국이 해당하므로 절반이 넘는다.
⑤ 2019년을 제외하고 프랑스, 영국, 독일, 스페인 순으로 자국 영화 점유율이 높다.

12

정답 ②

뉴질랜드 수출수지는 9월에서 10월까지 증가했다가 11월에 감소한 후 12월에 다시 증가했다.

오답분석

① 한국의 수출수지 중 전월 대비 수출수지가 증가한 달은 9월, 10월, 11월이며, 증가량이 가장 많았던 달은 45,309−41,983=3,326백만 USD가 증가한 11월이다.
③ 그리스의 12월 수출수지는 2,426백만 USD이며 11월 수출수지는 2,400백만 USD이므로, 전월 대비 12월의 수출수지 증가율은 $\frac{2,426-2,400}{2,400}\times 100 \fallingdotseq 1.1$%이다.
④ 10월부터 12월 사이 한국의 수출수지는 '증가 → 감소'의 추이이다. 이와 같은 양상을 보이는 나라는 독일과 미국으로 2개국이다.
⑤ 자료를 통해 확인할 수 있다.

13

정답 ②

이산화탄소의 농도가 계속해서 증가하고 있는 것과 달리 오존전량은 2015년부터 2017년까지 감소하였다.

오답분석

③ 2014년의 오존전량 331DU에서 2020년 오존전량은 335DU로 4DU가 증가했다.
④ 2020년 이산화탄소 농도는 395.7ppm으로 2015년 이산화탄소 농도 388.7ppm보다 7ppm 증가했다.
⑤ 2017년의 전년 대비 이산화탄소 농도 증가폭은 391.4−389.9=1.5ppm이고, 2015년의 전년 대비 이산화탄소 농도 증가폭은 388.7−387.2=1.5ppm이므로 2015년과 2017년의 전년 대비 이산화탄소 농도의 증가폭은 동일하다.

14

정답 ③

(금융부채)≥(비금융부채)×1.5인지 확인해보면 된다. 이를 쉽게 계산하기 위해 양변에 2를 곱해서 (금융부채)×2≥(비금융부채)×3인지를 확인하면 되는데, 2010년(26.4×2<17.8×3), 2011년(30.0×2<20.3×3), 2014년(32.8×2<23.5×3)에는 성립하지 않는 것을 알 수 있다.

오답분석

① 2013년의 부채비율은 56.6÷41.0×100≒138%이며, 다른 연도보다 분자인 부채합계가 가장 많고 분모인 자본이 가장 적으므로 부채비율이 가장 높다.

② 자산은 2007년부터 2015년까지 꾸준히 증가했다.
④ 부채는 2013년 이후 줄어들고 있음을 표를 통해 알 수 있다.
⑤ 자본은 비금융부채보다 매년 약 1.8~6.3배 이상이다.

15

정답 ③

A국과 F국을 비교해보면 A국의 참가선수가 더 많지만 동메달 수는 더 적다.

오답분석

① 획득한 금메달 개수는 F국>A국>E국>B국>D국>C국 순서이고, 획득한 은메달 개수는 F국<A국<E국<B국<D국<C국이므로 획득한 금메달 수가 많은 국가일수록 은메달 수는 적었다.
② 획득한 메달의 개수가 가장 많은 국가는 C국으로, C국은 금메달을 획득하지 못하였다.
④ 획득한 메달의 개수는 C국>D국>B국>E국>A국>F국 순서이고, 참가한 선수의 수도 C국>D국>B국>E국>A국>F국 순서이므로 획득한 메달의 합계가 큰 국가일수록 참가선수의 수도 많았다.
⑤ 참가선수가 가장 적은 국가는 F국이고, 메달 합계는 C국>D국>B국>E국>A국>F국 순서이므로 참가선수가 가장 적은 국가는 6위이다.

16

정답 ④

ㄴ. 주당 순이익을 구하려면 발행 주식 수를 먼저 구해야 한다.

(자기자본)=(발행 주식 수)×(액면가)이므로 (발행 주식 수)는 $\frac{(\text{자기자본})}{(\text{액면가})}$으로 구할 수 있다. 발행 주식 수는 다음과 같다.

- A기업 : $\frac{100,000}{5}=20,000$
- B기업 : $\frac{500,000}{5}=100,000$
- C기업 : $\frac{250,000}{0.5}=500,000$
- D기업 : 80,000

주당 순이익은 다음과 같다.

- A기업 : $\frac{10,000}{20,000}=0.5$
- B기업 : $\frac{200,000}{100,000}=2$
- C기업 : $\frac{125,000}{500,000}=0.25$
- D기업 : $\frac{60,000}{80,000}=0.75$

따라서 주당 순이익은 B기업－D기업－A기업－C기업 순서로 높다. 이는 주식가격이 높은 순서와 일치한다.

ㄷ. ㄴ의 해설에서 D기업의 발행 주식 수는 80,000이고 A기업은 20,000이다. 따라서 $\frac{80,000}{20,000}=4$배이다.

오답분석

ㄱ. 주당 순이익은 다음과 같다.

- A기업 : $\frac{10,000}{20,000}=0.5$

- B기업 : $\frac{200,000}{100,000}=2$
- C기업 : $\frac{125,000}{500,000}=0.25$
- D기업 : $\frac{60,000}{80,000}=0.75$

분자가 분모의 $\frac{1}{2}$이 안 되는 C기업이 가장 낮다.

ㄹ. 자기자본 순이익률은 다음과 같다.

- A기업 : $\frac{10,000}{100,000}=0.1$
- B기업 : $\frac{200,000}{500,000}=0.4$
- C기업 : $\frac{125,000}{250,000}=0.5$
- D기업 : $\frac{60,000}{80,000}=0.75$

따라서 D기업의 자기자본 순이익률이 가장 높다.

17

정답 ②

2016년 물금은 2015년에 비해서 BOD가 증가하였고, 2019년 주암댐은 2018년에 비해서 BOD가 증가하였다.

오답분석

① 대청댐은 주어진 자료에서 항상 BOD 1mg/L 이하였다.
③ BOD 수치가 가장 컸던 때는 2.4mg/L로 2016년 낙동강이었다.
④ 가장 적게 오염이 되었다는 것은 BOD 수치가 가장 적다는 것이다. 따라서 BOD 수치가 다른 곳보다 항상 적거나 같았던 영산강이 가장 오염이 적다고 볼 수 있다.
⑤ 낙동강은 2015년과 2020년에 "좋음" 등급이었고, 나머지는 "약간 좋음" 등급이었다.

18

정답 ④

그래프를 통해 출생아 수는 2007년부터 2009년까지 감소하다가 2010년부터 2012년까지 증가, 2013년부터 감소 후 2014년에 다시 증가 추세를 보이는 것을 알 수 있다.

오답분석

① • 2014년 대비 2015년 출생아 수 증가율 : $\frac{438,420-435,000}{435,000}\times 100 \fallingdotseq 0.8\%$
• (2015년 출생아 수)$-$(2014년 출생아 수)$=438,420-435,000=3,420$명
② 그래프를 통해 알 수 있다.
③ 출생 · 사망 추이를 통해 총사망자 수는 2013년 이후 지속적으로 증가하는 것을 알 수 있다. 또한 2014년 대비 2015년 사망자 수의 증가율은 $\frac{275,800-260,000}{260,000}\times 100 \fallingdotseq 6.1\%$이다.
⑤ 2014년 대비 2015년 전체 기대수명 증가율은 $\frac{82.1-81.8}{81.8}\times 100 \fallingdotseq 0.4\%$이다.

정답 및 해설

19

정답 ④

ㄴ. • 2009년 창업보육센터의 전체 입주업체 수 : $279 \times 17.0 = 4{,}743$개

• 2010년 창업보육센터의 전체 입주업체 수 : $286 \times 16.8 ≒ 4{,}805$개

따라서 2010년 창업보육센터의 전체 입주업체 수는 전년보다 증가했다.

ㄹ. • 2008년 : $273 \times 85.0 = 23{,}205$억 원

• 2009년 : $279 \times 91.0 = 25{,}389$억 원

• 2010년 : $286 \times 86.7 = 24{,}796.2$억 원

따라서 2008~2009년에는 증가하였으나 2009~2010년에는 감소하였다.

다른풀이

위의 풀이처럼 직접 계산할 수도 있지만 시간이 오래 걸리므로 다음과 같이 풀이하는 것이 시간 단축에 도움이 된다. 2009년의 창업보육센터 입주업체의 전체 매출액은 2008년보다 증가하였다는 것이 명확하게 보이므로 ($\because$ $273<279$, $85.0<91.0$ → $273\times85.0<279\times91.0$) 2009년과 2010년의 창업보육센터 입주업체의 전체 매출액을 비교해본다.

• 2009년 : 279×91.0

• 2010년 : $286\times86.7=(279+7)\times(91.0-4.3)=279\times91.0+7\times91.0-4.3(279+7)$

따라서 2010년의 창업보육센터 입주업체의 전체 매출액은 2009년보다 $7\times91.0-4.3(279+7)$의 차이가 난다.

$7\times91.0-4.3(279+7)=637-4.3\times286<0$

그 차이가 음수이므로 2010년보다 2009년의 창업보육센터 입주업체의 전체 매출액이 더 많다.

오답분석

ㄱ. • 2010년 창업보육센터 지원금액의 전년 대비 증가율 : $\frac{353-306}{306}\times100=\frac{47}{306}\times100≒15.4\%$

• 2010년 창업보육센터 수의 전년 대비 증가율 : $\frac{286-279}{279}\times100=\frac{7}{279}\times100≒2.5\%$

$15.4>2.5\times5=12.5$이므로, 2010년 전년 대비 창업보육센터 지원금액 증가율은 창업보육센터 수 증가율의 5배 이상이다.

ㄷ. 창업보육센터당 지원금액은 (지원금액)÷(창업보육센터 수)로 구할 수 있다. 따라서 분자인 지원금액이 적을수록, 분모인 창업보육센터 수가 많을수록 창업보육센터당 지원금액은 적어진다. 반대로 분자인 지원금액이 많을수록, 분모인 창업보육센터 수가 적을수록 창업보육센터당 지원금액은 많아진다.

20

정답 ①

이메일 스팸 수신량이 가장 높은 시기는 2018년 하반기이지만, 휴대전화 스팸 수신량이 가장 높은 시기는 2017년 하반기이다.

오답분석

② 조사기간 동안의 수치를 보면 이메일 스팸 수신량이 휴대전화 스팸 수신량보다 많다.

③ 이메일 스팸 수신량의 증가 · 감소 시기와 휴대전화 스팸 수신량의 증가 · 감소 시기가 일치하지 않으므로 서로 밀접한 관련이 있다고 보기 어렵다.

④ 휴대전화 스팸 총수신량의 평균은 휴대전화 스팸 수신량의 최대인 0.25통 이하이고 이메일 스팸 총수신량의 평균은 이메일 스팸 수신량의 최소인 2020년 상반기와 하반기의 평균 0.5통 이상이므로, 이메일 스팸 총수신량의 평균은 휴대전화 스팸 총수신량 평균의 2배 이상임을 알 수 있다.

이를 정확히 계산하면 이메일 스팸 총수신량의 평균은 약 0.6이고, 휴대전화 스팸 총수신량의 평균은 약 0.19이다.

따라서 $\frac{0.6}{0.19}≒3.16$으로 2배 이상이다.

⑤ 컴퓨터 사용량과 이메일 스팸 수신량이 정비례 관계에 있다고 한다면, 컴퓨터 사용량이 증가할 때 스팸 수신량도 증가한다. 따라서 스팸 수신량이 가장 높은 2018년 하반기에 국민의 컴퓨터 사용량이 제일 높았을 것이다.

21

정답 ②

그래프를 보면 마늘의 재배면적이 넓어져도 가격이 상승하는 것을 알 수 있으므로 반비례라고 보기 어렵다.

오답분석

① 조생종의 증감률은 −6.5%이고, 중만생종의 증감률은 −1.0%이다. 따라서 증감률은 조생종이 중만생종보다 크다.
③ 마늘의 재배면적은 2013년이 29,352ha로 가장 넓다.
④ 2017년 양파의 면적은 19,896ha → 19,538ha로 감소하였고, 마늘은 20,758ha → 24,864ha로 증가하였다.
⑤ 그래프를 통해 마늘 가격이 2014년 이래로 계속 증가하는 것을 알 수 있다.

22

정답 ④

2017년 강수량의 총합은 256.5+770.6+363.3+139.3=1,529.7mm이고, 2018년 강수량의 총합은 264.3+567.5+231.2+59.7=1,122.7mm이다. 따라서 전년 대비 강수량의 변화량을 구하면 1,529.7−1,122.7=407mm로 가장 변화량이 크다.

오답분석

① 조사기간 내 가을철 평균 강수량을 구하면 1,919.9÷8≒240mm이다. 따라서 210mm 이상이다.
② 2013년 61.7%, 2014년 59.3%, 2015년 49.4%, 2016년 66.6%, 2017년 50.4%, 2018년 50.5%, 2019년 50.6%, 2020년 40.1%로 2015년과 2020년 여름철 강수량은 전체 강수량의 50%를 넘지 않는다.
③ 강수량이 제일 낮은 해는 2020년이지만 가뭄의 기준이 제시되지 않았으므로 알 수 없다.
⑤ 여름철 강수량이 두 번째로 높았던 해는 2017년이다. 2017년의 가을·겨울철 강수량의 합은 502.6mm이고, 봄철 강수량은 256.5mm이다. 따라서 256.5×2=513mm이므로 봄철 강수량의 2배보다 적다.

23

정답 ③

가장 적게 보냈던 2020년의 1인당 우편 이용 물량은 대략 96통 정도이므로, 365÷96≒3.8이다. 즉, 3.8일에 1통은 보냈다는 뜻이므로, 4일에 한 통 이상은 보냈다.

오답분석

① 증가와 감소를 반복한다.
② 2012년에 가장 높았고, 2020년에 가장 낮았다.
④ 접수 우편 물량은 2019~2020년 사이에 증가했다.
⑤ 접수 우편 물량이 가장 많은 해는 2012년으로 약 5,500백만 통 이하이고, 가장 적은 해는 2015년으로 약 4,750백만 통 이상이다. 따라서 그 차이는 약 5,500−4,750=750백만 통 이하이다.

24

정답 ②

- 2014년 전체 관람객 : 6,688+3,355=10,043명
- 2014년 전체 관람객 중 외국인 관람객이 차지하는 비중 : $\frac{1,877}{10,043}\times 100 \fallingdotseq 18.69\%$
- 2020년 전체 관람객 : 6,188+6,259=12,447명
- 2020년 전체 관람객 중 외국인 관람객이 차지하는 비중 : $\frac{3,849}{12,447}\times 100 \fallingdotseq 30.92\%$

따라서 2014년과 2020년의 전체 관람객 중 외국인 관람객이 차지하는 비중의 차는 30.92−18.69=12.23%p이므로 15% 미만 증가했다.

오답분석

① 2014년 외국인 관람객 수는 1,877명이고, 2020년 외국인 관람객 수는 3,849명이다. 따라서 2014년 대비 2020년 외국인 관람객 수의 증가율은 $\frac{3,849-1,877}{1,877}\times100 \fallingdotseq 105.06\%$이다.

③ 2020년을 제외한 나머지 해의 경우 유료관람객 수가 무료관람객 수보다 많음을 확인할 수 있다.

④ 제시된 자료를 통해 알 수 있다.

⑤ 제시된 자료에 의하여 무료관람객 수는 지속적으로 증가하는 것을 알 수 있다. 2015～2020년 무료관람객 수의 전년 대비 증가폭을 구하면 다음과 같다.

- 2015년 : 3,619−3,355=264명
- 2016년 : 4,146−3,619=527명
- 2017년 : 4,379−4,146=233명
- 2018년 : 5,539−4,379=1,160명
- 2019년 : 6,199−5,539=660명
- 2020년 : 6,259−6,199=60명

따라서 2018년의 무료관람객 수는 전년 대비 가장 많이 증가했고, 2020년의 무료관람객 수는 전년 대비 적게 증가했다.

25

정답 ②

기원이가 76kg인 경우 비만도는 $\frac{76}{73.8}\times100 \fallingdotseq 103\%$이므로 과체중에 도달하지 못한다.

기원이가 과체중이 되기 위해서는 비만도가 110%를 초과해야 하는데, 이때 증가해야 하는 체중을 $x$kg이라 하면, $\frac{71+x}{73.8}\times100>110 \rightarrow x>10.18$이므로, 약 11kg 이상 체중이 증가해야 과체중이 된다.

오답분석

① • 혜지의 표준체중 : (158−100)×0.9=52.2kg
  • 기원이의 표준체중 : (182−100)×0.9=73.8kg

③ • 혜지의 비만도 : $\frac{58}{52.2}\times100 \fallingdotseq 111\%$
  • 기원이의 비만도 : $\frac{71}{73.8}\times100 \fallingdotseq 96\%$
  • 용준이의 비만도 : $\frac{96}{67.5}\times100 \fallingdotseq 142\%$

표준체중(100%) 기준에서 비만도가 ±10% 이내이면 정상체중이므로, 3명의 학생 중 정상체중인 학생은 기원이뿐이다.

④ 용준이가 정상체중 범주에 속하려면 비만도 110% 이하이어야 한다. 이때 감량한 체중을 $x$kg이라 하면,

$\frac{x}{67.5}\times100\le110 \rightarrow x\le74.25$

즉, 현재 96kg에서 정상체중이 되기 위해서는 96−74.25=21.75≒22kg 이상 감량을 해야 한다.

⑤ 혜지의 현재체중과 표준체중의 비만도 차이는 111−100=11%p이다. 용준이의 현재체중과 표준체중의 비만도 차이는 142−100=42%p이다. 혜지의 비만도 차이에 4배를 한 값은 44%p이므로 용준이의 비만도 차이 값인 42%p보다 더 크다.

26

정답 ③

ㄴ. $115,155\times2=230,310>193,832$이므로 옳은 설명이다.

ㄷ. 석유제품 소비량 대비 전력 소비량의 비율은 다음과 같다.

- 2008년 : $\frac{18.2}{53.3}\times100≒34.1\%$
- 2009년 : $\frac{18.6}{54.0}\times100≒34.4\%$
- 2010년 : $\frac{19.1}{51.9}\times100≒36.8\%$

다른풀이

2008년과 2009년의 석유제품 소비량 대비 전력 소비량의 비율을 비교해보면 $18.6=18.2\times\left(1+\frac{0.4}{18.2}\right)$이고, $54.0=53.3\times\left(1+\frac{0.7}{53.3}\right)$이므로 2008년의 석유제품 소비량 대비 전력 소비량의 비율은 $\frac{18.2}{53.3}\times100$, 2009년의 석유제품 소비량 대비 전력 소비량의 비율은 $\frac{18.2}{53.3}\times\frac{1+\frac{0.4}{18.2}}{1+\frac{0.7}{53.3}}\times100$이다.

$\frac{0.4}{18.2}=\frac{0.8}{36.4}>\frac{0.7}{53.3}\rightarrow1+\frac{0.4}{18.2}>1+\frac{0.7}{53.3}\rightarrow\frac{1+\frac{0.4}{18.2}}{1+\frac{0.7}{53.3}}>1$이므로 $\frac{18.2}{53.3}<\frac{18.6}{54.0}$이다.

2009년과 2010년의 석유제품 소비량 대비 전력 소비량의 비율을 비교해보면 2009년보다 2010년의 석유제품 소비량 대비 전력 소비량의 비율이 분자가 더 크고, 분모는 작기 때문에 2010년의 석유제품 소비량 대비 전력 소비량의 비율이 더 크다.

따라서 2008~2010년 동안 석유제품 소비량 대비 전력 소비량의 비율은 매년 증가한다.

오답분석

ㄱ. 비율은 매년 증가하지만, 절대적인 소비량까지 증가하는지는 알 수 없다.

ㄹ. $4,750\times4=19,000>15,317$이므로, 산업부문의 유연탄 소비량 대비 무연탄 소비량의 비율은 25% 이상이다.

27

정답 ③

한국의 2018년 가구당 월간 전기요금은 $200\times320=64,000$원이고, 2019년은 $192\times335=64,320$원이다. 따라서 2019년에 월간 전기요금이 320원 더 높으므로 옳지 않은 내용이다.

오답분석

① 2019년 주택용 전기요금이 가장 높은 국가는 일본이며, 같은 해 월간 주택용 전기사용량은 한국－일본－프랑스－미국 순으로 적게 사용했다.

② 2018~2020년 주택용 전기요금이 가장 낮은 국가는 미국이며, 미국의 주택용 월간 전기사용량은 네 국가 중 가장 많다.

④ 2019년의 일본 월간 전기사용량과 프랑스 월간 전기사용량의 차이는 $\frac{366-341}{341}\times100≒7.33\%$이므로 2019년 프랑스의 월간 주택용 전기사용량보다 5% 이상 더 사용하였다.

⑤ 2018~2020년 한국의 주택용 전기요금은 전년 대비 감소하고, 월간 주택용 전기사용량은 전년 대비 증가한다. 따라서 2018~2020년 한국의 주택용 전기요금과 월간 주택용 전기사용량의 증감 추이는 반대이다.

28

정답 ⑤

경기남부의 가구 수가 경기북부의 가구 수의 2배라면, 가구 수 비율은 남부가 $\frac{2}{3}$, 북부가 $\frac{1}{3}$이 된다.

따라서 경기지역에서 개별난방을 사용하는 가구 수의 비율은 가중평균으로 구하면 $\left(26.2\times\frac{2}{3}\right)+\left(60.8\times\frac{1}{3}\right)\fallingdotseq 37.7\%$이다.

오답분석

① 경기북부지역에서 도시가스를 사용하는 가구 수는 66.1%, 등유를 사용하는 가구 수는 3.0%이다. 따라서 66.1÷3≒22배 이상이다.

② 서울과 인천지역에서 LPG가 사용비율이 가장 낮다.

③ 주어진 자료에서 지역별 가구 수의 차이는 알 수 없다.

④ 지역난방의 비율은 경기남부가 67.5%, 경기북부가 27.4%로 경기남부가 더 높다.

29

정답 ②

지문의 내용을 보고 먼저 2021년 신규 투자액을 구하면 ㉠=43.48−10.93=32.55백만 원이고, 유지보수 비용은 ㉡=32.29+0.11=32.40백만 원이다. 따라서 알맞은 그래프는 ②이다.

오답분석

① 그래프의 막대가 정확히 어떤 수치를 나타내는지 알 수 없다.

③ 2020년 신규투자와 유지보수 금액이 바뀌어 나왔다.

④ 2020년 유지보수와 2021년 신규투자 금액이 바뀌어 나왔다.

⑤ 2021년 신규투자와 유지보수 금액이 바뀌어 나왔다.

30

정답 ③

오답분석

① 주어진 자료에서 2006년에는 신문 광고비가 옥외 광고비보다 많다.

②·④·⑤ 주어진 자료에서 2003년에는 뉴미디어 광고비가 잡지 광고비보다 많다.

PART 5

실전모의고사

문제 p.178

1회

01	02	03	04	05	06	07	08	09	10
③	②	③	①	②	④	①	②	③	④
11	12	13	14	15	16	17	18	19	20
①	③	①	③	③	②	③	②	②	③
21	22	23	24	25	26	27	28	29	30
②	③	①	③	⑤	②	②	④	①	⑤
31	32	33	34	35	36	37	38	39	40
①	④	①	⑤	④	③	④	③	③	⑤
41	42	43	44	45	46	47	48	49	50
②	④	④	③	③	④	④	③	③	⑤

01

정답 ③

$454,469 \div 709 + 879$
$= 641 + 879$
$= 1,520$

02

정답 ②

$(425 + 850 - 375 - 125) \div 25$
$= 425 \div 25 + 850 \div 25 - 375 \div 25 - 125 \div 25$
$= 17 + 34 - 15 - 5$
$= 51 - 20$
$= 31$

03

정답 ③

$(78,201 + 76,104) \div 405$
$= 154,305 \div 405$
$= 381$

04

정답 ①

- $23 \times 5 + 352 \div 11 = 115 + 32 = 147$
- $25 \times 4 + 7 \times 7 - 2 = 100 + 49 - 2 = 149 - 2 = 147$

오답분석

② $26\times3+72=78+72=150$

③ $984\div4-74=246-74=172$

④ $72\times2+8=144+8=152$

05

정답 ②

- $(178-302)\div(-1)=(-124)\div(-1)=124$
- $95+147-118=242-118=124$

오답분석

① $571+48-485=619-485=134$

③ $78\times2-48\div2=156-24=132$

④ $36+49+38=85+38=123$

06

정답 ④

- $36\times145+6{,}104=5{,}220+6{,}104=11{,}324$
- $516\times31-4{,}672=15{,}996-4{,}672=11{,}324$

오답분석

① $901\times35+27=31{,}535+27=31{,}562$

② $385\times12+5{,}322=4{,}620+5{,}322=9{,}942$

③ $16{,}212\div28+8{,}667=579+8{,}667=9{,}246$

07

정답 ①

$0.25\div5(\quad)3.24-0.15=3+0.07\times2$

$\rightarrow 0.25\div5(\quad)3.24=3+0.07\times2+0.15$

$\rightarrow 0.05(\quad)3.24=3+0.14+0.15$

$\rightarrow 0.05(\quad)3.24=3+0.29$

$\rightarrow 0.05(\quad)3.24=3.29$

$\therefore (\quad)=+$

08

정답 ②

$3.1(\quad)8.455=3.43-(3.514\div0.4)$

$\rightarrow 3.43-8.785=-5.355$

$\rightarrow 3.1(-)8.455=-5.355$

$\therefore (\quad)=-$

09

정답 ③

$\frac{17}{4}(\ \ )\frac{12}{21}=\frac{232}{77}-(\frac{15}{7}\times\frac{3}{11})$

$=\frac{232}{77}-\frac{45}{77}=\frac{187}{77}=\frac{17}{7}$

$\rightarrow\frac{17}{4}(\quad)\frac{12}{21}=\frac{17}{7}$

$\therefore(\quad)=\times$

10

정답 ④

$129-\square+18=-165$

$\rightarrow-\square=-165-129-18$

$\therefore\ \square=312$

11

정답 ①

$66+77-88\times\square=-825$

$\rightarrow 143-88\times\square=-825$

$\rightarrow -88\times\square=-825-143=-968$

$\rightarrow \square=-968\div(-88)$

$\therefore\ \square=11$

12

정답 ③

$\frac{3}{5}+\frac{1}{4}-\square=\frac{11}{60}$

$\rightarrow-\square=\frac{11}{60}-\frac{1}{4}-\frac{3}{5}$

$\rightarrow\square=\ \frac{11}{60}+\frac{1}{4}+\frac{3}{5}$

$\rightarrow\square=-\frac{11}{60}+\frac{17}{20}$

$\rightarrow\square=-\frac{11}{60}+\frac{51}{60}$

$\therefore\ \square=\frac{40}{60}=\frac{2}{3}$

13

정답 ①

일주일은 7일이므로, $30\div7=4\cdots2$이다.
따라서 나머지가 2이므로 월요일에서 이틀 후인 수요일이다.

14

정답 ③

경사진 길의 거리를 $x$km라고 하고, 평탄한 길의 거리를 $y$km라고 하자.

$\frac{x}{20}+\frac{y}{18}=\frac{32}{60}$ … ㉠

$\frac{y}{15}+\frac{x}{4}=1+\frac{24}{60}$ … ㉡

㉠과 ㉡을 연립하면 $x=4$, $y=6$이다.

따라서 집에서 체육관까지의 거리는 $x+y=10$km이다.

15

정답 ③

누리와 다빈이의 속력을 각각 xm/min, ym/min이라고 하자.

$10(x-y)=2{,}000 \rightarrow x-y=200$ … ㉠

$5(x+y)=2{,}000 \rightarrow x+y=400$ … ㉡

㉠과 ㉡을 연립하면

$2x=600$

$\therefore x=300$

따라서 누리가 뛰는 속력은 300m/min이다.

16

정답 ②

현재 철수의 나이를 x세라고 하자.

철수와 아버지의 나이 차는 25세이므로 아버지의 나이는 $(x+25)$세이다.

3년 후 아버지의 나이가 철수 나이의 2배가 되므로 $2(x+3)=(x+25)+3$이다.

$\therefore x=22$

따라서 현재 철수의 나이는 22세이다.

17

정답 ③

아이들의 수를 x명이라고 하자.

$7(x-14)+2=6(x-11)+2$

$\therefore x=32$

즉, 아이들의 수는 32명, 노트의 개수는 $7\times(32-14)+2=128$권이다.

따라서 노트가 남지 않게 1명당 나누어줄 노트의 개수는 $128\div32=4$권이다.

18

정답 ②

남학생 수를 a명이라고 하면 여학생 수는 $(a-200)$명이다.

$a+(a-200)=1{,}000$

$a=600$

즉, 남학생의 수는 600명, 여학생 수는 400명이다.

안경 낀 여학생의 수를 x명이라고 하면, 안경 낀 남학생의 수는 $\frac{3}{2}x$명이다.

$x+\frac{3}{2}x=\left(600-\frac{3}{2}x\right)+(400-x)-300$

$\rightarrow 5x=700$

$\therefore x=140$

따라서 안경을 쓴 여학생의 수는 140명이다.

19

정답 ②

전체 일의 양을 1이라고 하면, 영미와 민수가 하루에 할 수 있는 일의 양은 각각 $\frac{1}{4}$, $\frac{1}{6}$이다.

민수가 x일 동안 일을 한다고 하자.

$\frac{1}{4}\times 2+\frac{1}{6}\times x=1$

$\rightarrow \frac{1}{2}+\frac{x}{6}=1$

$\rightarrow \frac{x}{6}=\frac{1}{2}$

$\therefore x=3$

따라서 민수는 3일 동안 일을 해야 한다.

20

정답 ③

1시간 동안 큰 호스에서 나오는 물의 양은 $100\div 0.5=200$L이다. 두 개의 호스로 물을 물통에 채울 때 물이 가득 차는 데 걸리는 시간을 x시간이라고 하자.

$(200+50)\times x=100$

$\therefore x=\frac{2}{5}$

따라서 $\frac{2}{5}=\frac{24}{60}$시간이므로 24분이 걸린다.

21

정답 ②

더 넣은 소금의 양을 xg이라고 하자.

$\frac{10}{100}\times 100+x=\frac{25}{100}\times(100+x)$

$\rightarrow 1{,}000+100x=2{,}500+25x$

$\rightarrow 75x=1{,}500$

$\therefore x=20$

따라서 더 넣은 소금의 양은 20g이다.

22

정답 ③

더 넣어야 할 물의 양을 xg이라고 하자.

$\frac{9}{100}\times100=\frac{6}{100}\times(100+x)$

$\rightarrow 900=600+6x$

$\rightarrow 300=6x$

$\therefore x=50$

따라서 더 넣어야 할 물의 양은 50g이다.

23

정답 ①

형의 통장 잔액이 동생보다 많아지는 때를 n개월 후라고 하자.

- n개월 후 형의 통장 잔액 : $2{,}000\times n$원
- n개월 후 동생의 통장 잔액 : $(10{,}000+1{,}500\times n)$원

형의 잔액이 더 많아질 때의 조건은 $2{,}000n>10{,}000+1{,}500n \rightarrow n>20$이다.

따라서 21개월 후에는 형의 통장 잔액이 동생보다 많아진다.

24

정답 ③

이용 횟수를 x회라고 하자.

자유이용권 1장의 비회원 가격은 20,000원이고, 회원 가격은 $20{,}000\times(1-0.2)=16{,}000$원이다.

$20{,}000x>50{,}000+16{,}000x$

$\rightarrow 4{,}000x>50{,}000$

$\therefore x>12.5$

따라서 최소 13번을 이용해야 회원인 것이 이익이다.

25

정답 ⑤

5인승 차량에 팀원들을 먼저 배치한 후 나머지를 7인승 차량에 배치하면 된다.

5인승 차량에 4명, 3명, 2명이 탑승하는 경우의 수를 구한다.($\because$ 5인승 차량에 1명이나 0명이 타면 7인승 차량의 탑승 인원 초과)

따라서 $2\times({}_8C_4+{}_8C_3+{}_8C_2)=2\times\left(\frac{8\times7\times6\times5}{4!}+\frac{8\times7\times6}{3!}+\frac{8\times7}{2!}\right)=2\times(70+56+28)=308$가지이다.

26

정답 ②

ⅰ) 9개의 공 중 2개의 공을 꺼내는 경우의 수 : ${}_9C_2=\frac{9\times8}{2\times1}=36$가지

ⅱ) 흰 공 2개를 꺼내는 경우의 수 : ${}_5C_2=\frac{5\times4}{2\times1}=10$가지

ⅲ) 검은 공 2개를 꺼내는 경우의 수 : ${}_4C_2=\frac{4\times3}{2\times1}=6$가지

따라서 구하는 확률은 $\frac{10}{36}+\frac{6}{36}=\frac{16}{36}=\frac{4}{9}$이다.

27

정답 ②

처음에 빨간색 수건을 꺼낼 확률은 $\frac{3}{3+4+3}=\frac{3}{10}$이고, 다음에 수건을 꺼낼 때는 빨간색 수건이 1장 빠졌으므로

파란색 수건을 꺼낼 확률은 $\frac{3}{2+4+3}=\frac{3}{9}=\frac{1}{3}$이다.

따라서 처음에 빨간색 수건을 꺼내고 다음에 파란색 수건을 꺼낼 확률은 $\frac{3}{10}\times\frac{1}{3}=\frac{1}{10}$이다.

28

정답 ④

3	8	28	108	(428)	1,708
+5	+20	+80	+320	+1,280	

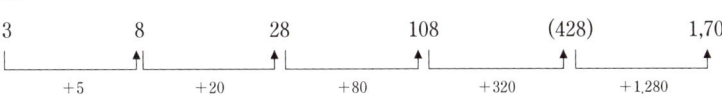

앞의 항에 5×4^0, 5×4^1, 5×4^2, 5×4^3, 5×4^4, …을 더하는 수열이다.

$a_1=3$, $a_{n+1}=a_n+5\times4^{n-1}$ (단, n은 자연수)

따라서 ( )$=108+5\times4^3=428$이다.

29

정답 ①

4	4	8	24	96	(480)
×1	×2	×3	×4	×5	

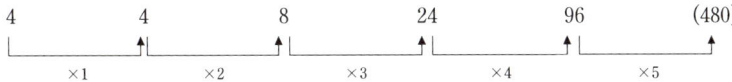

앞의 항에 1, 2, 3, 4, 5, …을 곱하는 수열이다.

$a_1=4$, $a_{n+1}=a_n\times n$ (단, n은 자연수)

따라서 ( )$=96\times5=480$이다.

30

정답 ⑤

앞의 항에 1, 2, 4, 8, 16, …을 더하는 규칙을 가지고 있는 문자열이다.

B	C	E	I	Q	(G)
2	3	5	9	17	(33)

31

정답 ①

앞의 두 항을 더하면 다음 항이 되는 피보나치수열이다.

$a_1=$( ), $a_2=15$, $a_{n+2}=a_n+a_{n+1}$ (단, n은 자연수)

따라서 ( )$=35-15=20$이다.

32

정답 ④

×10　×10　×10

$-2 \quad 1 \quad -10 \quad 10 \quad -50 \quad 100 \quad -250 \quad (1,000)$

×5　×5　×5

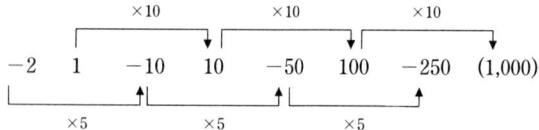

홀수 항은 5를 곱하는 수열이고, 짝수 항은 10을 곱하는 수열이다.

$a_1=-2$, $a_2=1$, $a_{2n+1}=a_{2n-1}\times5$, $a_{2(n+1)}=a_{2n}\times10$ (단, n은 자연수)

따라서 (　)$=100\times10=1,000$이다.

33

정답 ①

+8　+8　+8

$1 \quad 3 \quad 4 \quad (11) \quad 10 \quad 19 \quad 19 \quad 27$

+3　+6　+9

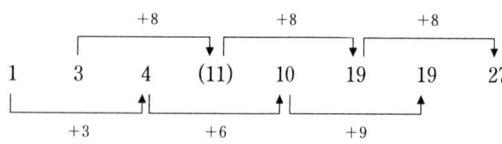

홀수 항은 3, 6, 9를 더하는 수열이고, 짝수 항은 8을 더하는 수열이다.

$a_1=1$, $a_2=3$, $a_{2n+1}=a_{2n-1}+3\times n$, $a_{2(n+1)}=a_{2n}+8$ (단, n은 자연수)

따라서 (　)$=3+8=11$이다.

34

정답 ⑤

$a_n=\frac{n+(n+3)}{n(n+2)}$ (단, n은 자연수)

따라서 (　)$=\frac{4+7}{4\times6}=\frac{11}{24}$이다.

35

정답 ④

$a_n=2n-1+(n-1)(n-2)(n-3)(n-4)$ (단, n은 자연수)

따라서 (　)$=2\times5-1+4\times3\times2\times1=9+24=33$이다.

36

정답 ③

$\underline{A\ B\ C} \rightarrow (A+B)\div3=C$

따라서 (　)$=6\times3-8=10$이다.

37

정답 ④

$\underline{A\ B\ C\ D} \rightarrow A+B+C=D$

따라서 (　)$=5+6+2=13$이다.

38

정답 ③

	b
c	$b+c$

따라서 (　)$=10+10=20$이다.

39

정답 ③

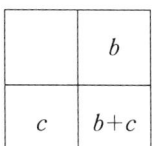

- 5월 3일 지인에게 1,000만 원을 달러로 송금
  1,000만 원÷1,140.20원/달러≒8,770달러
- 5월 20일 지인으로부터 원금과 투자수익으로 원금의 10%를 받음
  8,770달러×(1+0.1)≒9,647달러
- 5월 20일 환전함
  9,647달러×1,191.50원/달러≒11,494,400원
- 투자수익률 계산
  $\frac{11,494,400-10,000,000}{10,000,000}\times100 \fallingdotseq 15\%$

따라서 약 15%의 투자수익을 달성하였다.

다른풀이

복잡한 나눗셈을 간단하게 계산하기 위해 모든 과정을 한 번에 계산해보자.

$$\frac{10,000,000\div1,140.20\times110\%\times1,191.50-10,000,000}{10,000,000}\times100$$
$$=(1\div1,140.20\times1.1\times1,191.50-1)\times100$$
$$=\left(\frac{1.1\times1,191.50}{1,140.20}-1\right)\times100$$
$$=\left(\frac{1.1\times119,150}{114,020}-1\right)\times100$$
$$=\left(\frac{131,065}{114,020}-1\right)\times100$$
$$\fallingdotseq(1.15-1)\times100$$
$$\fallingdotseq15\%$$

40

정답 ⑤

전체 유출량이 가장 적은 연도는 2012년이다. 2012년의 사고 건수에 대한 유출량 비율은 다음과 같다.

- 유조선 : $\frac{21}{28}\times100=75\%$
- 화물선 : $\frac{50}{70}\times100\fallingdotseq71\%$
- 어선 : $\frac{160}{250}\times100=64\%$

오답분석

① 2012년에는 사고 건수는 증가하였으나 유출량은 감소하였고, 2015년에는 사고 건수는 감소하였으나 유출량이 증가하였다.
② 2014년에는 전년 대비 전체 사고 건수는 감소했지만, 유조선 사고 건수는 증가했으므로 전년 대비 비율은 증가했다.
③ 2013년에는 유조선의 사고 건수에 대한 유출량 비율이 어선보다 낮다.
④ 평균적으로 유출량이 가장 많은 유조선 사고 건수를 줄이는 것이 유출량을 가장 많이 줄이는 방법이다.

41

정답 ②

㉠ 2014년 서울 인구와 경기 인구의 차이는 10,463－10,173＝290천 명이고, 2020년 서울 인구와 경기 인구의 차이는 11,787－10,312＝1,475천 명으로 2014년에 비해 2020년에 인구 차이가 더 커졌음을 알 수 있다.
㉢ 광주는 전년 대비 2020년에 22천 명 증가하여 가장 많이 증가했다.

오답분석

㉡ 2014년에 비해 2020년 인구가 감소한 지역은 부산과 대구이다.
㉣ 대구는 2016년부터 인구가 감소 또는 유지되다가 2020년에 다시 증가했다.

42

정답 ④

㉡ 1인당 쌀 소비량인 93.6kg에 총인구인 4,700만 명을 곱하면 약 440만 톤이 2000년 전체 쌀 소비량임을 알 수 있다.
㉢ 1995년 전체 쌀 생산량은 469만 5천 톤이었고, 쌀 소비량은 106.5×4,460≒475만 톤이므로, 생산량이 소비량보다 적었다.

오답분석

㉠ 농가 인구와 비농가 인구의 인구 구성비율을 알지 못하므로, 1인당 쌀 소비량만으로는 농가에서의 소비량과 비농가에서의 소비량을 서로 비교할 수 없다.

43

정답 ④

서비스 품질의 5가지 항목의 점수와 서비스 쇼핑 체험 점수를 비교해보면, 모든 대형마트에서 서비스 쇼핑 체험 점수가 가장 낮았다는 것을 확인할 수 있고, 이에 대한 평균을 구하면 (3.48＋3.37＋3.45＋3.33)÷4≒3.41점이다.

오답분석

① 주어진 자료는 5점 만점으로 조사되었음을 알 수 있으며, 종합만족도의 평균은 (3.72＋3.53＋3.64＋3.56)÷4≒3.61점이다. 업체별로는 'A마트 → C마트 → D마트 → B마트' 순서로 종합만족도가 낮아짐을 알 수 있다.
② A마트는 고객관리 서비스 항목을 제외한 나머지 모든 항목에서 1위로 조사되었다.
③ 평균적으로는 고객접점직원 서비스보다는 고객관리 서비스가 더 낮게 평가되었다.
⑤ 인터넷쇼핑의 만족도는 평균 (3.88＋3.80＋3.88＋3.64)÷4＝3.8점이며, 모바일쇼핑의 만족도는 평균 (3.95＋3.83＋3.91＋3.69)÷4＝3.845점이다. 따라서 모바일쇼핑이 평균 0.045점 높게 평가되었다.

44

정답 ③

삶의 만족도가 한국보다 낮은 에스토니아, 포르투갈, 헝가리 세 국가의 장시간 근로자 비율 평균은 $\frac{3.6+9.3+2.7}{3}$＝5.2%이다. 이탈리아의 장시간 근로자 비율은 5.4%이므로 이탈리아 비율보다 낮다.

오답분석

① 삶의 만족도가 가장 높은 국가는 덴마크이며, 덴마크의 장시간 근로자 비율이 가장 낮음을 자료에서 확인할 수 있다.
② 삶의 만족도가 가장 낮은 국가는 헝가리이며, 헝가리의 장시간 근로자 비율은 2.7%이다.
$2.7\times10=27<28.1$이므로 한국의 장시간 근로자 비율은 헝가리의 장시간 근로자 비율의 10배 이상이다.
④ • 여가 · 개인 돌봄시간이 가장 긴 국가 : 덴마크
• 여가 · 개인 돌봄시간이 가장 짧은 국가 : 멕시코
∴ 두 국가의 삶의 만족도 차이 : $7.6-7.4=0.2$점
⑤ 장시간 근로자 비율이 미국보다 낮은 국가는 덴마크, 프랑스, 이탈리아, 에스토니아, 포르투갈, 헝가리이며, 이들 국가의 여가 · 개인 돌봄시간은 모두 미국의 여가 · 개인 돌봄시간보다 길다.

45

정답 ③

• 시행기업 수 증가율 : $\frac{7,686-2,802}{2,802}\times100=\frac{4,884}{2,802}\times100\fallingdotseq174\%<200\%$

• 참여직원 수 증가율 : $\frac{21,530-5,517}{5,517}\times100=\frac{16,013}{5,517}\times100\fallingdotseq290\%>200\%$

따라서 2013년 대비 2015년 시행기업 수의 증가율이 참여직원 수의 증가율보다 낮다.

오답분석

① $5,517\times4=22,068>21,530$이므로 2015년 남성육아휴직제 참여직원 수는 2013년의 4배 이하이다.
② 연도별 시행기업당 참여직원 수는 다음과 같다.

• 2012년 : $\frac{3,197}{2,079}\fallingdotseq1.54<2$

• 2013년 : $\frac{5,517}{2,802}\fallingdotseq1.97<2$

• 2014년 : $\frac{10,869}{5,764}\fallingdotseq1.89<2$

• 2015년 : $\frac{21,530}{7,686}\fallingdotseq2.80>2$

따라서 시행기업당 참여직원 수가 가장 많은 해는 2015년이다.

④ $\frac{21,530-3,197}{3}=\frac{18,333}{3}=6,111$명$>6,000$명
⑤ 참여직원 수 그래프의 기울기와 시행기업 수 그래프의 길이의 차를 보면 알 수 있다. 참여직원 수는 2015년에 가장 많이 증가했고, 시행기업 수는 2014년에 가장 많이 증가했다.

46

정답 ④

현재기온이 가장 높은 수원은 이슬점 온도는 가장 높지만 습도는 백령도가 가장 높다.

오답분석

① 파주의 시정은 20km로 가장 좋다.
② 수원이 이슬점 온도와 불쾌지수 모두 가장 높다.
③ 불쾌지수 70을 초과한 지역은 수원, 동두천 2곳이다.
⑤ 시정이 0.4km로 가장 좋지 않은 백령도의 경우 풍속이 4.4m/s로 가장 강하다.

47

정답 ④

남성 인구 10만 명당 사망자 수가 가장 많은 해는 2004년이다.

전년 대비 2004년 남성 사망자 수 증가율은 $\frac{4,674-4,400}{4,400}\times100=\frac{274}{4,400}\times100>\frac{220}{4,400}\times100=\frac{5}{100}\times\frac{44}{44}\times100=$ $\frac{5}{100}\times100$이므로 5% 이상이다.

오답분석

① • 2010년 전체 사망자 수 : 4,111+424=4,535명
　• 2012년 전체 사망자 수 : 4,075+474=4,549명
　따라서 2010년과 2012년의 전체 사망자 수는 같지 않다.

② 제시된 자료를 보면 2006년과 2012년 여성 사망자 수는 전년보다 감소했다.

③ 2011년, 2013년 남성 인구 10만 명당 사망자 수는 각각 15.9명, 15.6명이고 여성인구 10만 명당 사망자 수는 각각 2.0명, 2.1명이다. $15.9<2\times8=16$, $15.6<2.1\times8=16.8$이므로 옳지 않은 설명이다.

⑤ • 전년 대비 2001년 전체 사망자 수의 증가율 : $\frac{3,069-2,696}{2,696}\times100≒13.83\%$
　• 전년 대비 2003년 전체 사망자 수의 증가율 : $\frac{4,740-4,100}{4,100}\times100≒15.61\%$

48

정답 ③

7월과 9월에는 COD가 DO보다 많았다.

오답분석

①·⑤ 자료를 통해 확인할 수 있다.

② DO는 4월에 가장 많았고, 9월에 가장 적었다. 이때의 차는 12.1−6.4=5.7mg/L이다.

④ 7월의 BOD의 양은 2.2mg/L이고, 12월 BOD의 양은 1.4mg/L이다.
　따라서 7월 대비 12월의 소양강댐 BOD 감소율은 $\frac{2.2-1.4}{2.2}\times100=\frac{4}{11}\times100$이므로 30% 이상이다.

49

정답 ③

2014년 60세 이상 남성의 수는 28,875+14,602+3,994=47,471명인데, ③의 2014년 남성 수는 40,000명에 못 미치는 것으로 제시되어 있으므로 옳지 않다.

오답분석

① 2014년 19세 이하 인구는 36,783+34,780+41,467+38,970=152,000명이고, 이 중에서 남성은 36,783+41,467 =78,250명, 여성은 34,780+38,970=73,750명이다.
　따라서 남성의 비율은 $\frac{78,250}{152,000}\times100≒51.5\%$, 여성의 비율은 $\frac{73,750}{152,000}\times100≒48.5\%$이다.

② 2013년 총인구는 310,127+308,873=619,000명, 2014년 총인구는 324,164+325,836=650,000명, 2015년 총인구는 326,887+329,113=656,000명이다.

④ 연도별로 전체 인구에서 80대 이상이 차지하는 비중을 구하면 다음과 같다.
　• 2013년 : $\frac{3,655+6,845}{619,000}\times100=\frac{10,500}{619,000}\times100≒1.7\%$
　• 2014년 : $\frac{3,994+8,506}{650,000}\times100=\frac{12,500}{650,000}\times100≒1.9\%$

• 2015년 : $\frac{4,423+8,977}{656,000}\times100=\frac{13,400}{656,000}\times100≒2.0\%$

⑤ 2015년 전체 인구 중 각 연령대가 차지하는 비중을 구하면 다음과 같다.

• 0~9세 : $\frac{37,199+35,201}{656,000}\times100=\frac{72,400}{656,000}\times100≒11.0\%$

• 10~19세 : $\frac{40,682+38,618}{656,000}\times100=\frac{79,300}{656,000}\times100≒12.1\%$

• 20~29세 : $\frac{38,965+36,335}{656,000}\times100=\frac{75,300}{656,000}\times100≒11.5\%$

• 30~39세 : $\frac{48,836+51,364}{656,000}\times100=\frac{100,200}{656,000}\times100≒15.3\%$

• 40~49세 : $\frac{63,150+60,950}{656,000}\times100=\frac{124,100}{656,000}\times100≒18.9\%$

• 50~59세 : $\frac{50,575+48,425}{656,000}\times100=\frac{99,000}{656,000}\times100≒15.1\%$

• 60~69세 : $\frac{27,510+30,090}{656,000}\times100=\frac{57,600}{656,000}\times100≒8.8\%$

• 70~79세 : $\frac{15,547+19,153}{656,000}\times100=\frac{34,700}{656,000}\times100≒5.3\%$

• 80세 이상 : $\frac{4,423+8,977}{656,000}\times100=\frac{13,400}{656,000}\times100≒2.0\%$

50

정답 ⑤

전체 밭벼 생산량은 4+0+5+21+31+1,662+7+26+244=2,000톤이고, 그중 광주 · 전남 지역의 밭벼 생산량은 1,662톤이다.

비율을 구하면, $\frac{1,662}{2,000}\times100=83.10\%$이다. 따라서 ⑤는 옳지 않다.

오답분석

① 전체 논벼 면적은 89,998+31,000+39,997+153,989+129,990+171,295+115,497+78,189+45=810,000ha이다. 지역별 논벼 면적의 구성비를 구해보면 다음과 같다.

• 서울 · 인천 · 경기 : $\frac{89,998}{810,000}\times100≒11\%$

• 강원 : $\frac{31,000}{810,000}\times100≒4\%$

• 충북 : $\frac{39,997}{810,000}\times100≒5\%$

• 세종 · 대전 · 충남 : $\frac{153,989}{810,000}\times100≒19\%$

• 전북 : $\frac{129,990}{810,000}\times100≒16\%$

• 광주 · 전남 : $\frac{171,295}{810,000}\times100≒21\%$

• 대구 · 경북 : $\frac{115,497}{810,000}\times100≒14\%$

• 부산 · 울산 · 경남 : $\frac{78,189}{810,000}\times100≒10\%$

• 제주 : $\frac{45}{810,000}\times100≒0\%$

② 제주 지역의 생산면적은 550(=45+505)ha이고, 제주 지역 논벼와 밭벼의 구성비는 다음과 같다.

- 논벼 : $\frac{45}{550} \times 100 ≒ 8\%$
- 밭벼 : $\frac{505}{550} \times 100 ≒ 92\%$

③ 제주 지역을 제외한 지역별 1ha당 백미 생산량은 다음과 같다.

- 서울 · 인천 · 경기 : $\frac{459,996+4}{89,998+2} = \frac{460,000}{90,000} ≒ 5.1$톤
- 강원 : $\frac{166,500+0}{31,000+0} = \frac{166,500}{31,000} ≒ 5.4$톤
- 충북 : $\frac{214,995+5}{39,997+3} = \frac{215,000}{40,000} ≒ 5.4$톤
- 세종 · 대전 · 충남 : $\frac{587,979+21}{153,989+11} = \frac{858,000}{154,000} ≒ 5.6$톤
- 전북 : $\frac{727,069+31}{129,990+10} = \frac{727,100}{130,000} ≒ 5.6$톤
- 광주 · 전남 : $\frac{872,011+1,662}{171,295+705} = \frac{873,673}{172,000} ≒ 5.1$톤
- 대구 · 경북 : $\frac{650,000+7}{115,497+3} = \frac{650,007}{115,500} ≒ 5.6$톤
- 부산 · 울산 · 경남 : $\frac{405,974+26}{78,189+11} = \frac{406,000}{78,200} ≒ 5.2$톤

④ 논벼와 밭벼의 백미 생산량은 다음과 같다.

- 논벼 : 459,996+166,500+214,995+857,979+727,069+872,011+650,000+405,974+41=4,354,565톤
- 밭벼 : 4+0+5+21+31+1,662+7+26+244=2,000톤

2회

01	02	03	04	05	06	07	08	09	10
①	②	④	③	①	④	④	②	④	②
11	12	13	14	15	16	17	18	19	20
②	④	③	②	③	④	④	③	①	⑤
21	22	23	24	25	26	27	28	29	30
①	②	①	②	①	②	④	③	⑤	③
31	32	33	34	35	36	37	38	39	40
③	③	③	④	④	④	①	①	③	③
41	42	43	44	45	46	47	48	49	50
②	⑤	④	②	②	⑤	③	⑤	③	③

01

정답 ①

$a^2-b^2=(a+b)(a-b)$를 이용한다.

$15\times15-300\div3+7$

$=15^2-100+7$

$=(15^2-10^2)+7$

$=(15+10)(15-10)+7$

$=125+7$

$=132$

02

정답 ②

$9.4\times4.8\div1.2$

$=45.12\div1.2$

$=37.6$

03

정답 ④

$3\times\{(21+5)\div2+5\}-5$

$=3\times(26\div2+5)-5$

$=3\times(13+5)-5$

$=3\times18-5$

$=54-5$

$=49$

04

정답 ③

- $3\times8\div2=24\div2=12$
- $3\times9-18+3=27-18+3=12$

오답분석

① $7+6=13$

② $77\div7=11$

④ $1+2+3+4=10$

05

정답 ①

- $\frac{7}{6}\div\frac{14}{9}+\frac{1}{2}=\frac{7}{6}\times\frac{9}{14}+\frac{1}{2}=\frac{3}{4}+\frac{1}{2}$
  $=\frac{5}{4}$
- $\left(\frac{1}{2}+2\right)\div2=\left(\frac{1}{2}+\frac{4}{2}\right)\div2=\frac{5}{2}\div2$
  $=\frac{5}{4}$

오답분석

② $\left(\frac{5}{4}+\frac{1}{2}\right)\times2=\left(\frac{5}{4}+\frac{2}{4}\right)\times2=\frac{7}{4}\times2$
$=\frac{7}{2}$

③ $\frac{13}{4}-\frac{1}{2}\div2=\frac{13}{4}-\frac{1}{2}\times\frac{1}{2}=\frac{13}{4}-\frac{1}{4}=\frac{12}{4}$
$=3$

④ $\frac{2}{9}-\frac{1}{5}\times2=\frac{2}{9}-\frac{2}{5}=\frac{10}{45}-\frac{18}{45}$
$=-\frac{8}{45}$

06

정답 ④

- $23\times34-23\times13$
  $=23\times(34-13)=23\times21$
  $=(20+3)\times(20+1)=20\times20+(3+1)\times20+3\times1$
  $=400+4\times20+3=400+80+3$
  $=483$
- $3\times(15\times10+11)$
  $=3\times(150+11)$
  $=3\times161$
  $=483$

오답분석

① $286 \div 11 + 176 = 26 + 176 = 202$

② $13 \times 5 \times 8 = 65 \times 8 = 520$

③ $28 \times 20 - 60 = 560 - 60 = 500$

07

정답 ④

$\frac{1}{2} \times \frac{6}{5} + \frac{3}{8}(\quad)\frac{15}{16} = 1$

$\rightarrow \frac{3}{5} + \frac{3}{8}(\quad)\frac{15}{16} = 1$

$\rightarrow \frac{3}{8}(\quad)\frac{15}{16} = 1 - \frac{3}{5}$

$\rightarrow \frac{3}{8}(\quad)\frac{15}{16} = \frac{2}{5}$

$\therefore (\quad) = \div$

08

정답 ②

$493(\quad)24 \times 5 = 393$

$\rightarrow 493(\quad)100 = 393$

$\therefore (\quad) = -$

09

정답 ④

$\frac{8}{5} + 3.8 - 8.4(\quad)2 = 1.2$

$\rightarrow 1.6 + 3.8 - 8.4(\quad)2 = 1.2$

$\rightarrow 5.4 - 8.4(\quad)2 = 1.2$

$\rightarrow 5.4 - 1.2 = 8.4(\quad)2$

$\rightarrow 4.2 = 8.4(\quad)2$

$\therefore (\quad) = \div$

10

정답 ②

$28 \times 22 + 328 \div (24 - \square) = 657$

$\rightarrow (20+8) \times (20+2) + 328 \div (24 - \square) = 657$

$\rightarrow 400 + 10 \times 20 + 16 + 328 \div (24 - \square) = 657$

$\rightarrow 616 + 328 \div (24 - \square) = 657$

$\rightarrow 328 \div (24 - \square) = 657 - 616$

$\rightarrow 328 \div (24 - \square) = 41$

$\rightarrow 24 - \square = 328 \div 41$

$\rightarrow 24 - \square = 8$

$\rightarrow -\square = 8 - 24$

$\rightarrow -\square = -16$

$\therefore \square = 16$

11

정답 ②

$2.6\times\square\div2+0.1=4$
→ $2.6\times\square\div2=4-0.1$
→ $2.6\times\square=3.9\times2$
→ $2.6\times\square=7.8$
→ $\square=7.8\div2.6$
∴ $\square=3$

12

정답 ④

$85.65+25.37-68.94=42.\square8$
→ $111.02-68.94=42.\square8$
→ $42.08=42.\square8$
∴ $\square=0$

13

정답 ③

5월 25일은 3월 1일로부터 85(=30+30+25)일 후이다.
일주일은 7일이므로 85를 7로 나눈다.
$85\div7=12 \cdots 1$
나머지가 1이므로 5월 25일의 요일은 금요일의 다음 요일인 토요일이 된다.

14

정답 ②

철수와 영희가 처음 만날 때까지 걸린 시간을 x분이라고 하자.
x분 동안 철수와 영희의 이동거리는 각각 $70x$m, $30x$m이므로 이 둘의 이동거리를 합하면 공원 둘레의 길이가 된다.
$70x+30x=1,000$
→ $100x=1,000$
∴ $x=10$
따라서 두 사람이 처음 만날 때까지 걸린 시간은 10분이다.

15

정답 ③

A지점에서 P지점 사이의 거리를 $x$km라 하면, P지점에서 B지점 사이의 거리는 $(30-x)$km이다.
(A에서 P까지 가는 데 걸린 시간)+(P에서 B까지 가는 데 걸린 시간)=(9시간)

$\frac{x}{3}+\frac{30-x}{4}=9$
→ $4x+3(30-x)=108$
→ $4x-3x=108-90$
∴ $x=18$
따라서 A지점과 P지점 사이의 거리는 18km이다.

16

정답 ④

가족 평균 나이는 $132\div4=33$세이므로 어머니의 나이는 $33+10=43$세이다.

나, 동생, 아버지의 나이를 각각 x, y, z세라고 하자.

$x+y=43-2$ … ㉠

$z=2y+10$ … ㉡

$z=2x+4$ … ㉢

㉡, ㉢을 연립하면

$x-y=3$ … ㉣

㉠, ㉣을 연립하면

$\therefore x=22,\ y=19$

따라서 동생은 19세이다.

17

정답 ④

합격한 사람의 수를 x명이라고 하면, 불합격한 사람의 수는 $(200-x)$명이다.

$55=\frac{70\times x+40\times(200-x)}{200}$

$\rightarrow 11{,}000=30x+8{,}000$

$\rightarrow 30x=3{,}000$

$\therefore x=100$

따라서 합격한 사람은 100명이다.

18

정답 ③

의자의 개수를 x개라고 하면 아이들의 수는 $(8x+2)$명 또는 $\{9(x-3)+4\}$명이다.

$8x+2=9(x-3)+4$

$\therefore x=25$

따라서 아이들의 수는 $8\times25+2=202$명이다.

19

정답 ①

전체 프로젝트 일의 양을 1이라고 하고, 두 사람이 함께 일을 하는 데 걸리는 기간을 x일이라고 하자.

대리가 하루에 진행하는 업무의 양은 $\frac{1}{16}$이고, 사원이 하루에 진행하는 업무의 양은 $\frac{1}{48}$이다.

$\left(\frac{1}{16}+\frac{1}{48}\right)x=1$

$\therefore x=12$

따라서 두 사람이 함께 진행하는 데 걸리는 기간은 12일이다.

20

정답 ⑤

A관으로 4분 동안 채운 후, 남은 양을 B관으로 채울 때 걸리는 시간을 x분이라고 하자.

물통에 채울 수 있는 물의 양을 1이라고 하면 A, B관이 1분에 채울 수 있는 물의 양은 각각 $\frac{1}{10}$, $\frac{1}{15}$이다.

정답 및 해설

$\frac{1}{10}\times4+\frac{1}{15}\times x=1$

$\rightarrow \frac{1}{15}x=\frac{3}{5}$

$\therefore\ x=9$

따라서 남은 양을 B관으로 채울 때 걸리는 시간은 9분이다.

21

정답 ①

퍼낸 소금물의 양을 xg이라고 하자.

$\frac{6}{100}\times(700-x)+\frac{13}{100}\times x=\frac{9}{100}\times(700-x+x)$

$\rightarrow 4{,}200-6x+13x=6{,}300$

$\rightarrow 7x=2{,}100$

$\therefore\ x=300$

따라서 퍼낸 소금물의 양은 300g이다.

22

정답 ②

필요한 소금의 양을 xg이라고 하자.

$\frac{8}{100}\times600+x=\frac{18}{100}\times(600+x)$

$\rightarrow 4{,}800+100x=10{,}800+18x$

$\rightarrow 82x=6{,}000$

$\therefore\ x=\frac{6{,}000}{82}=\frac{3{,}000}{41}\fallingdotseq73.2$

따라서 73.2g의 소금이 필요하다.

23

정답 ①

계란의 개당 정가를 x원이라고 하자.

매입가의 합계는 $500\times10=5{,}000$원이고, 10%가 파손되었을 때 얻는 계란의 총판매금액은 $x\times500\times\left(1-\frac{1}{10}\right)$원이다.

실제로 팔아서 얻은 이익은 $\left\{x\times500\times\left(1-\frac{1}{10}\right)-500\times10\right\}$원이고, 전체적으로 10% 이상의 이익을 올린다고 하였으므로 다음과 같은 식이 성립한다.

$x\times500\times\left(1-\frac{1}{10}\right)-500\times10\geq500\times10\times10\%$

$\rightarrow 450x-5{,}000\geq500$

$\rightarrow 450x\geq5{,}500$

$\rightarrow x\geq12.222\cdots$

$\therefore\ x=13$

따라서 책정해야 하는 계란의 개당 정가는 13원이다.

24

정답 ②

월급의 60%를 저축하는 기간을 n개월이라고 하면 50%를 저축하는 기간은 $(12-n)$개월이 된다.

$270\times0.5\times(12-n)+270\times0.6\times n\ge1{,}800$

$\rightarrow 27n+1{,}620\ge1{,}800$

$\rightarrow 27n\ge180$

$\therefore\ n\ge6.66\cdots$

따라서 최소 7개월을 60%의 비율로 저축해야 한다.

25

정답 ①

오늘 처리할 업무를 택하는 방법은 발송업무, 비용정산업무를 포함한 5가지의 업무를 오늘 처리한다고 하였으므로 발송업무, 비용정산업무를 제외한 5가지 업무 중 3가지를 택하는 조합으로 ${}_5C_3={}_5C_2=\frac{5\times4}{2\times1}=10$가지이다.

택한 5가지 업무 중 발송업무와 비용정산업무는 순서가 정해져 있으므로 두 업무를 같은 업무로 생각하면 5가지 업무의 처리 순서를 정하는 경우의 수는 $\frac{5!}{2!}=\frac{5\times4\times3\times2\times1}{2\times1}=60$가지이다.

따라서 구하는 경우의 수는 $10\times60=600$가지이다.

26

정답 ②

전체 구슬의 개수는 $3+4+5=12$개이다.

- 빨간색 구슬 2개를 꺼낼 확률 : $\frac{{}_3C_2}{{}_{12}C_2}=\frac{\frac{3\times2}{2\times1}}{\frac{12\times11}{2\times1}}=\frac{1}{22}$
- 초록색 구슬 2개를 꺼낼 확률 : $\frac{{}_4C_2}{{}_{12}C_2}=\frac{\frac{4\times3}{2\times1}}{\frac{12\times11}{2\times1}}=\frac{1}{11}$
- 파란색 구슬 2개를 꺼낼 확률 : $\frac{{}_5C_2}{{}_{12}C_2}=\frac{\frac{5\times4}{2\times1}}{\frac{12\times11}{2\times1}}=\frac{5}{33}$

따라서 구슬 2개를 꺼낼 때, 모두 빨간색이거나 모두 초록색 또는 모두 파란색일 확률은 $\frac{1}{22}+\frac{1}{11}+\frac{5}{33}=\frac{19}{66}$이다.

27

정답 ④

- 상자에서 잘 익은 귤을 꺼낼 확률 : $1-\left(\frac{10}{100}+\frac{15}{100}\right)=\frac{75}{100}$
- 상자에서 잘 익지 않은 귤을 꺼낼 확률 : $\frac{10}{100}+\frac{15}{100}=\frac{25}{100}$

따라서 1명은 잘 익은 귤, 다른 1명은 그렇지 않은 귤을 꺼낼 확률은 $2\times\frac{75}{100}\times\frac{25}{100}\times100=37.5\%$이다.

28

정답 ③

1　　3　　11　　43　　171　　(683)

+2　　+8　　+32　　+128　　+512

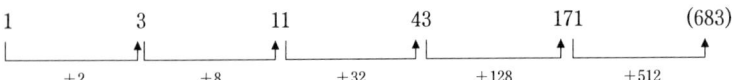

앞의 항에 2^1, 2^3, 2^5, 2^7, 2^9, …을 더하는 수열이다.

$a_1=1$, $a_{n+1}=a_n+2^{2n-1}$ (단, n은 자연수)

따라서 ( )$=171+2^9=683$이다.

29

정답 ⑤

(729)　　243　　81　　27　　9　　3

÷3　　÷3　　÷3　　÷3　　÷3

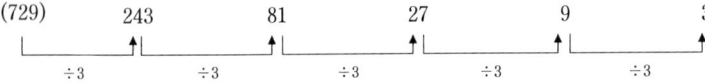

앞의 항에 ÷3을 하는 수열이다.

$a_1=729$, $a_{n+1}=a_n\div3$ (단, n은 자연수)

따라서 ( )$=243\times3=729$이다.

30

정답 ③

앞의 항에 1, 3, 5, 7, 9, …을 더하는 규칙을 가지고 있는 문자열이다.

I	J	M	R	(Y)	H
9	10	13	18	(25)	34

31

정답 ③

앞의 두 항을 더하면 다음 항이 되는 피보나치수열이다.

$a_1=2$, $a_2=4$, $a_{n+2}=a_n+a_{n+1}$ (단, n은 자연수)

따라서 ( )$=16+26=42$이다.

32

정답 ③

+7　　+7　　+7

2　　83　　10　　90　　50　　97　　(250)　　104

×5　　×5　　×5

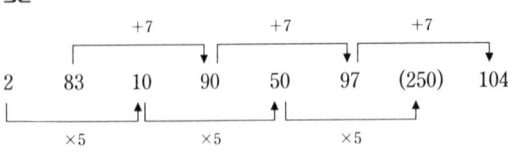

홀수 항은 5를 곱하는 수열이고, 짝수 항은 7을 더하는 수열이다.

$a_1=2$, $a_2=83$, $a_{2n+1}=a_{2n-1}\times5$, $a_{2(n+1)}=a_{2n}+7$ (단, n은 자연수)

따라서 ( )$=50\times5=250$이다.

33

정답 ③

×3　　×3

9　−3　20　−9　42　−27　(86)

×2+2　×2+2　×2+2

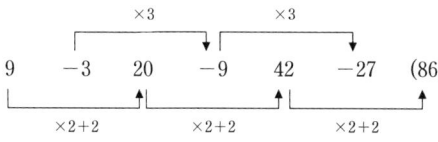

홀수 항은 ×2+2를 하는 수열이고, 짝수 항은 ×3을 하는 수열이다.
$a_1=9$, $a_2=-3$, $a_{2n+1}=a_{2n-1}\times2+2$, $a_{2(n+1)}=a_{2n}\times3$ (단, n은 자연수)
따라서 ( )$=42\times2+2=86$이다.

34

정답 ④

$a_n=(10+n)^2$ (단, n은 자연수)
따라서 ( )$=(10+4)^2=196$이다.

35

정답 ④

$a_n=\dfrac{n+(n+1)}{n\times(n+1)}$ (단, n은 자연수)

따라서 ( )$=\dfrac{6+7}{6\times7}=\dfrac{13}{42}$이다.

36

정답 ④

$\underline{A\ B\ C} \rightarrow C=-\dfrac{1}{2}(A+B)$
따라서 ( )$=(-13)\times(-2)+4=30$이다.

37

정답 ①

$\underline{A\ B\ C\ D} \rightarrow A+B=C+D$
따라서 ( )$=9+4-3=10$이다.

38

정답 ①

1	1+2	1+4	1+6
2×1	2×(1+2)	2×(1+4)	2×(1+6)
4×1	4×(1+2)	4×(1+4)	4×(1+6)
8×1	8×(1+2)	8×(1+4)	8×(1+6)

따라서 ( )$=8\times(1+2)=8\times3=24$이다.

39

정답 ③

- 1인 1일 사용량에서 영업용 사용량이 차지하는 비중 : $\frac{80}{180+80+10+12}\times100=\frac{80}{282}\times100\fallingdotseq28.37\%$
- 1인 1일 가정용 사용량 중 상위 두 항목이 차지하는 비중 : $\frac{45+38}{45+38+36+28+20+13}\times100=\frac{83}{180}\times100\fallingdotseq46.11\%$

40

정답 ③

총신규채용 수는 꾸준히 증가하다가 2014년에 감소한 후 다시 증가한다.

오답분석

① 2012년이 채용인원 중 이공계의 비율이 가장 높은 해인지를 알아보기 위해 2012년처럼 이공계의 인원이 총신규채용의 절반이 넘는 해가 있는지를 확인한다. 2010년이 이에 해당하므로 2012년과 비율을 비교한다. 2010년의 채용인원 중 이공계의 비율은 $\frac{96}{132}\times100$이고, 2012년은 $\frac{362}{683}\times100$이므로 분자를 비교하면 362는 96의 4배가 안 되지만 분모를 비교하면 683은 132의 5배가 넘으므로 2010년의 채용인원 중 이공계의 비율이 2012년보다 높은 것을 알 수 있다. 따라서 2012년이 채용인원 중 이공계의 비율이 가장 높다는 말은 옳지 않은 설명이다.

② 2012년도 비수도권 지역인재는 전년 대비 증가율이 $\frac{182-50}{50}\times100=\frac{132}{50}\times100=264\%$, 여성은 $\frac{84-28}{28}\times100=\frac{56}{28}\times100=200\%$이다.

④ 이전지역 지역인재와 고졸인재의 수를 합친 수보다 비수도권 지역인재가 항상 많다.

⑤ 고졸인재 신규채용은 2012, 2014, 2016년에 감소하였다.

41

정답 ②

2006년의 여자 합격률은 $\frac{375}{5,335}\times100$이고, 2007년의 여자 합격률은 $\frac{354}{5,823}\times100$이다. 분자의 여자 최종 합격자 수는 줄어든 반면, 분모의 1차 여자 응시자 수는 늘어났으므로 2006년보다 2007년의 여자 합격률은 낮아졌음을 알 수 있으며, 이를 계산하면 2006년 여자의 합격률은 약 7%, 2007년 여자의 합격률은 약 6%이다.

오답분석

① 1차 응시현황과 최종 합격현황의 남자와 여자 수 합이 2005년보다 2010년에 적어진 데에 반해 1차 응시현황과 최종 합격현황의 여자 수가 2005년보다 2010년에 많아졌으므로 여자의 비중이 2005년에 비해 2010년에 더 높아졌다고 할 수 있다. 이를 계산해보면, 2005년에 1차 응시현황과 최종 합격현황의 경우 여자의 비중이 약 28.6%, 32.3%이며, 2010년에는 약 35.9%, 41.5%이다.

③ 1차 응시현황을 보면 여자의 응시자 수는 늘고 있는 데 반해 남자의 응시자 수는 2007년을 제외하고 줄어들고 있으므로 2007년을 제외하고 남자의 비중은 감소하고 있다. 2007년을 전년과 비교해보면 1차 응시현황에서 남자의 2006년도 비중은 $\frac{11,955}{17,290}\times100$이고, 2007년도의 비중은 $\frac{12,291}{18,114}\times100$이다. 직접 계산해보면 남자의 2006년 비중보다 2007년 비중은 줄어들었음을 알 수 있다. 이를 계산해보면 1차 응시현황에서 남자의 비중은 2005년부터 2010년까지 약 71.4%, 69.1%, 67.9%, 67.3%, 66.3%, 64.1%이다.

④ 2005년에 비해 2010년에 남자 최종 합격자 수는 202명 감소했으나, 여자 최종 합격자 수는 15명 증가했음을 알 수 있다.

⑤ 자료를 통해 남자 최종 합격자 비중은 매년 50% 이상인 것을 확인할 수 있다.

42

정답 ⑤

2005년에는 위암이 가장 많이 증가했다.

오답분석

① 간암의 경우 29.9%에서 31.7%로 31.7－29.9＝1.8%p 늘어났다. 따라서 다른 암에 비해서 증가폭이 가장 낮다.
② 매년 인구증가율 평균이 1.54%인데 전체 암의 증가율은 전년 대비 가장 적게 상승한 2006년에도 약 4% 이상 증가했다.
③ 매년 가장 낮은 암은 유방암이고 가장 높은 암은 위암이므로 이 격차가 가장 큰 해를 찾으면 된다. 2005년의 위암은 54.1%이고 유방암은 20.8%이므로, 54.1－20.8＝33.3%p이다. 따라서 가장 큰 폭을 보이고 있다.
④ 간암의 경우 2006년의 전년 대비 조발생률이 낮아졌다.

43

정답 ④

생후 1주 내 사망자 수는 1,162＋910＝2,072명이고, 생후 셋째 날 사망자 수는 166＋114＝280명이므로, 전체의 약 13.5%를 차지한다.

오답분석

① 생후 첫날 신생아 사망률은 여아가 3.8＋27.4＋8.6＝39.8%이고, 남아가 2.7＋26.5＋8.3＝37.5%로 여아가 남아보다 높다.
② 신생아 사망률은 산모의 연령이 40세 이상일 때가 제일 높으나, 출생아 수는 40세 이상이 제일 적기 때문에, 산모연령별 신생아 사망자 수는 산모의 연령이 19세 미만인 경우를 제외하고는 모든 연령에서 40세 이상의 경우보다 더 많다.
③ 생후 1주 내에 첫날 여자신생아의 사망률은 39.8%이고 남자신생아의 사망률은 37.5%이므로, 첫날 신생아 사망률은 40%를 넘지 않는다.
⑤ 생후 1주 내 사망자 수는 1,162＋910＝2,072명이고, 생후 둘째 날 남자신생아 사망자 수는 135명이므로, 전체의 약 6.5%를 차지한다.

44

정답 ②

제시된 자료에 의하면 수도권은 서울과 인천 · 경기를 합한 지역을 의미한다. 따라서 전체 마약류 단속 건수 중 수도권의 마약류 단속 건수의 비중은 22.1＋35.8＝57.9%이다.

오답분석

① • 대마 단속 전체 건수 : 167건
  • 마약 단속 전체 건수 : 65건
  65×3＝195>167이므로 옳지 않은 설명이다.
③ 마약 단속 건수가 없는 지역은 강원, 충북, 제주로 3곳이다.
④ • 대구 · 경북 지역의 향정신성의약품 단속 건수 : 138건
  • 광주 · 전남 지역의 향정신성의약품 단속 건수 : 38건
  38×4＝152>138이므로 옳지 않은 설명이다.
⑤ • 강원 지역의 향정신성의약품 단속 건수 : 35건
  • 강원 지역의 대마 단속 건수 : 13건
  13×3＝39>35이므로 옳지 않은 설명이다.

45

정답 ②

제시된 그래프에서 선의 기울기가 가파른 구간은 2006~2007년, 2007~2008년, 2010~2011년이다. 2007년, 2008년, 2011년 물이용부담금 총액의 전년 대비 증가폭을 구하면 다음과 같다.

- 2007년 : 6,631−6,166=465억 원
- 2008년 : 7,171−6,631=540억 원
- 2011년 : 8,108−7,563=545억 원

따라서 물이용부담금 총액이 전년 대비 가장 많이 증가한 해는 2011년이다.

오답분석

㉠ 제시된 자료를 통해 확인할 수 있다.

㉢ 2015년 금강유역 물이용부담금 총액은 8,661×0.2=1,732.2억 원이다. 따라서 2015년 금강유역에서 사용한 물의 양은 1,732.2÷160≒10.83억m^3이다.

㉣ 2015년 물이용부담금 총액의 전년 대비 증가율은 $\frac{8,661-8,377}{8,377}\times100 ≒ 3.39\%$이다.

46

정답 ⑤

사망자가 30명 이상인 사고를 제외한 나머지 사고는 A, C, D, F이다. 네 사고를 화재규모와 복구비용이 큰 순서로 각각 나열하면 다음과 같다.

- 화재규모 : A − D − C − F
- 복구비용 : A − D − C − F

따라서 30명 이상인 사고를 제외하면 화재규모가 클수록 복구비용이 크다.

오답분석

① 터널길이가 긴 순으로, 사망자가 많은 순서로 각각 사고를 나열하면 다음과 같다.
  - 터널길이 : A − D − B − C − F − E
  - 사망자 수 : E − B − C − D − A − F

  따라서 터널길이와 사망자 수는 관계가 없다.

② 화재규모가 큰 순으로, 복구기간이 긴 순서로 각각 사고를 나열하면 다음과 같다.
  - 화재규모 : A − D − C − E − B − F
  - 복구기간 : B − E − F − A − C − D

  따라서 화재규모와 복구기간의 길이는 관계가 없다.

③ 사고 A를 제외하고 복구기간이 긴 순서로, 복구비용이 큰 순서로 각각 사고를 나열하면 다음과 같다.
  - 복구기간 : B − E − F − C − D
  - 복구비용 : B − E − D − C − F

  따라서 복구기간과 복구비용은 관계가 없다.

④ 사고 A~E의 사고비용을 구하면 다음과 같다.
  - 사고 A : 4,200+1×5=4,205억 원
  - 사고 B : 3,276+39×5=3,471억 원
  - 사고 C : 72+12×5=132억 원
  - 사고 D : 312+11×5=367억 원
  - 사고 E : 570+192×5=1,530억 원
  - 사고 F : 18+0×5=18억 원

  따라서 사고 A의 사고비용이 가장 크다.

47

정답 ③

A국가의 하층 비율 증가폭은 59－26＝33%p이고, B국가의 증가폭은 66－55＝11%p이다. 따라서 A국가의 증가폭이 더 크다.

오답분석

① A국가의 상층 비율은 18－7＝11%p 증가하였다.
② 중층 비율은 A국가가 67－23＝44%p, B국가가 28－11＝17%p 감소하였다.
④ B국가는 1997년과 2017년 모두 하층 비율이 가장 높다.
⑤ 1997년 대비 2017년 B국가의 하층 비율은 66－55＝11%p 증가했다.

48

정답 ⑤

미국, 캐나다, 호주의 승용차 보유 비율은 각각 $\frac{104,898}{129,943}\times 100 \fallingdotseq 80.7\%$, $\frac{7,823}{10,029}\times 100 \fallingdotseq 78.0\%$, $\frac{4,506}{5,577}\times 100 \fallingdotseq 80.8\%$이다. 독일과 프랑스의 승용차 보유 비율은 $\frac{17,356}{18,481}\times 100 \fallingdotseq 93.9\%$, $\frac{15,100}{17,434}\times 100 \fallingdotseq 86.6\%$이므로 승용차가 차지하는 비율이 높다.

오답분석

① 자동차 보유 대수에서 승용차가 차지하는 비율이 가장 높은 나라는 트럭 · 버스의 비율이 가장 낮다. 따라서 프랑스가 아니라 독일이다.
② 자동차 보유 대수에서 트럭 · 버스가 차지하는 비율이 가장 높은 나라는 캐나다이다.
③ 자동차 보유 대수에서 승용차가 차지하는 비율이 가장 낮은 나라는 자동차 보유 대수에서 트럭 · 버스가 차지하는 비율이 가장 높은 나라로 호주가 아니라 캐나다이다. 또한 호주의 자동차 보유 대수는 5,577천 대이고, 트럭 · 버스의 수가 1,071천 대이므로 승용차가 차지하는 비율은 $\frac{4,506}{5,577}\times 100 \fallingdotseq 80.8\%$이다. 따라서 90% 미만이다.
④ 프랑스의 승용차와 트럭 · 버스의 비율은 15,100 : 2,334≒6.5 : 1이다. 따라서 3 : 1이 아니다.

49

정답 ③

전체 수상 횟수는 $\frac{(\text{공동 수상 횟수})}{(\text{공동 수상 비율})}\times 100$이다. 이에 따라 2007년과 2009년의 전체 수상 횟수를 구하면 다음과 같다.

- 2007년 전체 수상 횟수 : $\frac{18}{50.0}\times 100 = 18\times 2 = 36$회
- 2009년 전체 수상 횟수 : $\frac{27}{60.0}\times 100 = 27\times\frac{5}{3} = 45$회

이를 바탕으로 전체 수상 횟수의 증감 추이를 나타내면 다음과 같다.

2002년	2003년	2004년	2005년	2006년	2007년	2008년	2009년
－	감소	증가	감소	증가	증가	감소	증가

따라서 2002년의 전체 수상 횟수가 30회이면서 이와 같은 추이를 보이는 그래프는 ③이다.

오답분석

① · ② · ⑤ 제시된 자료에서 2003년 전체 수상 횟수는 15회이다.
④ 2007년의 수상 횟수는 26회로 2006년보다 증가했다.

50

정답 ③

응답자 중 취업자의 지역별 구성비를 구하면 다음과 같다.

구분	2005년	2010년
서울	$\frac{99,000}{224,000}\times100\fallingdotseq44.2\%$	$\frac{142,000}{310,000}\times100\fallingdotseq45.8\%$
인천	$\frac{29,000}{224,000}\times100\fallingdotseq12.9\%$	$\frac{29,000}{310,000}\times100\fallingdotseq9.4\%$
경기	$\frac{96,000}{224,000}\times100\fallingdotseq42.9\%$	$\frac{139,000}{310,000}\times100\fallingdotseq44.8\%$

오답분석

① 2005년 응답자의 지역별 구성비를 구하면 다음과 같다.

- 서울 : $\frac{240,000}{570,000}\times100\fallingdotseq42.1\%$
- 인천 : $\frac{80,000}{570,000}\times100\fallingdotseq14.0\%$
- 경기 : $\frac{250,000}{570,000}\times100\fallingdotseq43.9\%$

② 지역별 응답자의 운전면허 보유율을 구하면 다음과 같다.

- 2005년 서울 응답자의 운전면허 보유율 : $\frac{113,000}{240,000}\times100\fallingdotseq47\%$
- 2010년 서울 응답자의 운전면허 보유율 : $\frac{157,000}{317,000}\times100\fallingdotseq50\%$
- 2005년 인천 응답자의 운전면허 보유율 : $\frac{35,000}{80,000}\times100\fallingdotseq44\%$
- 2010년 인천 응답자의 운전면허 보유율 : $\frac{33,000}{73,000}\times100\fallingdotseq45\%$
- 2005년 경기 응답자의 운전면허 보유율 : $\frac{104,000}{250,000}\times100\fallingdotseq42\%$
- 2010년 경기 응답자의 운전면허 보유율 : $\frac{155,000}{320,000}\times100\fallingdotseq48\%$

시대에듀 유튜브로 쉽게 끝내는 인적성검사 수리 완성

개정7판1쇄 발행	2025년 07월 15일 (인쇄 2025년 06월 30일)
초 판 발 행	2018년 08월 10일 (인쇄 2018년 06월 20일)
발 행 인	박영일
책 임 편 집	이해욱
편 저	SDC(Sidae Data Center)
편 집 진 행	안희선 · 정수현
표지디자인	조혜령
편집디자인	최혜윤 · 김휘주
발 행 처	(주)시대고시기획
출 판 등 록	제10-1521호
주 소	서울시 마포구 큰우물로 75 [도화동 538 성지 B/D] 9F
전 화	1600-3600
팩 스	02-701-8823
홈 페 이 지	www.sdedu.co.kr

I S B N	979-11-383-9505-2 (13320)
정 가	22,000원

유튜브로 쉽게 끝내는

인적성검사

수리 완성

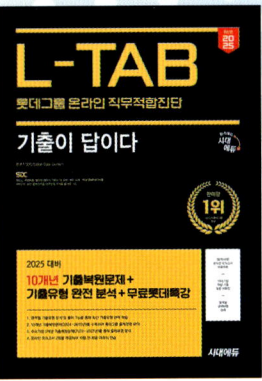

NEXT STEP
시대에듀가 합격을 준비하는
당신에게 제안합니다.
성공의 기회
시대에듀를 잡으십시오.
시대에듀
기회란 포착되어 활용되기 전에는 기회인지조차 알 수 없는 것이다.
– 마크 트웨인 –